主编 阎纯德 吴志良
北京语言大学
列国汉学史书系
Sinological History Series

卫三畏与美国早期汉学

顾钧 著

语言资源高精尖创新中心支持项目

学苑出版社

图书在版编目（CIP）数据

卫三畏与美国早期汉学 / 顾钧著. — 北京：学苑出版社，2018.6

（列国汉学史书系 / 阎纯德，吴志良主编）

ISBN 978-7-5077-5494-0

Ⅰ. ①卫… Ⅱ. ①顾… Ⅲ. ①卫三畏(Samuel Wells Williams 1812-1884)-生平事迹②汉学-研究-美国 Ⅳ. ①B979.971.2②K207.8

中国版本图书馆CIP数据核字（2018）第140911号

责任编辑：杨　雷　张敏娜
出版发行：学苑出版社
社　　址：北京市丰台区南方庄2号院1号楼
邮政编码：100079
网　　址：www.book001.com
电子信箱：xueyuanpress@163.com
联系电话：010-67601101（销售部）　67603091（总编室）
经　　销：新华书店
印 刷 厂：北京建宏印刷有限公司
开本尺寸：710×1000　1/16
字　　数：250千字
印　　张：13.75
印　　数：1500册
版　　次：2018年7月第1版
印　　次：2018年7月第1次印刷
定　　价：50.00元

本书系出版获北京语言大学、
澳门霍英东基金会和澳门基金会资助

北京语言大学列国汉学史书系
编辑委员会

顾　问：季羡林　李学勤　汤一介　李宇明　倪海东
主　任：崔希亮
副主任：韩经太　曹志耘
主　编：阎纯德　吴志良
编　委：王晓平　乐黛云　安平秋　许光华　刘顺利
　　　　吴志良　张国刚　严绍璗　李明滨　李海绩
　　　　陈开科　侯且岸　柴剑虹　钱林森　耿　昇
　　　　阎纯德　阎国栋　熊文华

序 一

经过近 30 年多位学者的辛劳努力,现在我们可以说,国际汉学研究确实已经成长为一门具有特色的学科了。

"汉学"一词本义是对中国语言、历史、文化等的研究,而在国内习惯上专指外国人的这种研究,所以特称"国际汉学",也有时作"世界汉学""国际中国学",以区别于中国人自己的研究。至于"国际汉学研究",则是对国际汉学的研究。中外都有学者从事国际汉学研究,但我们在这里讲的,是中国学术界的国际汉学研究。

自从改革开放以来,国际汉学研究改变了禁区的地位,逐渐开拓和发展。其进程我想不妨划分为三个阶段:一开始仅限于对国际汉学界状况的了解和介绍,中心工作是编纂有关的工具书,这是第一个阶段。到了 20 世纪 90 年代,出现国际汉学研究的专门机构,大量翻译和评述汉学论著,应作为第二个阶段。在这两个阶段里,学者们为深入研究国际汉学打好了基础,准备了条件。新世纪到来之后,进入全面系统地研究国际汉学的可能性应该说业已具备。

今后国际汉学研究应当如何发展,有待大家磋商讨论。以我个人的浅见,历史的研究与现实的考察应当并重。国际汉学研究不是和现实脱离的,认识国际汉学的现状,与外国汉学家交流沟通,对于我国学术文化的发展以至于多方面的工作都是必要的。我曾经提议,编写一部中等规模的《当代国际汉学手册》,使我们的学者便于使用;如果有条件的话,还要组织出版《国际汉学年鉴》。这样,大家在接触外国汉学界时,不会感到隔膜,阅读外国汉学作品,也就更容易体味了。必须指出的是,国际汉学有着长久的历史,因此现实和历史是分不开的,不了解各国汉学的历史传统,终究无法认识汉学的现状。

我们已经有了不少国际汉学史的著作及论文。实际上,公推为中国最早的汉学史专书,是 1949 年出版的莫东寅《汉学发达史》,尽管是通史体裁,也包含了分国的篇章。这本书最近已有经过校勘的新版,大家容易看到,尽管只是概述性的,却使读者能够看到各国汉学互相间的关系。由此可见,有组织、有系统地考察各国汉学的演进和成果,将之放在国际汉学整体的背景中来考察,实在是更为理想的。

这正是我在这里向大家推荐阎纯德教授、吴志良博士主编的这套"列国汉学史书系"的原因。

阎纯德教授在北京语言大学主持汉学研究所工作多年,是我在这方面的同行和老友,曾给我以许多帮助。他为推进国际汉学研究,可谓不遗余力,所做出的重要贡献是学术界周知的。在他的引导之下,《中国文化研究》季刊成为这一学科的园地,随之又主编了《汉学研究》,列为《中国文化研究汉学书系》,有非常广泛的影响。其锲而不舍的精神,我一直敬服无地。特别要说的是,阎纯德教授这几年为了编著这套"列国汉学史书系"所投入的心血精力,可称出人意想。

在《汉学研究》第八集的《卷前絮语》中,阎纯德教授慨叹:"《汉学研究》很像同人刊物,究其原因,是从事这个领域研究的学者太少,尤其是专门的研究者更是少之又少,所以每一集多是读者相熟的面孔。"现在看"列国汉学史书系",作者已形成不小的专业队伍,这是学科进步的表现,更不必说这套书涉及的范围比以前大为扩充了。希望"列国汉学史书系"的问世成为国际汉学研究这个学科在新世纪蓬勃发展的一个界标。让我们在此对阎纯德教授、这套书的各位作者,还有出版社各位所做出的劳绩表示感谢。

李学勤

2007 年 4 月 8 日

于清华大学国际汉学研究所

序 二
汉学历史和学术形态

汉学历史和学术形态历史是既抽象又具体的存在,是浩瀚无边的过去、现在和未来。历史会让我们兴奋,也会使我们悲哀,有时会令人觉得它又仿佛是一个梦。但是,当我们梦醒而理智的时候,便会发现——自然史、时间史、太阳史、地球史、人类社会史,一切的一切,不管是曾经存在过的恐龙,还是至今还在生生不息的蚂蚁社群,天上的,地下的,看得见的,看不见的,一切都有自己的历史。一切都有过发生,一切都还在发展,一切都还会灭亡。

任何事物的发生都有一个有形或无形的孕育过程,"汉学"(Sinology)也是这样,其孕育和成长,就是中国文化与异质文化相互交媾浸淫的历史。这个历史,始于公元 1 世纪前后汉代所开通的丝绸之路,接下来是七八世纪的大唐帝国、十四五世纪的明代、清末的鸦片战争和"五四"新文化运动,这种文化的碰撞和交流之潮时起时伏直到今天,还会发展到永远。这是历史,是汉学的昨天、今天和未来,是其孕育、发生和成长的过程显现出的文化精神。但是,昨天有远有近,我们可以循蛛丝马迹地探讨找回其真;而今天,只是一个过渡,一俟走过,便成为昨天的陈迹。写作汉学史是一件艰难的劳作,尤其对象是遥远的昨天,尤其是"遗失"在异国他乡的昨天,更非一件易事。时至今日,朦胧面纱下的汉学还不为一些学人所认识,因此有必要取下面纱,让人们看个究竟。

从 20 世纪 70 年代中期之后,尤其 90 年代以降,"汉学"(Sinology)便逐渐成为学术界耳熟能详的学术名词。中国大陆重提"汉学"(Sinology)至今,汉学就像隐藏在深山里的小溪,经过 30 年的艰辛跋涉之后,才终于形成一条奔腾的水流,并成为中国文化水系不可或缺的组成部分。这个变化是时代和历史变迁带来的结果,也是文化自己发展的规律。

那么,究竟什么是汉学(Sinology)呢? 首先,这里的汉学非指汉代研究经学注重名物、训诂——后世称"研究经、史、名物、训诂考据之学"的"汉学",而是指外国人研究中国历史、语言、哲学、文学、艺术、宗教、考古及社会、经济、法律、科技等人文和社会科学领域的那种学问,这起码已是200多年来世界上的习惯学术称谓。李学勤教授多次说:"汉学,英语是Sinology,意思是对中国历史文化和语言文学等方面的研究。在国内学术界,'汉学'一词主要是指外国人对中国历史文化等的研究。有的学者主张把它改译为'中国学',不过'汉学'沿用已久,在国外普遍流行,谈外国人这方面的研究,用'汉学'比较方便。"[①] Sinology 一词来自外国,它不是汉代的"汉",也不是汉族的"汉",不指一代一族,其词根 sino 源于秦朝的"秦"(Sin),所指是中国。

在历史长河里,汉学由胚胎逐渐发育成长。当汉学走过少年时代,在西学东渐和中学西传互示友情后,中学开始影响西方而成为人类文明史上的伟大事件。中世纪以来,欧洲视中国为"修明政治之邦",对中国充满了好奇与好感,当"中国热"蜂起欧洲,19 世纪初期法国便成为西方汉学的中心,巴黎成为"汉学之都"。戴密微(Paul Demiéville)曾说汉学的先驱是葡萄牙、西班牙和意大利。但是,汉学作为学术研究和一种文化形态,举大旗的则是法国人。1814 年 12 月 11 日,雷慕沙(Jean Pierre Abel Rémusat)在法兰西学院首开"汉语和鞑靼——满语语言与文学讲座",开启了西方真正的汉学时代。但指代汉学的"Sinologie"(英文"Sinology")一词则出现在18 世纪末,应该早于雷慕沙主持第一个汉学讲座的时间,更不会晚于 1838年。从此之后,"Sinology"便成为主导汉学世界的图腾、约定俗成的学术"域名"。在世界文化史和汉学史上,外国人把研究中国的学问称为"汉学",研究中国学问的造诣深厚的学者称为"汉学家"。因此,我认为,我们不必要标新立异。根据西方大部分汉学家的习惯看法,"Sinology"发展到如今,这一历史已久的学术概念有着最广阔的内涵,绝不是什么"汉族文化之学",更不是什么汉代独有的"汉学",它涵盖中国的一切学问,既有以儒释道为核心的传统文化,也包含"敦煌学""满学""西夏学""突厥学"以及"藏学"和"蒙古学"等领域。但是一直以来,人们对汉学的理解和解释相

---

① 李学勤《国际汉学漫步·序》,河北教育出版社 1997 年版。

左,因此便有了"中国学""海外汉学""海外中国学""域外汉学""国际汉学""世界汉学""国际中国文化"等不同的叫法;如果咬文嚼字,推演下来,一定还会有"国内汉学""国内中国学",甚至"北京汉学""河南汉学"等。由于汉学的发展、演进,以法国为首的"传统汉学"和以美国为首的"现代汉学",到了20世纪中叶之后,研究内容、理念和方法,已经出现相互兼容并包状态,就是说Sinology可以准确地包含Chinese Studies的内容和理念;从历史上看,尽管Sinology和Chinese Studies所负载的传统和内容有所不同,但现在可以互为表达、"雌雄同体"同一个学术概念了。话再说回来,对于这样一个负载着深刻而丰富历史内涵的学术"域名",我以为还是叫它Sinology最好,因为,Sinology不仅承继了汉学的传统,而且也容纳了Chinese Studies较为广阔的内容。另外,中国人对中国文化的研究应该称为国学,而外国学者研究中国文化的那种学问则称为汉学。汉学是国学的有血有灵魂的"影子",而汉学不是国学,是介于中学与西学两者之间,本质上更接近西学的一种文化形态。说它与国学同根而生,说它们是一条藤上的两个瓜,都不为过,然而瓜的形象与味道却不相同,一个是"东瓜",一个是"西瓜"。我认为这样认识汉学,既符合中国文化的学术规范,又符合世界上的历史认同与学术发展实际。

汉学的历史是中国文化与异质文化交流的历史,是外国学者阅读、认识、理解、研究、阐释中国文明的结晶。汉学作为外国人认识中国及其文化的桥梁,是中国文化和外国文化撞击后派生出来的学问,实际上也是中国文化另一种形式的自然延伸。但是,汉学不是纯粹的中国文化,它与中国文化有着密不可分的血缘关系,既是中外文化的"混血儿",又是可以照见"中国文化"的镜子,是可以攻玉的"他山之石"。"'Sinology'是一门在国际文化中涉及双边或多边文化关系的近代边缘性的学术,它以'中国文化'作为研究的'客体',以研究者各自的'本土文化语境'作为观察'客体'的基点,在'跨文化'的层面上各自表述其研究的结果,它具有'泛比较文化研究'的性质。"①以上两种表述虽有不同,但学理一致,基本可以厘清我们对于Sinology(汉学)的基本学术定位。

法国汉学家马伯乐(Henri Maspero)说过:"中国是欧洲以外仅有的这

---

① 严绍璗《我对Sinology的理解和思考》,载《世界汉学》2006年第4期。

样的一个国家:自远古起,其古老的本土文化传统一直流传至今。"法国哲学家弗朗索瓦·于连(François Jullien)也说:"中国文明是在与欧洲没有实际的借鉴或影响关系之下独自发展的、时间最长的文明……中国是从外部审视我们的思想——由此使之脱离传统成见——的理想形象。"①他在《为什么我们西方人研究哲学不能绕过中国》中提出:"我们选择出发,也就是选择离开,以创造远景思维的空间。人们这样穿越中国也是为了更好地阅读希腊。"为了获得一个"外在的视点",他才从遥远的视点出发,并借此视点去"解放"自己。这便是一个未曾断流、在世界上仅存的几种古老文化之一的中国文明的意义。中国文明是一道奔流不息的活水,活水流出去,以自己生命的光辉影响世界;流出的"活水"吸纳异国文化的智慧之后,形成既有中国文化的因子,又有外国文化思维的一种文化,这就是"汉学"。也就是说,汉学是以中国文化为原料,经过另一种文化精神的智慧加工而形成的一种文化。从某种意义上说,汉学既是外国化了的中国文化,又是中国化了的外国文化;抑或说是一种亦中亦西、不中不西有着独立个性的文化。汉学作为一门独立的具有跨文化性质的学科,是外国文化对中国文化借鉴的结果。汉学对外国人来说是他们的"中学",对中国人来说又是西学,它的思想和理论体系仍属"西学"。

汉学研究是指对外国汉学家及其对中国文化研究成果的再研究,是中国学者对外国学者研究中国文化的反馈,也是对外国文化借鉴的一个方面。凡是对历史或异质文化进行研究,都有一个价值判断和公正褒贬的问题。因此,对于外国汉学家对于我们中国文化的研究,必得有我们自己的判断,然后做出公正的褒贬。我们说汉学是可以攻玉的"他山之石",但是这句箴言并非只是适用于中国人,对外国人也是一样。汉学也像外国的本体文化一样,对我们来说有借鉴作用,对西方来说有启迪作用——西方学者以汉学为媒介来了解中国,汲取中国文化的精华,完善自己的文明。人类由于文化背景差异和文化语境的不同,思维方向和方式也会不同,因而就会得出不同的结论,讲出不同的道理。"西方学者接受近现代科学方法的训练,又由于他们置身局外,在庐山以外看庐山,有些问题国内学者司空

---

① [法]弗朗索瓦·于连(François Jullien)《迂回与进入》,香港:生活·读书·新知三联书店1998年版。

见惯,习而不察,外国学者往往探骊得珠。如语言学、民俗学、考古学、人类学、社会学诸多领域,时时迸发出耀眼的火花。"①汉学的学术价值往往不被国人重视,并利用汉学家对于中国文化的一些误读贬低汉学的价值。其实,这并不公平,有些汉学家对于中国文化确实有其独到的见解,能发中国人未发之音。法国汉学家马伯乐(Henri Maspero)对中国上古文化和上古宗教的研究就有独到的贡献,被称对中国宗教研究有"先河"之功。他研究中国宗教的宗教社会学的方法,促进和推动了中国学者采用宗教社会学来研究中国宗教,被称为"中国宗教社会学研究的真正创始人"。瑞典汉学家高本汉(Bernhard Karlgren),终生的最高成就是根据研究古代韵书、韵图和现代汉语方言、日朝越诸语言中汉语借词译音构拟汉语中古音和根据中古音和《诗经》用韵、谐声字构拟古音,写出了著名的学术专著《中国音韵学研究》《汉语中古音与古音概要》《古汉语字典重订本》《中日汉字形声论》《论汉语》《诗经注释》《尚书注释》和《汉朝以前文献中的假借字》等,他对汉语音韵训诂的研究是不少中国学者所不及的,并深刻影响了对于中国音韵训诂的研究。20世纪著名的日本学者津田左右吉关于中国文化的研究著述甚丰,他认为中国文化是一种"人事本位文化",其核心是"帝王文化",其他认识上尽管有偏颇,但也有其独异性和深刻之处。这就是"他山之石"的意义和价值。当然,不可否认,汉学家对于中国文化的误读或歪曲也是常见的,诸如瑞典考古学家安特生(John Gunnar Andersson)于1921年10月对河南仰韶文化遗址发掘之后,便说中国彩陶制作技术源于西方,并在他的《甘肃考古记》和《黄土儿女》著作中反复强调他的这一错误观点。这一观点亦为"西方文化东移造成中国文化之说"提供了说辞。日本学者石田幹之助也推波助澜,闭门造车地推测出西方文化东渐的路线;甚至连我们的国学大师章太炎、刘师培也被"忽悠"得认可了"中国文化西来说"。② 美国现代汉学(中国学)的奠基人费正清对中国历史尤其近代史的研究独具风采,为美国人民认识中国搭建了一座桥梁;但他在研究上的所谓"冲击—回应"模式,却近乎荒谬,认为是西方给中国带来了文明,是西

---

① 季羡林《汉学研究·序》第七集,中华书局2003年版。
② 《章太炎全集·〈訄书·序〉·〈种姓篇〉》,上海古籍出版社1985年版;刘师培《刘申叔先生遗书·〈思念祖国〉·〈华夏篇〉·〈国土原始论〉》。

方的侵略拯救了中国。综上所述,对于汉学成果的研究,只有冷静、公正、客观、全面,才能在沙中淘得真金,拥抱"他山之石"。

在中国,汉学的接受与命运,诚实地说,在 20 世纪 80 年代初期之前,基本上是无视它的学术价值,更没人把它看作是中国文化的延伸。此外,由于民族心理上的历史"障碍",我们还曾视汉学为洪水猛兽,甚至觉得它是仇视中国、侮辱中国的一个境外的文化"孽种"。这种"观点",虽嫌偏颇,但也不是空穴来风。因为自 19 世纪"鸦片战争"前后,直至 20 世纪 40 年代,偌大的中国曾经惨遭蹂躏,整个历史写满了炮火压迫和宗教怀柔,其间也不乏为列强殖民政策服务的传教士、"旅行家"和"学者"深入中国腹地,以旅行、探险、考古之名而实行搜集社会情报、盗窃和骗取中国大批文物。

人类思想的飞翔,是受社会和历史禁锢的,山高水远的阻隔也使得人类互相寻找的岁月特别漫长。交流是人类文化选择的自然形态,汉学就发生在这种物质交流和文化交流之中。

公元前后,中国人被称为赛里斯(Seres),中国叫赛里加(Serice),这是陆路交往关于中国最初的叫法,时间较早;另一种叫法,把中国人称为秦尼(Sinai),中国叫秦(Sin),这是海路交往关于中国的叫法,时间较晚。由商人输往西方的中国丝绸绢绘是当时帝王贵族倾慕的奢侈珍品,Seres 和 Serice 两字系由阿尔泰语所转化,是希腊罗马称谓中国绢绘的 Serikon、Sericum 两字简化而来。西方人当时称中国为"秦"(Sin),称中国人为"秦尼"(Sinai),则是源于秦朝。①

人类在互相寻找的初级阶段,中国和西方试探性的商业交往还很原始,那时的人类,不同的国家、民族和族群处于相对落后和封闭的状态,人类各个角落的不同文化还处于相对不自觉或是相对蒙昧的历史时期。在人类最早的沟通中,中国人走在最前边。公元前 139 年,张骞奉汉武帝之命,越过葱岭,亲历大宛、康居、大月氏、大夏、乌孙、安息等地,直达地中海东岸,先后两次出使中亚各国,历时十多年,开创了古代和中世纪贯通欧亚非的陆路"丝绸之路",为人类交往开创了先河,也为汉学的萌发洒下最初的雨露。

---

① 莫东寅《汉学发达史》,北平文化出版社中华民国三十八年(1949 年)版,第 3 页。

在文化史上,以孔孟儒家学说为核心的中国文化最先影响朝鲜半岛,然后才是日本和越南等周边国家。这些周边国家与中国的关系复杂,甚至被说成同种同文,因此可以说它们的文化与中国文化有着很深的"血缘"关系。公元522年,中国佛教渡海东传日本,从那时开始,中国典籍便大量传入日本,但这只是一种"输入",只是日本创建自己文化的借鉴,并没有形成对于中国文化的深层研究。及至唐代,由于文化上承接了汉朝的开放潮流,那时与异质文化的交流相对更加频繁,商贸往来和文化沟通有了发展,西方和中国周边国家或地域的人士通过陆路和水路进入中国腹地,长安、洛阳、扬州、广州、泉州等城市,都是中外贸易和文化交汇的重要都会,尤其是长安,更是当时世界最大的商业文化之都;而扬州等城市,由于东南沿海经济崛起、人口增多、手工业发达、农田水利的改善,为海外贸易发展创造了条件,再由于唐代中期"安史之乱"切断了陆路"丝绸之路"的缘故,曾称为"鲤城""温陵""刺桐城"的泉州,便成为联结亚洲、欧洲和非洲的海上丝绸之路的"东方第一大港",是那时以丝绸、金银、铜器、铁器、瓷器为主的国际贸易之都。通过频繁的往来和交流,外国人对中国文化的认识越来越多、越来越深,汉学也便在这种交流中不知不觉慢慢衍生。

但是,源远流长的汉学,人们习惯地认为其洪流和网络在西方,西方是汉学的形象代表。这一看法一是源自近代以来西方强势文化和中国人的崇洋心理;二是西方汉学的某些特征也确实有别于朝鲜半岛、日本和越南的汉学。其实,如果我们从世界汉学历史发展的角度看,日本、朝鲜半岛和越南的汉学要早于西方的汉学,比如日本在十四五世纪已经初步形成了汉学,而那时西方的传教士还没有进入中国。因此,对于汉学的研究,无论是西方还是东方(朝鲜半岛、日本和越南),我们都不能顾此失彼,要以同样的关注和努力探讨其历史。当然,汉学的历史藏在文献里,而隐性源头却在文献之外。

文化往往伴随经济流动,其交流也会在不自觉或无意识状态下发生。到了明代初年,郑和率舰队出使西洋,前后七次,历经28年,到过30多个国家,最远抵达非洲东岸和红海口,真正拓展了海上"丝绸之路"。

在公元八九世纪至十六七八世纪期间,关于中国,多见于西方商人、外交使节、旅行家、探险家、传教士、文化人所写的游记、日记、札记、通信、报告之中,这些文字包含着重要的汉学资源,因此有人把这些文献称为"旅游汉学"。这些来源于文艺复兴，因为思潮的开放影响了欧洲人的思想和生活，他们或通商，或传教，或猎奇，但了解和研究中国文化却是一致的，于是汉学便在葡萄牙、西班牙、意大利、法国、荷兰、英国、德国、俄罗斯等主要的西方国家逐步发展起来。

这类游记和著作较早的有约在公元851年成书的描述大唐帝国繁荣富强的阿拉伯佚名作者的《中国与印度游记》，吕布吕基斯的《远东游记》（1254），意大利的雅各·德安克纳的《光明城》，贝尔西奥的《中华王国的风俗与法律》（1554），《利玛窦中国札记》，亚历山大·德·罗德的《在中国的数次旅行》（1666），南怀仁的《中国皇帝出游西鞑靼行记》（1684），费尔南·门德斯·托平的《游记》，李明的《关于中国现状的新回忆录》（1696）和《中华帝国全志》（《中国通志》）等，以及罗明坚、金尼阁、汤若望、卫匡国等名士的著作，还有大量名不见经传的传教士、商人、旅行家、探险家的各种记述，都成为日后汉学兴旺发达的必然因素。这类著作主要涉及中国的物质文明，较多描述、介绍中国的山川、城池、气候以及生活起居、饮食、服饰、音乐、舞蹈，也涉及一些中国的观念文化。这些"旅游汉学"著作中，影响最大的是《马可·波罗行纪》（《东方见闻录》）。马可·波罗（Marco Polo）于1275年随父亲和叔父来中国，觐见过元世祖忽必烈，1295年回国后出版了这本书，它以美丽的语言和无穷的魅力翔实地记述了中国元朝的财富、人口、政治、物产、文化、社会与生活，第一次向西方细腻地展示了"唯一的文明国家"——"神秘中国"——的方方面面。

这些包罗万象的文献，不仅记录了不同时代的中国，还以自己的文化视角开始了中西文化最初的碰撞。作为文献，这些游记、日记、札记、通信和报告，有赞美，有误读，也有批评，但因为其中包含大量中国物质文化及政治、经济、历史、地理、宗教、科举等多方面的文化记载，而成为汉学的重要组成部分，在学术史上有重要价值。

汉学的发生、发展与经济、政治、交通以及资讯分不开。有学者把汉学的历史分为"萌芽""初创""成熟""发展""繁荣"几个时期，也有的分为"游记汉学时期""传教士汉学时期"和"专业汉学时期"三个阶段。但汉学的真正形成是在明末兴起的"西学东渐"和"中学西传"的互动之中。

从16世纪到十八九世纪，在数以千计的散布在中国各地的传教士中，有不少人成为名载史册的汉学先驱，他们为汉学的发展做出了重大贡献。

自 1540 年罗耀拉(S.Ignatins de Loyola)、圣方济各·沙勿略(Francisco Xavier)等人来华,开始了以意大利、西班牙传教士为主的第一时期的耶稣会的传教活动。接着,意大利的范礼安(Alexandre Valignani)、罗明坚(Michel Ruggieri)等著名传教士来华。1583 年,即明朝万历十一年,罗明坚将利玛窦神甫(Matteo Ricci)带到中国,从此,耶稣会士在中国的宗教活动无论是对于西方还是东方,都开始了一个新的历史时期。西班牙的胡安·冈萨雷斯·德·门多萨(Juan Gonzalez de Mendoza)的《中华大帝国史》于 1588 年问世,这部世界汉学史上的第一部汉学著作,名副其实地对中国的政治、历史、地理、文字、教育、科学、军事、矿产、物产、衣食住行、风俗习惯等做了百科全书式的介绍,具有相当的学术价值,以七种文字印行,风靡欧洲。以利玛窦为核心的耶稣会士的历史意义在于他们开始了对中国文化的全面"开垦",不仅著书立说,还把《大学》《中庸》《论语》《孟子》等中国文化经典译成西文,不仅开西学东渐之先河,也推动了中学西传,使中国文化对西方科学与哲学产生重要影响,因此这位思想家当仁不让地被视为西方汉学的鼻祖。与其先后到达中国的著名的传教士都著书立说、传播中国文化,对推动西学东渐和中学西传做出了贡献。在世界汉学史上,除了以上提及的,还有许多汉学家的名字十分响亮,诸如曾德昭、柏应理、卫匡国、殷铎泽、南怀仁、汤若望、龙华民、金尼阁、罗如望、熊三拔、李明、张诚、白晋、马若瑟、宋君荣、钱德明、翟理斯、安特生、雷慕沙、儒莲、德理文、安东尼·巴赞、蒙田、冯秉正、尼·雅·比丘林、巴拉第·卡法罗夫、瓦西里耶夫、沙畹、伯希和、马伯乐、葛兰言、斯文·赫定、马礼逊、斯坦因、理雅各、翟理斯、李约瑟、韦利、霍克斯、卫礼贤、福兰阁、孔拉迪、高本汉、卫三畏、费正清、戴密微、石泰安、谢和耐、欧文等。他们和东方日本、朝鲜半岛的富有建树的汉学家以及当今散布在各国的汉学家,对中国文化的独特理解,铸造成汉学史上的思想学术之碑,开垦了汉学成长的沃土。

"西方的汉学是由法国人创立的。"但是,在欧洲全面研究中国文明的问题上,"法国的先驱是葡萄牙、西班牙和意大利"。① 戴密微把以上三个国家誉为汉学的先锋,"他们于 16 世纪末叶,为法国的汉学家开辟了道路,

---

① 戴密微《法国汉学研究史》,载《法国当代中国学》(耿昇译),中国社会科学出版社 1998 年版。

而法国的汉学家稍后又在汉学中取代了他们",真正建立起作为学术的汉学传统。就传统汉学而言,法国是汉学家最多的国家之一,有许多汉学界的学术巨擘,不断为汉学的崇高而添砖加瓦。

中外文化交流的结果不仅意味着中国文化"外化"的传播,也意味着异质文化对中国文化"内化"的接受。汉学家作为中外文化交流的桥梁和使者,在异质文化的交流中,也是人类和谐与进步的推动者。

汉学诞生在与异质文化碰撞、交流和相互浸淫之中。这个结果无异于一枚果子的成熟,只有"风调雨顺"才生长得好。和谐、宽容、理解与尊重,是异质文化彼此借鉴的保证。作为文化形态的汉学,其成长和生存离不开良好的国际语境。就中国而言,历史上凡是开放的时代,文化交流多,汉学就发展;反之,汉学就停滞,这似乎成为一种规律。

作为学术公器的汉学,文化上有其自己的成长过程。汉学是发展的,这一植根于中国文化土壤、生存于异国他乡的文化,同样深受不同时代语境的极大影响。这里所说的语境,既包括中国的历史演变,也包括异国和世界的历史变化。也就是说,不同的历史时期,不同的社会、政治、经济、文化背景,在很大程度上左右着汉学的发展方向和内容;换句话说,汉学的形成和发展,不仅受制于中国历史的更迭,也受制于他者社会的变化。这就是以历史悠久的中国文化为研究对象的汉学发展的基本轨迹。

汉学作为一种学术形态,总体上可以分为"传统汉学"和"现代汉学"。传统汉学以法国为中心,而现代汉学兴显于美国,20世纪中期以来,在西方其他国家葆有传统汉学的同时,现代汉学也很繁荣。随着中国与世界政治关系的变化,随着中国文化与世界文化交流的拓展,现代汉学有了显著的发展。

虽然20世纪的后50多年,中国文化与世界各国文化接触开始多了起来,但就整体而言,1949年后约有30多年是一个相对"闭关锁国"的时期。公正地讲,这道意识形态的"长城"也并非就是中国的政策,是那时期以美国为首的国家在政治、经济、军事、文化上对我国全面封锁的结果。这个时期的"汉学"涂满了政治色彩,以法国为代表的汉学较多地保持着传统汉学的学术精神,而美国的"中国学"却成了充满政治意识的现代汉学的代表。美国的"中国学"所关心的不是中国文化,更不是中国的传统文化,而是中国的政治、经济、军事、教育和社会生活各个层面的问题。这种政治特征,是那个时期美国汉学的基础,这一特征也影响了其他国家汉学的研究方向和内容。

由于中国与世界的隔离,由于西方与中国少有交流,因此汉学家不了解中国最新的文化进展(比如新的考古发现),致使汉学处于断炊或"无米之炊"的状态,没有中国文化的支持,西方汉学要想取得研究上的突破也很困难。陌生感和神秘感困扰着汉学家,这不仅是文化的尴尬,也是汉学家的难堪。

人类文化包含了物质文化和观念文化等。物质文化表现在衣食住行生活方面,是一种看得见、摸得着又极易变化的"具象"文化,如饮食、服饰、住房、音乐、舞蹈等;观念文化是一个民族的核心,表现在人的价值观、道德观、家庭观、宗教观等诸多方面,以及关于自由、平等、民主的理解,观念文化是一个民族的思维经过高度抽象后形成的思想、观念和精神,它通过文化灵魂——哲学、文学、语言、宗教、历史等来表达。① 观念文化,一俟进入外国汉学家的研究视野,他们的研究也就进入了对中国文化核心的深层研究。

汉学家从对中国物质文化到观念文化的研究,其领域越来越广越来越深。现在,汉学不仅包括对中国的哲学、文学、宗教、历史领域的研究,还包括社会学、政治学和自然科学。Sinology(汉学)和 Chinese Studies(中国学),它们已经发展到可以"异名共体"的地步。

时至今日,传统汉学和现代汉学这两种汉学形态不仅同时存在着、共荣着,而且还互相浸透着。

19世纪末至20世纪初,美国汉学悄然嬗变为中国学,并以自己独有的个性特点和极强的生命力出现在世人面前。美国汉学始自1830年东方学会(American Oriental Society)的建立,这个学会虽然代表了欧洲那种对东方学文学的兴趣,但这个学会"从一开始就有一种与众不同的使命感"——"为美国国家利益服务,为美国对东方的扩张政策服务"。② 这个特点也与"美国海外传教工作理事会"向中国派出基督教传教士的宗旨相

---

① 任继愈《汉学发展前景无限》,载《中华读书报》2001年9月19日。
② 侯且岸《费正清与中国学》,载李学勤主编《国际汉学漫步》(上),河北教育出版社1997年版。

一致。可见,美国汉学一开始就和美国的国际战略和对华政策联系在一起。卫三畏(Samuel Wells Williams)1848年出版的百科全书式的《中国总论:中华帝国的地理、政府、教育、社会、生活、艺术、宗教及其居民观》就带有较为浓厚的社会科学特点,与欧洲具有人文科学特征的汉学颇有差异,但它依然属于Sinology的范畴。

美国从南北战争后的统一中走向强大,加入强国之列。八国联军对中国的侵略行径,是列强联合的第一次尝试。从那时起,承担着相当"政治"角色的传教士进入中国。真正美国式的"汉学"——中国学,就从那时开始,而奠基人和开拓者是之后的费正清(John King Fairbank)。作为美国首席中国问题专家的费正清,他的中国学研究不仅影响了美国,也对其他国家的汉学研究或中国学研究有强烈的影响。

在西方,费正清的魅力在于,没有谁能像他那样以更清晰、更富于洞察力的笔触来表述中国。"在使美国人了解中国,了解中国的传统、中国纷扰不安的近代史,以及中国神秘莫测的现状等方面,谁的贡献也没有像他那样大。"费正清等一批知名的美国中国学家都参与过战时情报工作,在战后作为美国政府的智囊而直接为制定对华政策服务。费正清的研究虽然充满了实用和功利色彩,立场和观点也有偏见,但这并不妨碍他在历史上作为一个贡献巨大的汉学家和中国人民的朋友的光辉。美国学者从事研究的根本出发点是"使命感""学术个性"和"反唯理智论倾向","蔑视学问,更为强调实用性知识","更为明显同自己以外的社会,即政治家、实业家及其实践家始终保持紧密的联系"。① 这就是美国中国学家的基本心态,他们讲究功利和实用,不理会学术上的理智倾向,这与法国汉学家的学术心态、学术个性与学术传统几乎大相径庭。

传统汉学(Sinology)和现代汉学(Chinese Studies)的差异在于前者是以文献研究和古典研究为中心,它们包括哲学、宗教、历史、文学、语言等;而以美国为中心的现代汉学(中国学)则以现实为中心,以实用为原则,其兴趣根本不在那些负载着古典文化资源的"古典文献",而重视正在演进、发展着的信息资源。但是,汉学发展到21世纪,其研究内容和方式已经出现了融通这两种形态的特点。这种状况既出现在欧洲的汉学世界,也出现

---

① [美]赖肖尔《近代日本新观》,生活·读书·新知三联书店1992年版。

在美国的中国学研究之中,可以说世界各国汉学家的研究中,都兼有以上两种汉学形态。

汉学(Sinology)对中国研究者来说,被尘封得太久,所以它的空白很多,浩如烟海的资源还有待于深入开掘。这种开掘,不仅可以收获汉学,还可以无意中发现被历史"放逐"和"遗失"在异国他乡的中国文化。编撰"列国汉学史书系"的目的和宗旨,不仅是为了梳理已有的汉学资源,在世界范围内追踪中国文化的外传历史状况、经验及影响,同时探究汉学的产生、成长、发展与繁荣,还要尽可能厘清这块"他山之石"对于中国文化的作用。当然,"列国汉学史书系"还期望对推动中国文化与世界文化的交流有所裨益。

"列国汉学史书系"作为一个文化工程,其撰写的难度非一般学术著作所能比拟。严绍璗教授谈到Sinology的研究者的学识素养时提出四个"必须":①必须具有本国的文化素养(尤其是相关的历史、哲学素养);②必须具有特定对象国的文化素养(同样包括历史、哲学素养);③必须具有关于文化史学的基本学理素养(特别是关于"文化本体"理论的修养);④必须具有两种以上语文的素养(很好的中文素养和对象国的语文素养)。这几点确实都是汉学研究者必须具备的文化和语文素养,否则很难进入汉学研究的学术境界。

写作"列国汉学史"艰难,而出版可谓难上加难。人间的事好像天上的云、地上的风,飘忽不定没有根,铁板钉钉是没有的,因为钉子可以用"权力"拔出来,一切承诺和协议,都可以化为乌有。虽然"列国汉学史书系"一直受到经济的困扰,但它终没有自毙于摇篮之中,冬天之后是春天,接着便是收获的季节。这套富有创意和价值的书系,将对中外文化交流和汉学的发展及其比较研究产生深远影响。

有人认为"汉学史中国人写不了",当然这是一个很奇怪的"立论"。日本人石田幹之助写了《欧人的中国研究》(1932)、莫东寅写了《汉学发达史》(1949),接下来又有严绍璗的《日本中国学史》(1991),张国刚的《德国的汉学研究》(1994),张静河的《瑞典汉学史》(1995),何寅、许光华主编的《国外汉学史》(2002),刘正的《图说汉学史》(2005)和李庆的《日本汉学史》(2005)相继面世。在人类的文化长廊里,无论是中国还是外国,各种史书琳琅满目,这其中有外国人写中国的各类历史,也有中国人写外国的各类历史。历史,是往事,是记录,是选择,并有相对独立的评论和褒贬。但是,事实上任何一部历史都不是最后的历史,历史随着时光的流逝而演进,修史很难一步到位,它需要一代代学者"积跬步"才能"至千里",只有"积土成山,积水成渊",方能"风雨兴""蛟龙生"。学问之事非一夕之功,非得有前赴后继者敢于赴汤蹈火"流血牺牲",才会达至光明顶峰。

开拓者也许会在某个时候将自己的真诚劳作化为欢乐,因为在以后的岁月里,定会有人踏着自己的肩膀或是踩着自己的鼻子和头顶攀上高峰,以鸟瞰美丽风光。21世纪是经济的大空间,对汉学来说也是一个"大空间"。但是,要探索这个"大空间",需要有个和谐的"太空站",需要大家联袂共建;当然世界上需要多元文化和谐相处的历史语境,共同创造彼此接近、认识、理解、尊重、沟通、借鉴与融合的机会,这个机会,就是汉学研究发展的机会。

时间在行走,历史在行走。人类创造过历史,书写过历史,但是没有最后的历史。汉学有历史,而且还正在创造新的历史,汉学及其研究将以自己的品格和个性在人类文化的世界里放出异彩。

阎纯德

2006年12月5日

于北京半亩春

目　录

导论 ··· （1）
　一、历史分期 ··· （1）
　二、研究现状 ··· （6）

第一章　多重身份 ··································· （12）
　一、植物学家之梦 ··································· （12）
　二、商人·印刷工·外交官 ·························· （22）

第二章　汉语学习 ··································· （35）
　一、教师与教材 ····································· （35）
　二、两部工具书 ····································· （50）
　三、《汉英韵府》 ····································· （57）

第三章　汉学刊物 ··································· （67）
　一、《中国丛报》 ····································· （67）
　二、《教务杂志》 ····································· （78）

第四章　《中国总论》 ································ （87）
　一、演讲与写作 ····································· （87）
　二、国内与国际 ····································· （98）
　三、旧书新版 ······································· （104）

第五章　晚年荣誉 ··································· （110）
　一、耶鲁教席 ······································· （110）
　二、虚名与实质 ····································· （120）

第六章　价值评估 ……………………………………………（132）
　一、动机与影响 ………………………………………………（132）
　二、业余与专业 ………………………………………………（139）

附录 ………………………………………………………………（144）
　一、美国传教士与中国文学的最初接触 ……………………（144）
　二、从书信看卫三畏在澳门的活动（1835—1844）…………（153）
　三、《中国丛报》中有关日本的论述 …………………………（165）

索引 ………………………………………………………………（175）

参考文献 …………………………………………………………（179）

后记 ………………………………………………………………（195）

导 论

一、历史分期

美国的汉学研究虽然起步比欧洲晚,但大有后来居上之势,特别是第二次世界大战以后,随着汉学研究的专业化和大量研究机构的建立,美国的汉学研究步入了发展的快车道。今天,无论是在资金投入、学术资源方面,还是在研究模式、人才培养方面,美国均处于整个西方汉学研究的领先地位,其研究成果对中国本土学术的影响也日益巨大。[①]

任何学术都必然经历从无到有、从小到大的过程。1963年,整个美国仅有33人获得中国研究博士学位,而到了1993年,服务于美国大学、政府、新闻界、企业界的各类中国研究专家已逾万人,其中仅效力于跨国公司、基金会、法律事务所等机构的专家就达到5300人之多。[②] 19世纪时,美国没有一家专门研究中国的学术团体,汉学研究在美国东方学会(American Oriental Society,1842年建立)、美国历史学会(American Historical Society,1884年建立)中所占比例均十分有限,而目前仅哈佛大学就有10多个与中国研究有关的机构。

如果将汉学限定在大学或学院研究的层面上,那么美国的汉学研究开

[①] 详见杨念群《美国中国学研究的范式转变与中国史研究的现实处境》,载《清史研究》2000年第4期;黄育馥《20世纪80年代以来美国中国学的几点变化》,载《国外社会科学》2004年第5期。

[②] John M. H. Lindbeck, *Understanding China: An Assessment of American Scholarly Resources*, New York: Praeger Publishers, 1971, p.140; David Shambaugh, ed., *American Studies of Contemporary China*, Armonk, N. Y.: M. E. Sharpe, 1993, p.197.

始于1877年,这一年6月耶鲁大学设立了第一个汉学教授职位。此后哈佛、哥伦比亚等大学也设立了类似的职位。如果从宽泛的意义上看待汉学,将商人、旅行家、传教士、外交官以及其他对中国有兴趣的人士的研究也看作汉学的一部分,那么美国的汉学史则可以追溯到18世纪。1784年,在第一艘到达中国的美国商船上,大副山茂召(Samuel Shaw)写下了他对中国的第一印象,美国汉学伴随着中美直接贸易的产生而产生。但美国汉学的产生并不意味着欧洲汉学从此结束了在美国的影响,实际上,19世纪30年代以前美国人关于中国的信息主要来自欧洲(特别是英国)。欧洲的专业汉学开始于1814年法兰西学院设立西方第一个汉学教授席位,此前的业余汉学则可以一直追溯到马可·波罗(Marco Polo),甚至更早。当代美国学者孟德卫(David E. Mungello)将欧洲汉学的起源划定在17世纪,他把基歇尔(Athanasius Kircher)、威尔金斯(John Wilkins)、莱布尼茨(Gottfried W. Leibniz)等利用来华耶稣会士提供的信息进行汉学研究的学者称之为"早期汉学家"(proto-sinologist),把他们的研究称之为"早期汉学"(proto-sinology)。① 如果套用孟德卫的概念,我们可以把美国的建国元勋富兰克林(Benjamin Franklin)、潘恩(Thomas Paine)、杰斐逊(Thomas Jefferson)称为"早期汉学家",他们都曾读过耶稣会士的著作并写下了自己对中国的看法。② 19世纪利用欧洲文献研究儒家思想的超验主义者如爱默生(Ralph W. Emerson)、梭罗(Henry D. Thoreau)同样也可以归入这一行列,他们虽然人数很少,研究范围也很有限,但却是美国早期汉学一个不应忽视的组成部分。③

对于这200多年的美国汉学史,学者们提出了不同的分期。一种比较常见的看法是以第二次世界大战作为界限,理由是第二次世界大战前美国的汉学研究比较零散,且受欧洲的影响比较大,第二次世界大战以后,特别是1958年通过"国防教育法案"(National Defense Education Act)以后,美

---

① David E. Mungello, *Curious Land: Jesuit Accommodation and the Origins of Sinology*, Stuttgart: Steiner Verlag Wiesbaden Gmbh, 1985, p.14.

② 详见 A. Owen Aldridge, *The Dragon and the Eagle: The Presence of China in the American Enlightenment*, Detroit: Wayne State University Press, 1993, pp.85-97.

③ 爱默生被认为是"第一个真正的美国思想家"(the first truly American thinker),也是最早对东方文化产生兴趣的美国思想家,但他的主要兴趣在印度、波斯,中国处于相对次要的位置。就中国文化而言,他的主要阅读对象是儒家经典,参见 Frederic I. Carpenter, *Emerson and Asia*, Cambridge: Harvard University Press, 1930, pp.232-255.

国政府和基金会(特别是福特基金会)开始大量投入资金,美国汉学以前所未有的速度向前发展,并形成了自己的特色。这一分期方法是和将费正清(John K. Fairbank)看作美国汉学之父的观点联系在一起的。费正清1907年出生于南达科他州,1929年哈佛大学毕业后前往牛津大学攻读博士学位,从此开始了对中国的研究。在以《中华帝国对外关系史》(*The International Relations of the Chinese Empire*)、《东印度公司对华贸易编年史》(*The Chronicles of the East India Company Trading to China, 1635—1834*)等著作闻名学界的马士(Hosea B. Morse)的指导下,费正清把中国海关问题定为博士论文的题目,从而确立了从外交史和制度史入手、以近代中国为课题的研究方向。这一研究方向与传统的汉学——对中国古代历史文化进行文献考证——截然不同,是一种全新的尝试。1936年,费正清获得牛津大学博士学位,并回哈佛执教。在此后的40多年中,费正清以哈佛为基地,将自己开创的"地区研究"(regional studies)模式推广到全美,乃至全世界。1991年,费正清去世后,曾经听过他课程并和他共事多年的余英时先生给予了这样的论断:"半个世纪以来,他一直是美国的中国研究的一个重要的原动力;哈佛大学历史系正式把中国近代史包括在课程之内是从他开始的。他的逝世象征着这一学术领域的一个时代的落幕。"① 具有鲜明美国特色的"地区研究"具有如下几个特点:一是关注近现代中国,服务于现实需要;二是在语言技能之外更强调学术训练,特别是各种社会科学方法(政治学、经济学、社会学、人类学等)的训练;三是在学科分工的基础上强调跨学科研究。其中第二点是最为关键的,费正清曾将"地区研究"简单地归纳为"传统汉学与社会科学的结合"。② 结合之后的汉学研究就不仅仅局限在中文系(东亚系),而是进入了各个学科。根据周法高1964年的实地考察,哈佛大学当时开设中国课程的有东亚系、历史系、社会学系、政治学系、人类学系、法律系、美术系、音乐系,其他如耶鲁大学、芝加哥大学、

---

① 余英时《开辟美国研究中国史的新领域:费正清的中国研究》,载傅伟勋、周阳山主编《西方汉学家论中国》,台北:正中书局1993年版,第2页;关于费正清生平和学术思想的详细讨论,另可参见徐国琦《略论费正清》,载《美国研究》1994年第2期;钱金保《中国史大师费正清》,载《世界汉学》1998年第1期;陶文钊《费正清与美国的中国学》,载《历史研究》1999年第1期; Paul A. Cohen & Merle Goldman, eds., *Fairbank Remembered*, Cambridge: Harvard University Press, 1992.

② John K. Fairbank, *China Perceived: Images and Policies in Chinese-American Relations*, New York: Alfred A. Knopf, 1974, p.214; John K. Fairbank, *Chinabound: A Fifty-Year Memoir*, New York: Harper & Row, 1982, p.324.

哥伦比亚大学等也情况相似。① 所以也有人将费正清开创的这种研究模式称之为"中国研究"或"中国学"（China Studies 或 Chinese Studies），以区别于传统的以语文学和文献考证为特色的"汉学"（Sinology）。1955 年，哈佛大学东亚研究中心的建立可以作为这种新模式诞生的标志。但中国研究的确立并不代表传统汉学研究的退场。哈佛燕京学社的存在和它的广泛学术影响就是一个明证。哈佛燕京学社 1928 年建立后，曾计划请法国汉学家伯希和（Paul Pelliot）来担任社长，后来伯希和推荐了自己的学生、俄裔法籍汉学家叶理绥（Serge Elisséeff），这非常好地说明了 20 世纪前半期欧洲汉学对于美国的影响。哈佛燕京学社毕业生的研究业绩同样可以说明这一点。以 20 世纪 30 年代初期哈佛派往中国进修的学生为例，顾立雅（Herrlee G. Creel）主要从事中国上古史和哲学史的研究，西克曼（Laurence C. S. Sickman）专攻中国艺术史，卜德（Derk Bodde）则潜心研究中国思想史，他们都将研究范围集中在中国古代，且主要从事文献考证工作。② 值得一提的是，费正清 1933 年在中国做研究期间曾申请哈佛燕京学社的奖学金，但没有成功，不得不通过在清华大学授课来解决生计问题，这一经历对他日后决心另起炉灶大概产生了某种心理影响。但东亚研究中心的建立并没有取代哈佛燕京学社，而只是通过"促进对现代中国的研究和社会科学方法的运用来补后者的不足"。③ 所以就 20 世纪来说，美国的中国学和汉学是并存的，它们之间虽然存在着差异和对立，但同属于专业汉学（professional sinology）的范围，而与之相对应的则是 20 世纪以前的业余汉学（amateur sinology）。美国业余汉学的主体是传教士汉学。美国商人虽然早在 18 世纪末就来到中国，但他们来去匆匆，无心他顾，中美通商 50 年后还几乎没有一个商人能懂中文，也就更谈不上对中国的研究了。这种情况直到 19 世纪 30 年代传教士的到来才宣告结束。第一次鸦片战争前美国来华传教士的人数很少，长期生活在广州、澳门的只有裨治文

---

① 详见周法高《谈美国数大学有关中国的课程》，载《新天地》（台湾）第 2 卷第 11 期（1964 年 1 月），第 14—17 页。

② 关于哈佛燕京学社，详见张凤《哈佛燕京学社 75 年的汉学贡献》，载《文史哲》2004 年第 3 期，第 59—69 页；Earl Swisher, "The Harvard-Yenching Institute", *Notes on Far Eastern Studies in America*, No.11（June, 1942）, pp.23-26.

③ Paul M. Evans, *John Fairbank and the American Understanding of Modern China*, New York: Basil Blackwell, 1988, pp.30-31, 199.

（Elijah C. Bridgman）、卫三畏（Samuel Wells Williams）、伯驾（Peter Parker）、史第芬（Edwin Stevens）四人。1842年后美国来华传教士的人数迅速增加，到1850年已经达到88人，1877年新教入华70周年（是年召开第一次新教大会）时则达到210人。① 几乎所有的传教士都致力于汉语的学习和对中国的研究，他们的著作成为19世纪美国人了解中国信息的最主要来源。在他们当中出现了一批成绩突出的学者：裨治文、卫三畏、丁韪良（William A. P. Martin）、卢公明（Justus Doolittle）、狄考文（Calvin W. Mateer）、林乐知（Young J. Allen）、明恩溥（Arthur H. Smith），他们完全可以被称为传教士汉学家（missionary sinologist）。张西平教授在全面考察了欧洲汉学的历史后指出，其发展过程经历了"游记汉学时期""传教士汉学时期""专业汉学时期"三个阶段，"而作为一门学科真正创立，应该是在'传教士汉学时期'"。② 这一结论同样适用于美国汉学的总体状况，只是由于美国建国较晚、历史较短，三个时期也相应较短。

在笔者看来，美国汉学从大的方面可以分为两个时期——业余汉学时期和专业汉学时期。虽然1877年耶鲁设立第一个汉学教授职位可以看作美国专业汉学建立的标志，但专业汉学在19世纪末20世纪初发展很慢，赖德烈（Kenneth S. Latourette）在1918年的一篇文章中这样描述当时的情况："我们的大学给予中国研究的关注很少，在给予某种程度关注的大约三十所大学中，中国仅仅是在一个学期关于东亚的概论性课程中被涉及，只有在三所大学中有能够称得上对于中国语言、体制、历史进行研究的课程。美国的汉学家是如此缺乏，以至于这三所大学中的两所必须到欧洲去寻找教授。"③美国学术界逐渐意识到了这个问题，1929年2月美国学术团体理事会（American Council of Learned Societies，1919年建立的全国性学术促进机构）专门成立了"促进中国研究委员会"（Committee on the Promotion of Chinese Studies），以此来改变美国汉学研究落后于其他学科的局面。④ 所以我们不妨将1877—1928年（哈佛燕京学社建立）或1929年（促进中国研

---

① S. W. Williams, *The Middle Kingdom*, New York: Charles Scribner's Sons, 1883, Vol.2, p.367. 近代最早来华的新教传教士是伦敦会（London Missionary Society）的马礼逊（Robert Morrison），到达广州的时间是1807年9月8日。

② 张西平《传教士汉学研究》，大象出版社2005年版，第3页。

③ Kenneth S. Latourette, "American Scholarship and Chinese History", *Journal of the American Oriental Society*, Vol.38(1918), p.99.

④ *American Council of Learned Societies Bulletin*, No.10(Apr.1929), p.10.

究委员会建立)的这50年看作过渡时期。专业汉学内部传统汉学与中国学的分野可以哈佛东亚研究中心建立的1955年为时间点,从美国东方学会中分离出来的亚洲学会(Association for Asian Studies)建立的1956年同样可以作为一个标志性的时间点,而分离的动力同样来自费正清。仍然以上述的时间点为界限,我们或者可以把美国汉学分成更为清晰的三个时期,即:早期(1877年以前)、中期(1877—1928)、后期(1929年以后)。本书将以早期美国汉学作为研究对象。

二、研究现状

就近30多年来国内外对美国汉学的研究来看,第二次世界大战后的中国学是重点。1981年出版的《美国中国学手册》可以说是国内研究的一个开端,该手册系统地编译整理了第二次世界大战后530名美国中国学家和515名美籍华裔中国学家的生平著述资料,同时还全面介绍了美国研究中国的机构、收藏中文资料的图书馆、出版的中国学书目等一系列信息,是一本资料翔实的工具书,为此后美国中国学的研究打下了扎实的基础。目前国内学者已经出版有专著多种、论文多篇。① 美国学者对自身学术的梳理也积累了不少成果,②其中以柯文(Paul A. Cohen)的《在中国发现历史》(*Discovering History in China*)一书最为详尽和深入。柯文在该书中解剖了20世纪50—60年代美国中国研究的三种方法(approach):"冲击—回应"

---

① 中国社会科学院情报研究所《美国中国学手册》,中国社会科学出版社1981年版(1993年出版增订版);王景伦《走进东方的梦——美国的中国观》,时事出版社1994年版;侯且岸《当代美国的"显学":美国现代中国学研究》,人民出版社1995年版;陈君静《大洋彼岸的回声:美国中国史研究历史考察》,中国社会科学出版社2003年版;王建平、曾华《美国战后中国学》,东北大学出版社2003年版;朱政惠《美国中国学史研究》,上海古籍出版社2004年版;胡大泽《美国的中国近现代史研究》,中国社会科学出版社2004年版;朱政惠《美国中国学发展史》,中西书局2014年版;熊文华《美国汉学史》,学苑出版社2015年版;苏炜《有感于美国的中国学研究》,载《读书》1987年第2期;王晴佳《美国的中国学研究评述》,载《历史研究》1993年第6期;张铠《从"西方中心论"到"中国中心观"——当代美国中国史研究的发展趋势》,载《中国史研究动态》1994年第11期。

② Derk Bodde, "Sinological Literature in the United States 1940-1946", *Quarterly Bulletin of Chinese Bibliography*, New Series, Vol.6 (1946); Meribeth E. Cameron, "Far Eastern Studies in the United States", *Far Eastern Quarterly*, Vol.7, No.2 (1948); Amy A. Wilson, et al. eds., *Methodological Issues in Chinese Studies* (New York: Praeger), 1983; Richard C. Howard, "The Development of American China Studies: A Chronological Outline", *International Association of Orientalist Libraries Bulletin*, No. 32-33 (1988).

(impact-response)、"传统—现代"(tradition-modernity)、"帝国主义"(imperialism),认为这三种方法虽然在课题的设定、材料的选择、问题意识等方面不尽相同,但都是"以西方为中心的"(Western-centric)。在批判旧的研究方式的同时,柯文在书中呼吁学者们转向一种新的"以中国为中心的"(China-centered)研究方法,其特点是:"力图重建中国人所实际感受的历史,而不是一种外在的问题意识下的历史,将中国问题放在中国的语境中,将领土广大和情况复杂的中国分解为小的、更容易把握的单位,并将中国社会看作是分成若干等级的,在运用历史学方法之外热烈欢迎各种社会科学和其他学科的理论和方法。"① 这种在 20 世纪 70 年代逐渐建立起来的方法打开了学者们的思路,给此后美国的中国研究注入了极大的活力。1996 年,柯文推出了新版《在中国发现历史》,在 1984 年老版的基础上对 20 世纪 70—90 年代的美国中国学给予了切中肯綮的评价。

与第二次世界大战后中国学备受关注的情况相比,学者们对 20 世纪前半期以及 20 世纪以前的美国汉学史研究较少。正是基于这样的研究现状,本书选择了 20 世纪之前的美国汉学作为研究课题。国内学者对这一课题的研究最早可以追溯到莫东寅的《汉学发达史》。该书给美国汉学的篇幅非常有限,在描述美国汉学起源时作者写道:

> 美国完成独立在一七八三年(清乾隆四十六年),及释奴战终,统一南北之集权政府成立,已在十九世纪中叶(一八六五,清同治四年),收夏威夷菲利宾(即,菲律宾)在十九世纪末(一八九八,清光绪二十四年),其注意禹域,视欧人晚甚。其国民尚科学重实用,于中国历史文献之研究,初极忽视。有卫三畏者,纽约人,本神学者,于一八三三年(清道光十三年)由公理会派来华布教,曾编刊《中国宝库》(The China Repository)。乃由教会援助,于一八三二年(清道光十二年)创刊《广东》之月刊杂志,一八五一年(清咸丰元年)停刊。一八五七年(清咸丰七年)至一八七六年(清光绪二年),为美国驻华使馆秘书,晋至代理公使。归国后授中国语文于耶鲁大学,著《华语字典》及

---

① Paul A. Cohen, *Discovering History in China: American Historical Writing on the Recent Chinese Past*, New York: Columbia University Press, 1996, p.x. 该书 1984 年版有中译本,林同奇译《在中国发现历史》,中华书局 1989 年版。

《读本》等。其《中国总览》(*The Middle Kingdom*)一书，凡两巨册二十六章，叙述中国历史地理人民政治文学社会艺术等概况，后由其子为复刊，流传甚广，为美人中国研究之见端。①

这段论述不但过于简单，而且有一些错误。但将卫三畏的《中国总览》(按：应为《中国总论》)看作美国汉学之开端却是很有道理的。莫东寅之后的国内学者对于美国早期汉学的状况一直处于语焉不详的状态，直到近年来才有所改变。张铠、仇华飞、吴义雄等学者的研究是本书写作时的重要参考。② 美国学者对本国早期汉学的状况研究很少，其中最有价值的是谭维理(Laurence G. Thompson)1961年发表于台湾《清华学报》上的一篇文章，在这篇文章中作者简要评述了1830—1920年美国主要的汉学著作，该文为本书的写作在文献上提供了重要的参考。③

本书从性质上来说属于学术史的研究，其价值和意义正如梁启超所说："学术思想之在一国，犹人之有精神也；而政事、法律、风俗及历史上种种之现象，则其形质也，故欲睹其国文野强弱之程度如何，必于学术思想焉求之。"④第二次世界大战前美国在汉学上一直落后于欧洲，第二次世界大战后则逐渐成为西方汉学的中心，这是与其国力的发展紧密联系的。了解美国早期汉学的历史对于我们看清今天美国汉学的内在理路和成败得失无疑是非常有帮助的。在笔者看来，"辨章学术，考镜源流"不外两种方法，一种是全面梳理，将重要人物和著作一一罗列并衡量其长短得失，另外一种是选择代表性人物和著作，以点带面，角度较小，但便于深度挖掘。笔者比较倾向于后一种。余英时以戴震、章学诚为中心的清代中期学术思想史研究，以及傅佛果(Joshua A. Fogel)以内藤湖南为中心的19世纪末至20

---

① 莫东寅《汉学发达史》，北平文化出版社1949年版，第141页；2006年大象出版社重刊此书，上述引文见重刊本第104页。

② 张铠《美中贸易与美国中国史研究的奠基——殖民时期至第一次世界大战》，载《中国史研究动态》1995年第5期；仇华飞《论美国早期汉学研究》，载《史学月刊》2000年第1期；吴义雄《在宗教与世俗之间：基督教新教传教士在华南沿海的早期活动研究》，广东教育出版社2000年版。

③ Arthur W. Hummel, "Some American Pioneers in Chinese Studies", *Notes on Far Eastern Studies in America*, No.9 (June 1941); Laurence G. Thompson, "American Sinology 1830-1920: A Bibliographical Survey", *Tsing Hua Journal of Chinese Studies*, Vol.2, No.2 (1961).

④ 梁启超《论中国学术思想变迁之大势·总论》，载《梁启超全集》第二册，北京出版社1999年版，第561页。

世纪初日本汉学史研究都是成功的范例,①也是本书写作时重要的方法论参考。

选择卫三畏作为本书的中心人物,有以下三点理由:第一,他是最早来华的美国传教士之一,从1833年到达广州至1876年离开北京,他是早期传教士中在华时间最长、对中国最了解的一位,亲身经历了两次鸦片战争、太平天国运动等重大事件,目睹了近代中国社会和中外关系的深刻变化。第二,他回国后于1877年成为耶鲁第一位汉学教授,也成为美国历史上最早的汉学教授,见证了美国汉学从业余走向专业的历史。在他身上,业余汉学和专业汉学实现了某种结合。第三,他是美国最早的汉学刊物《中国丛报》(Chinese Repository, 1832—1851)②的编辑者(1848年后为主编)和主要供稿人之一;他的代表作《中国总论》(The Middle Kingdom)改变了此前美国人通过欧洲著作来了解中国的状况,从这个意义上开创了"美国"汉学。费正清在1953年对这部著作做了这样的评价:"它简明细致地描述了中国社会生活和历史的方方面面,在今天看来仍然是一部有重要价值的著作。"③卫三畏于1884年去世,正好是中美直接交往100周年,本书基本以卫三畏去世为时间下限,但在讨论具体问题时也会涉及此后的相关人物和著作。

卫三畏去世后他的儿子卫斐列(Frederick W. Williams)为其编写了传记 The Life and Letters of Samuel Wells Williams, 于1888年出版。这是目前唯一一部有关卫三畏的英文专书。2004年,笔者与人合作将该书翻译成中文,这为本书的写作奠定了基础。本书的重点是研究卫三畏的学术,但学术不可能离开其他的活动而独立存在,特别是像卫三畏这样的业余汉学家,他一生的活动(特别是在中国的活动)与他的汉学研究密切相关。本书将充分利用卫三畏的传记,将其汉学著述放在他本人和整个时代的大背景中去考察,尽可能地做到孟子所谓"知人论世"。就目前研究论文的情

---

① 余英时《论戴震与章学诚:清代中期学术思想史研究》,生活·读书·新知三联书店2000年版;Joshua A. Fogel, *Politics and Sinology: The Case of Naito Konan (1866-1934)*, Cambridge: Harvard University Press, 1984.

② Chinese Repository 原无中文名,故有多种译法:《中国文库》《华事汇报》《中华丛刊》等;《中国丛报》是目前国内比较通行的译法。

③ John K. Fairbank, *Trade and Diplomacy on the China Coast: The Opening of the Treaty Ports 1842-1854*, Harvard University Press, 1953, p.283.《中国总论》一书已被翻译成中文,陈俱译,陈绛校,上海古籍出版社2005年版。

况来看,国内外学者赖德烈、王树槐、谭树林、张宏生、孔陈焱、金卫婷等已经从不同的角度对卫三畏做过一些研究,他们的成果是本书的重要参考。① 本书力图在两方面有所突破,一是利用前人没有利用或没有充分利用的卫三畏家族档案(Samuel Wells Williams Family Papers)及其他英文资料,二是在全面占有资料的基础上进行全方位的考察,力图把以卫三畏为中心的美国早期汉学的整体状况更为清晰地展现在读者面前。

  作为业余汉学家,卫三畏的学术研究不可能不与他的业内工作发生紧密的联系,因此对于他的研究也就不能局限在纯学术史的范围内,而必须与19世纪的美国史、中国史和中美关系史联系起来进行考察。此外,正如前文所说,美国汉学与欧洲汉学有着深刻的渊源。19世纪欧洲的汉学出现了专业和业余平行发展的状态,卫三畏与两者均有联系,特别是和在华的英国传教士和外交官汉学家关系密切,所以本书在讨论美国汉学的时候,也会涉及欧洲(特别是英国)的情况。英、美不仅有深刻的思想文化联系,而且共同的语言更使它们在不少问题上没有国界的区分,它们在"英语"汉学上构成了一个学术共同体。

  除了业余和专业的差别之外,美国传教士汉学家与后来的专业汉学家相比还有两个显著的不同之处,一是他们在中国的时间一般都比较长,二是他们几乎都是"无师自通"。以卫三畏和费正清为例,前者在中国的时间为43年(1833—1876),而后者留学北京仅为4年(1932—1935)。我们知道,费正清的"精神之父"是马士,他在哈佛的老师是韦伯斯特(Charles K. Webster)、在牛津的老师是苏慧廉(William E. Soothill),在北京时得到过蒋廷黻、拉铁摩尔(Owen Lattimore)的学术指导。② 而卫三畏走的则是一条自学成才、不断摸索的道路。所以,研究传教士汉学在坚持寻找"内在理路"的同时,必须把外在因素纳入考察的范围。

---

  ① Kenneth S. Latourette, "Samuel Wells Williams", *Notes on Far Eastern Studies in America*, No. 12(Spring 1943);王树槐《卫三畏与〈中华丛刊〉》,载林治平主编《近代中国与基督教论文集》,台北:宇宙光出版社1981年版(后又收入王树槐《基督教与清季中国的教育与社会》,台北:宇宙光出版社2006年版);谭树林《卫三畏与中美文化交流》,载《齐鲁学刊》1998年第6期;张宏生《卫三畏与美国汉学的起源》,载《中华文史论丛》第八十辑,上海古籍出版社2005年版;孔陈焱《卫三畏与美国早期汉学的发端》,浙江大学博士学位论文,2006年;金卫婷《卫三畏与美国早期的对华退款兴学计划》,载《西昌学院学报》2007年第1期。

  ② John K. Fairbank, *Chinabound: A Fifty-Year Memoir*, New York: Harper & Row, 1982, pp.17-93.

相比于 20 世纪初的梁启超,今天我们对于学术和学术史应该说有了一种更新的理解。学术不再被看作一种纯粹的"知识",而是一种"话语",其背后同样有着复杂深刻的"权力"运作。这一点在西方近代以来关于东方的知识话语的建构中显得尤为突出。萨义德(Edward Said)的《东方学》(*Orientalism*)虽然涉及的主要是西方关于近东的知识谱系,但它很好地提醒我们,今天当我们书写汉学史时,我们不仅要关注学者们说了些什么,更应该关注的是他们为什么这么说,或者用福柯(Michel Foucault)的话来说,我们更应该关注的不是事物的"真相",而是事物的"秩序"。实际上,根据福柯的见解,对于生活在一种文化中的人来说,要"真正理解另一种文化的真相是完全不可能的"。[①] 这种看法或许有点绝对和悲观,但是采用一种"考古学"而不仅仅是传统的"历史学"的方法,对于我们今天研究学术史无疑是非常必要的。

---

① Michel Foucault, *The Order of Things*, New York: Vintage Books, 1971, p.xv.

第一章
多重身份

一、植物学家之梦

1832年4月,一位正在大学读书的美国青年收到了一封父亲的来信。信中说,在广州刚刚建立的美国海外传教部总会(American Board of Commissioners for Foreign Missions,以下简称"美部会")传教站获得了一台印刷机和一套铅字,他们正在寻找一个能够前往中国管理传教站印刷所的年轻人。于是,父亲推荐了自己的儿子。父亲在做这一决定时可能没有想到,当时对汉语一窍不通的儿子日后会成为美国早期最重要的汉学家。这位年轻人就是塞缪尔·韦尔斯·威廉斯(Samuel Wells Williams),日后以中文名卫三畏、卫廉士为中国人所知。

如果稍微考究一下这两个中文名字,就会发现它们既和英文谐音,又有中文内涵。"三畏"出自《论语·季氏》:"子曰:君子有三畏:畏天命,畏大人,畏圣人之言。""廉士"一词也见于中国古籍,如《汉书》卷五《景帝纪》中有这样的话:"人不患其不知,患其为诈也;不患其不勇,患其为暴也;不患其不富,患其亡厌也。其唯廉士,寡欲易足。"可见,廉士是不贪婪、知足常乐之人。卫三畏给自己起的这个中文名字既显示了他的汉学修养,也表明了他的人生态度。

卫三畏的祖先最早是从英格兰移民美洲大陆的,时间是1637年。到他的父亲威廉·威廉斯(William Williams)已经是第六代。卫三畏是兄弟

第一章 多重身份

姐妹15人中的老大，1812年9月22日出生于纽约州的尤蒂卡(Utica)。①到他10多岁的时候，父亲威廉·威廉斯已经成为纽约州中部颇为重要的印刷商，经常承担美部会和其他宗教团体的印刷任务。这也是美部会托他寻找印刷工的原因。

当卫三畏接到父亲的信时，他正在位于纽约州特洛伊(Troy)的伦斯勒学院(Rensselaer School，1833年更名为Rensselaer Institute)读书，他本来希望到位于康涅狄格州纽黑文(New Haven)的耶鲁学院去接受高等教育，但父亲的收入支付不了这所著名学府昂贵的学费，于是他只好选择了这所规模非常小的学校。学院是由斯蒂芬·范·伦斯勒(Stephen Van Rensselaer)于1824年创建的，也用他的名字命名，目标是"培养能够将科学运用于日常生活的人才"。②虽然学校后来有很大的发展并成为一所颇具影响力的高等学府，③但在卫三畏入学时条件还相当简陋。卫三畏掩饰不住自己的失望情绪，在给中学时代的好友詹姆斯·丹纳(James D. Dana)的信中写道："星期一早晨我乘班轮从家中出发，并准时到达这里，一路上风雪大作，我就在风雪中到达这里。学校总共只有六个学生，想想看，六个学生，而这是学校创办以来的第八个年头，我原以为至少有二十个，但就这么多。'既然是这样，就应该是这样'，这是我们的座右铭。这个冬天要上数学、逻辑等课程。关于学校我只能告诉你这么多。说句老实话，詹姆斯，我从来没有这么失望过，预想的东西完全落空，但是不要告诉别人，只说我很满意。"④但是，这种失望情绪逐渐消失了，因为学院开设的数学、逻辑、化学

---

① 伟烈亚力(Alexander Wylie)所著《来华新教传教士列传》(*Memorials of Protestant Missionaries to the Chinese*, Shanghai: American Presbyterian Mission Press, 1867)是研究早期来华新教传教士生平著述的重要文献，其中"卫三畏"条将其出生年误记为1814(第76页)；雷孜智(Michael C. Lazich)著《美国第一位来华传教士裨治文》(*E. C. Bridgman 1801-1861, America's First Missionary to China*, Lewiston, N. Y.: The Edwin Mellen Press, 2000)一书也将卫三畏的出生年误记为1814(第91页)，很可能是受到伟烈亚力一书的影响。

② "Stephen Van Rensselaer to the Rev. Dr. Blatchford Lansingburgh, 5 Nov.1824", http://www.rpi.edu/about/history.html.

③ 19世纪50年代，学校向工程技术方面拓展，1861年更名为Rensselaer Polytechnic Institute，现在该校已发展成为拥有五个学院(建筑、工程、人文社科、管理、自然科学)的科技大学。参见 http://www.rpi.edu/about/history.html. 值得一提的是，20世纪上半叶，中国留美学生曾有八位从该校取得博士学位，参见Tung-li Yuan, ed., *A Guide to Doctoral Dissertations by Chinese Students in America 1905-1960*, Washington, D. C.: Sino-American Cultural Society, Inc., 1961, p.236.

④ "S. W. Williams to James Dana, 23 Nov.1831", Samuel Wells Williams Family Papers, Yale University Library Manuscript Group 547, Series 1, Box 1.

等课程都是他非常喜欢的,图书馆的藏书完全能够满足他的求知欲,而资深教授阿莫斯·伊顿(Amos Eaton)不仅学识渊博,①而且有先进的教育理念。"他常常带着这六七个学生在附近的地区进行矿物学和植物学的考察。风吹日晒和粗糙的工具没有挡住这群人前进的步伐,他们是走在时代前列的人。作为田野调查的补充,伊顿教授要求每个学生将自己知道的东西向全班同学做汇报,这一别出心裁的做法取得了相当大的成功。伊顿教授始终认为,对知识的理解不是来自听而是来自教,所以他让学生们轮流做老师,通过这个方法使学生在保持对实验和调查的热情的基础上,加强对同样重要的解释和表达能力的培养。他的这一做法不仅使学生获益匪浅,也给他本人带来了好处。他晚年饱受气喘病的折磨,所以决定将有限的精力投入到教科书的编写上,而学生们则无须他操心,他们自觉地观察植物标本或者做化学实验。在第一个学期的那些冬天的晚上,卫三畏忙着为植物学课本撰写有关植物起源的部分,比起上逻辑和代数课,分配给他的这个工作更适合他的口味,也正是在这本教科书上,他的名字第一次变成了铅字。"②

卫三畏对自然科学特别是植物学的兴趣可以追溯到他的中学时代。他所在的尤蒂卡高中(Utica High School)是在查尔斯·巴特利特(Charles Bartlett)的领导下建立的,巴特利特在建校时(1827)就认识到自然科学在教育中的重要性,将化学、地质学、植物学等纳入课程和讲座。1829年,卫三畏进入该校后很快被这类课程所吸引,并在老师的带领下做各种科学实验。很巧的是,他的第一位老师费伊·埃杰顿(Fay Edgerton)曾在伦斯勒学院就读,是阿莫斯·伊顿教授更早的学生,离开尤蒂卡高中后埃杰顿任教于家乡佛蒙特州的一所医学院。③ 而第二位老师阿萨·格雷(Asa Gray)博士后来则成为哈佛大学杰出的植物学教授。这两位优秀的教师经常在

---

① 阿莫斯·伊顿(1776—1842)在研究美国北部的地质和植物方面贡献卓著,出版著作多种,是19世纪早期美国自然科学研究的先驱,美国地质学界将19世纪20年代称为"伊顿时代"(Eatonian Era);同时他也是伦斯勒学院的建校元老,并一直在该校工作至去世。参见 Henry B. Nason, ed. , *Biographical Record of the Officers and Graduates of the Rensselaer Polytechnic Institute*, 1824-1886, Troy, N. Y. ; William H. Young, 1887, pp.120-128.

② Frederick W. Williams, *The Life and Letters of Samuel Wells Williams*, New York: G. P. Putnam's Sons, 1888, pp.32-33.

③ 他的小传详见 *Biographical Record of the Officers and Graduates of the Rensselaer Polytechnic Institute*, 1824-1886, p.184;卫三畏的小传详见同书第198-201页。

周日的下午组织学生去野外考察植物和矿物,这一活动成为该中学的一大特色,在当时同类学校中是绝无仅有的。① 卫三畏离开家乡前往特洛伊时箱子里就带着自己采集和珍藏的植物和石头标本。

卫三畏的中学同学后来有不少成为颇有成就的科学家,前文提到的詹姆斯·丹纳就是其中之一。当卫三畏在伦斯勒时,他正在卫三畏向往的耶鲁求学,他们之间保持着密切的通信联系,其中不少是讨论他们共同关注的矿物学和植物学问题。丹纳后来成为母校耶鲁的地质学和矿物学教授。②

19世纪是一个自然科学大发展的时代,美国大学的课程中自然科学的课程不断增加,即使是在耶鲁这样历史悠久、比较保守的大学也是如此,而新建的大学则更容易把握时代的脉搏,适应时代的需要。在收到父亲的来信以前,卫三畏大学时代的想法是将来做一个植物学家。

人的命运常常会因为一些偶然的事情而改变。接到父亲的信后,卫三畏面临人生的重大抉择,但他没有花费太多的时间进行反复思量,很快给父亲写了回信,表示有条件地接受他的提议:

> 从我收到你的上封信到我现在给你写回信只有短短的几天时间,也许你会认为我没有充分考虑你的建议。我必须说,这确实是一个很重大的问题。亲爱的父亲,你知道我在这个问题上一直抱有的态度,但是一年过去了,问题发生了变化。说到问题上来。如果阻挠我去的因素能够令人满意地排除掉,我就去。这就是说,在十月份课程结束以后,是否可能让我好好地学一下印刷方面的业务,以便能胜任这项工作? 在这里的课程和考察活动完成之前,我不想离开,因为化学和植物学对我非常重要,对日常生活也非常有用。在这一切结束以后,如果我能够完全学会我现在还是一无所知的那门印刷技艺,我愿意去,而且非常荣幸自己能够这样为耶稣的事业效力。我对印刷一无所知,也非常担心学不好。我为什么这样说,你最清楚。如果给我的时间是十五个月,那么实际上只有九个月的时间用来学习那门技术。时

---

① M. M. Bagg,The Utica High School,*Utica Herald*,21 Feb.1880.

② 丹纳在提升耶鲁的科学教育和整体的办学理念和规模方面起到了积极的作用,在他和其他许多有识之士的努力下,耶鲁于1887年由学院升格为大学。详见 George W. Pierson,*Yale College:An Educational History*,New Haven:Yale University Press,1952,pp.53-65.

间够吗？如果你反对我待在这儿直到学期结束，那么我宁愿不去中国。①

经过和美部会协商，先完成学业并接受培训的要求后来都得到了解决。卫三畏从此走上了一条新的道路，他的人生不再属于熟悉的实验室和广阔的田野，而是一个陌生、封闭的国家和一间狭小的印刷作坊。这实在不是一个容易的决定。年轻人想法多变，喜欢冒险，或许不能排除这种解释，但卫三畏的决定显然不是一时的冲动，否则他应该立刻出发，哪里会对自己的学业和接受培训的安排想得如此周到？

卫三畏生长在一个印刷商人的家庭，但从上面那封信我们看到，他直到离家上大学时还对这一技艺"一无所知"，可见对此并无多少兴趣。他一再要求更多的时间来接受培训，一方面固然是因为自己毫无基础，另外更重要的则是他对宗教事业的高度重视和对宗教本身的虔诚信奉。答复父亲后不久，卫三畏在给美部会秘书的信中这样袒露自己的思想：

> 我已经在上帝的指引下考虑了这个问题，就我对自己的了解来说，我知道我愿意去。离开从小就熟悉的环境去到一个遥远的国家，我将面对很多不确定的因素和困难，但我也看到了事情的另一面——世界的四分之三处于异教和半偶像崇拜之中——我的天平倾向于这一面。虽然我想了很多，但"责任"二字始终清晰地印在我的脑海里。"你们走向全世界"是具有决定性的命令——必须认真考虑的命令。一个基督徒如果不用热情和真诚去为救世主服务的话，我看不起他。②

一个还不到20岁的年轻人把责任看得如此之重，是难能可贵的。赋予人以一种责任感是基督教的力量之一，也正是这种责任感使他乐意接受自己并不喜欢的印刷工作。

卫三畏在被派往中国之前没有接受过正规的神学教育，这是他和其他

---

① "S. W. Williams to Father, 23 April 1832", Samuel Wells Williams Family Papers, Series 4, Box 25.

② "S. W. Williams to Rufus Anderson, 20 July 1832", Samuel Wells Williams Family Papers, Series 4, Box 25.

美国早期传教士很大的一点不同。① 他的神学训练主要来自家庭和幼年的教育。卫三畏的家族有着深厚的宗教传统,曾经出过许多牧师,数量超过当地其他任何家族。卫三畏的父亲虽然不是牧师,但却是一个虔诚的长老会教徒,并且非常热心于公众事业。卫三畏小时候参加的主日学校正是由他的父亲建立的,他在这所学校里唱赞美诗,练习教义问答,并全文背诵《新约》。上中学后,他则每个周日去教堂,并在周日晚上参加查经班。

卫三畏的母亲索菲亚·韦尔斯(Sophia Wells)同样出身于清教徒家庭,虔诚、勤奋、节俭的品质从小就在她身上体现出来。她的皈依是在结婚一年刚生下卫三畏后,当时她得了一种严重的疾病,但正是在这个过程中她实现了自我的觉醒,在丈夫的循循善诱下找到了一种稳固的精神生活。接着她又将这种精神的影响施加到孩子们的心中。

> 在她身上,祈祷、榜样和实践是连在一起的。她不仅对自己的孩子和他们的伙伴好言相劝,也救助自家门口的乞食者。她不仅参加宗教集会,也出现在受难者的床前。她家的厨房装满了为饥饿的人准备的大量营养食品,我们知道,一旦需要她随时会奉献出爱心。这是个没有医院,没有为贫困的人提供保障、为无家可归者和老年人提供住房和养老院的时代。穷人们学会了向这位真正的圣母求助,无论是药物、食品,还是对苦难的同情,甚至是御寒的棉衣和工作的机会,她都会无私地提供。她对主日学校充满了特别的兴趣和感情。这一方面是因为她的丈夫参与其事,另一方面则是因为她在塑造孩子灵魂的工作中感到了莫大的快乐。虽然身体很弱,她还是坚持在每个星期六的晚上为第二天全家人去主日学校做各种准备工作——并且是用很快的速度:将衣服叠放整齐、预习课文、整理好书本和《圣经》。②

父母的言传身教无疑坚定了卫三畏的信仰,1831年2月,卫三畏在弟弟弗雷德里克·威廉斯(Frederic Williams)的陪同下做了入教宣誓,加入

---

① 在被派往中国之前,裨治文、雅裨理、伯驾分别在安多佛神学院(Andover Seminary)、新布伦斯威克神学院(New Brunswick Theological Seminary)和耶鲁神学院接受过正规的神学训练,详见 Murray A. Rubinstein, *The Origins of the Anglo-American Missionary Enterprise in China 1807-1840*, Lanham, Md. & London: The Scarecrow Press, Inc., 1996, pp.231-281.
② Frederick W. Williams, *The Life and Letters of Samuel Wells Williams*, pp.9-10.

了当地的第一长老会(First Presbyterian Church)。几个月后的秋天,母亲便去世了。

卫三畏的青少年时期正逢美国传教运动勃兴的年代。就在卫三畏出生的那一年,成立刚两年的美部会在印度建立了第一个海外传教站,此后又在亚洲、非洲、欧洲建立多个传教站,传教事业在全世界迅速展开。卫三畏到达中国的1833年,美部会已经建立了30个海外传教站点,所属传教士及其当地助手(missionaries & assistants)达到200人。① 美国传教运动的发展是世界范围内新教振兴运动的结果。

自16世纪初宗教改革以来,新教内部纷争不断,17世纪兴起的理性主义思潮则构成了一种严重的外部冲击。面对教徒中普遍出现的信仰淡漠和危机,一场声势浩大的新教振兴运动在德国、英国、美国相继展开。其表现形式为菲力浦·斯潘纳(Philipp J. Spener)领导的德国虔信运动(Pietism),约翰·卫斯理(John Wesley)领导的英国福音振兴运动(Evangelical Revival)和以乔纳森·爱德华兹(Jonathan Edwards)为精神领袖的美国大觉醒运动(Great Awakening)。这场席卷多国、绵延将近一个世纪的新教振兴运动的一个结果是大规模的海外传教活动开始兴起。16世纪,天主教在应对宗教改革而进行的自我改革过程中,传教运动得到了很大的复兴和发展,曾派遣大量传教士来华的耶稣会就成立于这一时期(1540)。新教由于内部的纷争等原因长期以来无法与天主教在传教方面展开竞争,宗教振兴运动逐渐改变了这一情况。17世纪,随着荷兰的殖民扩张,传教活动开始在斯里兰卡、爪哇、中国台湾等地零星展开。18世纪后半期,随着詹姆士·库克(James Cook)船长在太平洋的航行和新岛屿的发现,英国掀起了空前高涨的海外传教热情。1792年,英国第一个海外传教团体"浸信传教会"(Baptist Missionary Society)成立,其创始人威廉·凯里(William Carey)在该会成立第二年成为第一个前往印度的传教士。其后伦敦会(London Missionary Society, 1795)、安立甘会(Church Missionary Society, 1799)、循道会(Methodist Missionary Society, 1817)等相继成立。美国的宗教振兴运动由于独立战争(1775—1783)而出现某种程度的中断,但战后振兴运动再度高涨,故也被称为"第二次大觉醒运动"(Second Great Awaken-

---

① "Table of Stations, Missionaries, Churches, and Schools", *Missionary Herald*, Vol.30, No.1(Jan. 1834), p.8.

ing)。这场延续到19世纪的运动使美国很快加入海外传教的队伍。继美部会(1810)之后,长老会(Presbyterian Church)、美以美会(Methodist Church)、圣公会(Protestant Episcopal Church)的海外传教机构于1817—1820年相继成立。同时,为了培养传教士,各类教育机构也纷纷建立,比较著名的如公理会建立的安多佛(Andover)神学院(1808)、长老会建立的普林斯顿(Princeton)神学院(1812)、浸信会建立的汉密尔顿(Hamilton)神学院,另外,美国两大名校哈佛、耶鲁也于1819年和1822年建立了神学院。到1860年,这类学校已经达到50家。① 美国迅速加入传教大军离不开英国的影响和刺激。18世纪末19世纪初,凯里等英国海外传教士的事迹在美国杂志上被广泛报道,成为家喻户晓的人物。赖德烈将1800—1914年称为基督教传播的"伟大世纪"(The Great Century)是言之有据的,因为在这段时期基督教以前所未有的规模和速度传遍了世界的几乎每一个角落。② 传教士成为这个世纪的骄子。

卫三畏从小就对传教活动不陌生。他六七岁时的启蒙老师在离开学校几年后成为前往土耳其传教的先驱。父亲印刷所中的一名学徒后来去了印第安人中间传教。卫三畏的母亲对于传教事业更是热情高涨,她曾经帮助家乡的许多人走上传教的道路,不仅为他们的宗教教育提供帮助,而且亲自为他们做好临行前的一切准备工作。对于自己的子女,我们不难想象她的预期。卫三畏的传记中记录了这样一个关于他母亲的细节:有一次她在教堂参加为传教事业捐款的活动,但发现自己没有带钱,于是她一边祈祷,一边将写着一行字的纸条放进了捐款篮中,纸条上写着"我的两个儿子"。③ 卫三畏和他的弟弟弗雷德里克·威廉斯后来确实都投身于宗教事业,④虽然这是母亲身后的事情,但她在世时的影响是毋庸置疑的。

在卫三畏心中,当传教士的种子很早就已埋下,它能否破土而出主要依赖外界的环境。传教运动的发展无疑是有利的大气候,而父亲的来信则

---

① Williston Walker, *A History of the Christian Church*, Fourth edition, New York: Charles Scribner's Sons, 1985, pp.611-614, 652-660.
② 赖德烈将其七大卷的《基督教扩展史》(*A History of the Expansion of Christianity*, New York and London: Harper & Brothers, 1937-1945)的第4卷至第6卷用来描述这一"伟大世纪"。具体到中国,赖德烈认为1842年之前是准备时期,1842—1895年是逐步发展时期,1895年之后为迅猛发展时期,详见第6卷第261页。
③ Frederick W. Williams, *The Life and Letters of Samuel Wells Williams*, p.11.
④ 弗雷德里克·威廉斯后来在土耳其从事传教工作22年,并死于当地。

是一个非常及时的催化剂。如果卫三畏成为传教士带有某种必然性的话，那么他被派往中国而不是其他国家则多少带有一些偶然因素。

美部会1810年成立于马萨诸塞州的布拉德福德(Bradford)，早期的美部会是一个跨教派的团体，成员以公理会(Congregational Church)为主，但也得到了长老会和归正会(Reformed Church)的支持。成立两年后便开始向印度派出了第一批传教士。美部会对中国很早就表现出了兴趣，特别是1807年伦敦会第一位（也是新教第一位）来华传教士马礼逊的工作更是引起了他们的注意。1818年，和马礼逊保持密切通信往来的一位费城商人罗伯特·拉尔斯顿(Robert Ralston)向美部会建议，从派往印度的传教士中抽调若干人每年在广州的黄埔港工作4个月，主要是为了向在那里的美国和英国海员传道。虽然这个建议因为不切实际而作罢，但向广州派遣传教士的想法却一直在酝酿之中。6年后的1824年，在一些人士的鼓动下，美部会决策委员会正式通过了向中国派遣传教士的决议。但这一决议没有立刻执行，原因是没有合适的人选。1827年11月，一些美国商人和船主在广州和马礼逊商谈后，再次向美部会决策委员会发出呼吁，要求派遣两名传教士。这些热心人士中最为关键的一位是奥立芬(D. W. C. Olyphant)。他看到美部会的犹豫不决，便于1829年9月返回美国，当面向美部会承诺提供传教士前往中国的船费，并提供其中一人在广州一年的食宿。这一承诺使美部会很快派出了裨治文和雅裨理(David Abeel)一同前往中国，两人于1829年10月14日出发并于1830年2月19日抵达广州。美国在华传教事业从此开始。① 1832年，奥立芬本人所属的纽约市布立克街(Bleeker Street)长老会向广州传教站赠送了一部印刷机，正是这部印刷机带来了卫三畏前往中国的契机。

当时在广州和澳门的西方人已经拥有多个印刷机构，除东印度公司、《广东纪录》(Canton Register)、澳门圣约瑟学院(College of St. Joseph)等单位所有的印刷所外，马礼逊个人还拥有两部印刷机，其中一部是石印机，一

---

① Clifton J. Phillips, *Protestant America and the Pagan World: The First Half Century of the American Board of Commissioners for Foreign Missions, 1810-1860*, Cambridge: Harvard University Press, 1969, pp.173-174; 另可参见吴义雄《在宗教与世俗之间——基督教新教传教士在华南沿海的早期活动研究》，广东教育出版社2000年版，第63—68页。

部是英式印刷机。①

为了能够熟练操作这部刚刚落户广州的印刷机,卫三畏结束学业后立刻开始接受为期半年的训练。1833年4月底,他已经做好长途旅行的准备,但由于奥立芬的商船航期推迟,他直到1833年6月15日才启程,同行的是另外一位美部会传教士特雷西(Ira Tracy)。② 在缓缓离开纽约的马礼逊号上,他给家人写去了颇为伤感的一封信,在那个只能依靠船只前往海外的年代,中国毕竟是太遥远了:

> 这是我离开美国前的最后一封信,当我写这封信的时候,蓝色、宽阔的海洋就在眼前。现在我逐渐看清了自己的道路和即将工作的领域,我相信救世主派我去那里的。我知道他不会抛弃我,而且会在艰苦的长途旅行中给我力量。我们有一个优秀的船长,名叫布里格斯,船员们都是精心挑选的,看上去都很机灵能干。非常好的工作,但愿我们因为对他们所做的善事而得到上帝的保佑!他们有机会在茫茫大海上赞扬上帝,这样的机会将给他们带来好的结果。船长是个虔诚的人,上帝给了我们怎样的恩惠啊,让我们感谢他。在奥立芬家的最后一晚我们举行了最后的祈祷,当我在上帝面前跪下时,我的思绪飘回了家,和那里的人对话,我希望在天堂再次看到他们,如果不能更早的话。现在,当我向故土投去最后一眼时,我知道,我的心中充满了上帝给予我的热忱,这比任何保佑都好。让我信任他,让我继续做我的工作,此外我还想要什么呢?为我祈祷,为一个目标祈祷。……再见,长时间无法再见面了,但希望再次见面时是在天堂,如果不是在人间的话。③

带着对传教事业的热忱,卫三畏踏上了旅途。他告别了亲人,但却没

---

① *Chinese Repository*, Vol.3, pp.43-44;关于澳门圣约瑟学院,详见米怜(William Milne)著《新教最初十年回忆》(*A Retrospect of the First Ten Years of the Protestant Mission to China*, Malacca: The Anglo-Chinese Press, 1820)一书附录三。

② 特雷西到达广州后很快于1834年前往新加坡开辟美部会在那里的传教站点,1841年因为身体不佳辞去传教士职务,详见 Alexander Wylie, *Memorials of Protestant Missionaries to the Chinese*, p.79.

③ "S. W. Williams to Parents, 15 June 1833", Samuel Wells Williams Family Papers, Series 4, Box 25.

有完全告别自己那个植物学家之梦,虽然他已经不可能去实现这一梦想,但作为一种业余爱好似无不可。实际上,我们发现,在以后的岁月里,卫三畏只要有机会,就会去亲近中国的自然,对中国的一花一草,他有时甚至表现出比对中国的男女老少更大的兴趣。

宗教与科学并非水火不容。基督教神学家如古代的托玛斯·阿奎纳(Thomas Aquinas)和现代的保罗·狄立克(Paul Tillich)都充分肯定知识的价值。从传教士的知识背景来看,以来华者为例,利玛窦(Matteo Ricci)等早期耶稣会士大都是精通天文、数学的有识之士,近代传教士虽然在整体水平上可能不如早期耶稣会士,但其中不乏饱学之士。

卫三畏接受的科学训练对他日后成为汉学家的作用是明显的。从具体的方面来讲,他可以将观察植物的能力运用于观察中国社会和中国人,将收集植物标本的能力用于收集汉语的字词语句和各种关于中国的信息;从抽象的方面也是更为重要的方面来讲,他所具有的科学精神为他探索一切未知领域提供了一种动力,再加上从小就具有的爱读书、爱思考的习惯,他日后成为汉学家是并不奇怪的,尽管来中国前他对中国的语言文化所知甚少。

二、商人·印刷工·外交官

经过4个多月的长途航行,1833年10月25日下午,马礼逊号停靠在黄埔港。10月正是每年贸易季节(10月至翌年3月)开始的时候,黄埔港中停靠着百十来艘外国商船,其中数量最多、质量最好的是英国东印度公司的船队。当时可能谁也没有想到,仅仅一年后,这家历史悠久的公司(1600年创立)的对华贸易垄断权(自1689年起)就被取消了。特雷西和卫三畏被船上的小艇送到了广州,并入住美国夷馆(American Factory)。当时,中国禁止基督教传播,他们只能以商人的身份蒙混过关。

在1842年五口通商之前,广州自1757年以来一直是中国唯一的通商口岸。按照规定,来广州贸易的外国商人只能居留在由行商出租和照管的夷馆之内。行商是拥有对外贸易特许权的官商,数量历年不等,如道光二年(1822)计有11家,其后多家因为经营不善等原因倒闭,至道光九年(1829)只剩下6家,而到道光十六年(1836)又增至11家。所以,这种以"十三行"为人所知的制度只是一种习惯的说法,考其根源,可能始自明

代。道光十七年(1837),行商的数量正好是13家,列表如下:

行号	行主
Ewo 怡和	Woo Shaouyung 伍绍荣(浩官)
Kwonglei 广利	Loo Kekwang 卢继光(茂官)
Tungfoo 同孚	Pwan Shaoukwang 潘绍光(启官)
Tunghing 东兴	Seay Yewin 谢有仁(鳌官)
Tienpow 天宝	Leang Chingche 梁丞禧(经官)
Hingtae 兴泰	Yen Khechang 严启昌
Chungwo 中和	Pwan Wantaou 潘文涛(明官)
Shuntai 顺泰	Ma Tsoloang 马佐良(秀官)
Yanwo 仁和	Pwan Wanhae 潘文海(海官)
Tungshun 同顺	Wu Tienyuen 吴天垣(爽官)
Futai 孚泰	Yih Yuenchang 易元昌(昆官)
Tungchang 东昌	Lo Futae 罗福泰
Anchang 安昌	Yung Yewkwang 荣有光

其中伍浩官是行商们的首领。对应于十三行,由行商租赁给外国商人办公居住的会馆被称为十三夷馆,整个建筑位于广州城外西南方的珠江岸边,其中又分英、美、法、荷等馆。清乾隆以前,外国商人经常有不入住夷馆而自行租赁民房的现象,但后来规定愈严,夷馆成为他们唯一的合法居留场所,而且按照规定,外国商船抵达广州后,必须在十三行中选择一位行商作为"保商",保商的责任之一是保证外国船只和人员在华期间遵守中国政府的法令。为卫三畏提供担保的是经官梁经国(梁丞禧的父亲)。梁氏为广东番禺人,1761年出生,1808年创立天宝行,1837年去世。① 直到这位担保人去世,卫三畏也没有见过他。可能是没有机会,但更大的可能是没有必要——他们之间并无生意要做。

值得注意的是,鸦片战争后,十三行独揽对外贸易的制度虽然废止,但行商并未就此歇业,仍有不少外国人继续居住在夷馆之内,卫三畏便是其

---

① 梁嘉彬《广东十三行考》,台中:东海大学出版社1960年版,第174—176,261—267页;William C. Hunter, *Bits of Old China*, Shanghai: Kelly and Walsh, 1911, pp.218-222.

中之一。1856年,因"亚罗号"事件中英发生冲突,其间夷馆被烧,殃及行商的商号,一把火彻底结束了十三行制度。

卫三畏冒充商人进入广州并居住下来,虽然是形势逼迫之下的权宜之计,但这一最初的中国经验或许促成了他对商业的关注,他最早发表的一篇文章便是关于广州的进出口贸易(《中国丛报》第2卷第10期,1834年2月),后来他又投入大量的时间和精力编写和修订《中国商务指南》(A Chinese Commercial Guide,详见第二章)。

对于十三夷馆,卫三畏后来在一篇回忆文章中这样描述:"从横向来看,每行的房屋沿河一字排开,一家挨着另一家;从纵向来看,每行都从河边一直延伸到与河平行的第一条街道,纵深达550—600英尺。院落套院落,在现有的纵深范围内尽可能将房屋安排得错落有致。去后面的房屋是通过前面房屋的地下室,房屋与房屋的间距基本上是30—60英尺。这些房屋有些是两层,有些三层。原先的夷馆在1822年的大火中被完全烧毁,由行商自行出资重建,其中大部分也归他们所有。"①新建夷馆的主要资产属于伍浩官和潘启官。另外,这里所谓"与河平行的第一条街道"就是"十三行街",为东西向,夷馆全部在该街道以南,街道两头有关卡,这样加上南面的河道(即珠江),就使夷馆成为一个封闭的区域,外国人在一般情况下是不能随便离开这一区域的。②

由于活动范围受到极大的约束,早期的新教在华传教工作很难开展,此外东印度公司的限制以及在澳门的天主教的竞争,则使问题更加严重,这从最早来华的马礼逊和米怜(William Milne,伦敦会传教士)的经历中可以清楚地看出。马礼逊1807年来华时,本想搭乘东印度公司的船只,但遭到阻挠,后来不得不取道美国(带着美国国务卿给驻广州领事的介绍信)前往广州。来华后,马礼逊虽然长期服务于东印度公司广州商馆(1809年

---

① S. W. Williams, "Recollections of China prior to 1840", *Journal of the North China Branch of the Royal Asiatic Society*, New Series, No.8(1874), p.3;另可参见 William C. Hunter, *The "Fan Kwae" at Canton before Treaty Days 1825-1844*, Shanghai: Mercury Press, 1938, First Edition 1882, pp.12-15.

② 十三夷馆从西往东依次是: Danish Factory, Spanish Factory, French Factory, Mingqua's Factory, American Factory, Paoushun Factory, Imperial Factory, Swedish Factory, Old English Factory, Chowchow(Miscellaneous) Factory, New English(E. I. C.) Factory, Dutch Factory, Creek Factory;详见 *Chinese Repository*, Vol.14, p.347;关于夷馆内部情况的描述,可参见史景迁(Jonathan D. Spence)《上帝的儿子:洪秀全的天平天国》(*God's Chinese Son: The Taiping Heavenly Kingdom of Hong Xiuquan*, New York: W. W. Norton & Company, 1996)一书的第一章《城墙》(Walls)。

2月至去世),但其传教活动始终被限制在不损害公司商业利益的范围之内,他的传教士身份更成为他多次受到不友善对待的潜在原因。① 1813年7月4日米怜到达澳门后,很快就接到葡萄牙总督要求他离境的口头命令,究其原因,不难从当时一些热心人士为米怜的辩护词中找到答案:"他并没有触犯葡萄牙人在本地的任何法令。因此,剥夺盟国(按:拿破仑战争中英葡为盟国)的任何国民在此地的居住权无论如何都显得相当不敬。米怜先生也许抱有宗教目的,而有人担心这会有损罗马天主教的利益,因此,天主教神父对他的热情骤降。但无论他的最终目的是什么,他在澳门的所作所为并没有超出一位英国国民的身份。天主教神父在英国和英国所属印度享受着极大的宽容和优厚的待遇,与此相对照,拒绝米怜先生暂时居留此地是毫无道理的,而且以他目前在澳门的地位来看,他既无愿望也无能力做出任何违背天主教的举动。"②但辩护没有起到作用,米怜不得不于7月20日离开澳门。由于种种限制,马礼逊直到来华7年后才为第一个信徒施行了洗礼,此后到他去世(1834)的20年间,经他皈依的信徒也是寥寥可数。③ 在这样的情况下,文字著述自然成了他工作的重点。根据伟烈亚力的统计,马礼逊一生共出版各类著作多达31种。④ 其中一些是用他自家的印刷机印制的,前文已经提到,他个人拥有两部印刷机。也正是在马礼逊的建议下,美部会为裨治文提供了印刷机,希望能通过印刷继而分发道德和宗教小册子来打破传教的僵局。⑤

从1833年抵达广州到1856年离开美部会,印刷一直是卫三畏最重要的工作。他也是这一时期美部会派往中国的唯一印刷工。他到达后接手的第一项工作就是印刷裨治文于1832年创办的英文月刊《中国丛报》,此后各种印刷工作接踵而至,25年间印刷各种小册子(数量无法精确统计)以及书籍约3.8万册:

---

① 例如董事会1815年以他印刷传教书籍为由下令解雇他,1825年又下令只能继续雇佣他三年,1831年不同意给他退休金和加薪。详见苏精《中国,开门!——马礼逊及相关人物研究》,香港基督教中国宗教文化研究社2005年版,第4章《福音与钱财:马礼逊晚年的境遇》和第5章《马礼逊和斯当东的情谊》。
② William Milne, *A Retrospect of the First Ten Years of the Protestant Mission to China*, p.104.
③ 详见苏精《中国,开门!——马礼逊及相关人物研究》第8—11章。
④ Alexander Wylie, *Memorials of Protestant Missionaries to the Chinese*, pp.4-7.
⑤ *Report of the American Board of Commissioners for Foreign Missions*, Boston, 1831, p.33.

1832—1851	《中国丛报》20卷,8开本,23000册(含1—5卷的重印册数)
1837	麦都思《福建土话字典》,4开本,300册
1841	裨治文《广东方言读本》,4开本,800册
1842	卫三畏《拾级大成》,8开本,700册
1844	卫三畏《中国地志》,8开本,200册
1844	卫三畏《英华韵府历阶》,8开本,800册
1844	卫三畏《中国商务指南》第二版,8开本,800册
1845	《中国与英、美、法三国条约》,8开本,100册
1847	裨雅各译《马若瑟〈汉语札记〉》,8开本,600册
1848	卫三畏《中国商务指南》第三版,8开本,800册
1849—1856	卫三畏《华番通书》,8开本,8册,共2000册
1849	密迪乐《英译满文资料》(木版印刷),8开本,册数不明
1854	博尼《广东话词汇和口语习惯用法》,8开本,800册
1856	若特尔《英国、印度、中国货币汇率换算法》,8开本,300册
1856	卫三畏《英华分韵撮要》,8开本,800册
1856	卫三畏《中国商务指南》第四版,8开本,1000册①

当然,这么多的印刷品不可能都是卫三畏一个人完成的,他根据印刷的需要经常必须雇用各类帮工。1839年年初,在给父亲的信中他这样描述印刷所和印刷工人的有趣情况:

> 我的印刷所有多么古怪是你想象不出来的,我确信它很奇特。首先我们这里有中文铅字,它们安放在屋子四周的架子上,正面朝上,因为只有将铅字一个个看过去才能找到需要的一个。我们还有六十盒大铅字——大小相当于四个十二点活字,共25000多个,几乎没有两个是相同的。小号铅字一盒一盒地放在架子上,共二十盒,其中的间隔用十八点铅字填充。所有的铅字都是背面朝下,正面朝上。中文铅字占了半个房间的面积,关于它就说这么多。我们这里还有笨重的英文印刷机,是用钢铁制造的,有三个排字架。但是办公室里最奇特的部分还得算我的三位工人。一位葡语排字工,他对英语一无所知,也

---

① F. W. Williams, *The Life and Letters of Samuel Wells Williams*, p.244。

几乎不认识一个汉字,但却为这两种文字的书排字,我和他用葡语能够勉强交流;另一位中国小伙子既不懂葡语也不懂英语,他负责排汉字,活儿干得很好;最后是一位日本人,他不懂英文、葡文、中文(几乎不懂),所以从架子上取铅字时常犯错误。当他们三个人干活时,我必须用他们各自的语言与他们交流,并且指导他们去印一本本他们丝毫不知道其内容的书。尽管如此,我想印刷错误仍然可以控制在能够忍受的范围之内。我们彼此之间努力进行交流的情形常常使我忍俊不禁,但我们之间能讲的话很少,而且还说不好,所以我的印刷所比以前在三层60号时要安静得多。①

这封信写于澳门,因为在广州印刷中文书籍不安全,印刷所于1835年12月搬至澳门(后于1845年又搬回广州)。1856年,因为"亚罗"号事件中英之间关系再度紧张,12月14日夷馆被烧,其中的印刷所也被毁,约两万美元的全部活字以及其他印刷材料付之一炬,卫三畏也失去了全部家当,只有新近出版的字典和《中国商务指南》得以幸存。这一变故使卫三畏下定了离开美部会的决心。一年前美国政府就有意任命卫三畏为美国驻华使团参赞兼翻译,虽然美部会对政府的这一任命并不反对,但卫三畏本人却颇为犹豫,现在既然印刷所被毁,而且也看不到美部会设立新的印刷所的任何前景,②于是他决心离开工作了20多年的美部会。从长远角度来看,美部会对印刷所的工作一直不太满意,主要原因是认为印刷所将过多的资源用于印刷汉语学习和汉学研究的资料上(其中不少正是卫三畏本人的作品),而卫三畏认为这些印刷品对传教有益无害。美部会对汉学研究的冷淡以至反对则是卫三畏离开的一个隐性的因素(详见第三章)。

离开了美部会,卫三畏的身份从传教士转变成外交官,同时北京也取代广州、澳门成为他在华活动的主要场所。卫三畏为美国政府的服务始于1844年中美《望厦条约》的谈判,当时他只是做了一些辅助性的工作(另外两位传教士裨治文和伯驾担任使团的官方翻译)。1853年和1854年他两次作为翻译参加美国舰队远征日本的行动,充分展示了自己的语言和外交

---

① "S. W. Williams to Father, 26 Jan.1839", Samuel Wells Williams Family Papers, Series 4, Box 25.

② 美部会后来于1869年在北京再次设立印刷所,详见Harold S. Matthews, *Seventy-Five Years of the North China Mission*, Yenching University, 1942, p.47.

才能,引起了美国政府的关注和重视,这为他转变身份带来了契机。① 这两次远征彻底打开了日本封闭的大门,意义深远,但在执行这一重大行动的过程中,卫三畏仍然没有忘记满足自己对植物学的喜好。据参加过1854年第二次远征行动的中国人罗森回忆,身为"通理国师"的卫三畏在公务之余"曾采名花数百种,压干以备考览"。②

正式加盟美国使团后,卫三畏的第一项重要工作是参加1858年中美《天津条约》(6月18日签订)谈判,在谈判过程中,卫三畏的最大成果是促使双方在条约中加上了允许在中国传播基督教这一关键性条款:

> 第二十九款:耶稣基督圣教,又名天主教,原为劝人行善,凡欲人施诸己者亦如是施于人。嗣后所有安分传教习教之人,当一体矜恤保护,不可欺侮凌虐。凡有遵照教规安分传习者,他人毋得骚扰。③

根据参加谈判的美国长老会传教士丁韪良的回忆,当时的美国公使列卫廉(William B. Reed)对于有无这一条采取"无所谓"的态度,而卫三畏则"一夜未眠",终于促成了这一条款的出现。④ 与此类似的条款也写进了此后签订的中英《天津条约》(1858年6月26日)和中法《天津条约》(1858年6月27日)。卫三畏本人的回忆可以更清楚地说明当时的情况:

> 1858年的条约中允许在华传播基督教的条款关系到每个在华传

---

① 舰队指挥佩里(M. C. Perry)完成任务后,在给卫三畏的信中写道:"在这次日本之行中,你,我们的首席翻译,的确功不可没。对于你过人的才华,你的工作热情,还有你的尽忠职守,我想我是最好的见证人。这次我能够率舰队顺利地完成这一项棘手的重大任务,是与你的帮助分不开的。再也找不出第二个能像你这样出色地完成任务的人来了。"参见 S. W. Williams, *A Journal of the Perry Expedition to Japan 1853-1854*, F. W. Williams, ed., Tokyo: Asiatic Society of Japan, 1910, pp. viii-ix.

② 罗森等《早期日本游记五种》,湖南人民出版社1983年版,第38页。卫三畏能够这么做也是由于罗森的帮助:"这次我聘请了一位姓罗的教师来当我的助手,他学识渊博,也不抽鸦片。有了他的帮助,我想我可以多腾出一些时间来进行学习和研究了。"参见1854年1月11日卫三畏日记,S. W. Williams, *A Journal of the Perry Expedition to Japan 1853-1854*, p.83.

③ 梁为楫、郑则民主编《中国近代不平等条约选编与介绍》,中国广播电视出版社1993年版,第84页。

④ 丁韪良著,沈弘等译《花甲忆记——一位美国传教士眼中的晚清帝国》,广西师范大学出版社2004年版,第120页。

教士的利益,本来我们应该在上海会议的报告中更详细地说明一下当时的情况,但是我们却忽视了,这让我感到很遗憾。允许基督教的传播并不是中国人提出来的,他们对宗教问题根本一无所知。最先在拟定条约时提出这方面要求的是俄国使节。后来俄中双方谈判商议条约时,中方代表表示,鉴于传教士大都会说汉语,允许他们在中国自由活动。但是他们不同意给商人这样的特权,因为商人不通汉语,恐怕引起麻烦。当时参与谈判的中国官员都知道,在北京的俄国传教士都安分守己,相当勤勉,因此也乐得多给他们一些特权。但是对于基督教,他们却不知如何是好。第二天,我弄到一份中俄条约的中文本,找到允许传教士行动自由的条款,依样为中美条约也订了这样一条。中俄条约中规定允许"一定数量的传教士"在中国生活,我把这一限制性的内容去掉了。我在新拟的条款中提到了"新教"和"罗马天主教"两个概念,并说明新教无论是在名称上还是在实质上都是有别于罗马和希腊的教会组织的。签署条约的前夜,中方代表派人送来通知,表示不接受这一条款,理由是新教传教士都带着家属,活动范围不能超出通商的口岸。也就是说,他们不允许美国人在中国传教,其实是因为他们无法接受外国妇女在他们的国家自由行动这一事实。于是,我赶紧重新撰写这一条款,次日清晨便送给中国皇帝派来的钦差过目。新拟的这一条和上次那条在内容上其实是一样的,但是这次他们很干脆地就接受了,没有再提出任何修改意见。倒是列卫廉先生提出了一点建议,他将英文本中的"任何人"改成了"无论美国公民还是皈依基督教的中国人",因为列卫廉先生非常强调要在条约中的每处都提到美国公民,以维护美国公民的利益。至于条约中是否允许在中国传播基督教,他并不是十分在意。但是我最关注的正是这一点。感谢上帝,我终于在条约中争取到了这一权利。在这个问题上,我们可谓开风气之先,当时中外签订的其他条约中是没有此类条款的。我觉得我第二次拟的这一条比原先被中国人拒绝的那一条要好得多。后来中英条约中关于宗教问题的条款就是仿照我们的这一条制定的。如果当时我们的条约中没有这样的内容,那么后来的中英条约中也就不会有。①

对于来华的传教士而言,传教自由一直是他们的希望。但让他们失望的是,1839—1842 年的第一次鸦片战争却没有带来这样的自由,在《南京条约》谈判中英国人只关注商业和贸易问题,对传教只字不提。马礼逊如果活着也许更难接受这样的结果,何况担任这场谈判的翻译之一正是他的儿子马儒翰(John R. Morrison),另外一位则是德国籍传教士郭实猎(Karl Gützlaff)。1844 年的中美《望厦条约》与《南京条约》内容基本相同,美国人增加的一点是"合众国民人在五港口贸易,或久居,或暂住,均准其租赁民房,或租地自行建楼,并设立医馆、礼拜堂及殡葬之处。……"②法国人在传教问题上最为积极,紧接着的中法《黄埔条约》虽然比前面两个条约更详细、完善,但有关宗教的三个条款也只是保障在华法国人自身的信仰自由(与上文美国人可建"礼拜堂"大同小异),在传教问题上没有实质性的进展。③

值得强调的是,卫三畏在参加《天津条约》谈判时已经离开美部会,不再是传教士了,但上述关键条款的加入却被丁韪良等很多传教士认为是他对传教工作的最大贡献。20 多年的印刷工作似乎比不上一夜不眠的字斟句酌,这多少有一点讽刺的意味。但在卫三畏的内心深处,服务于传教利益始终是他来华的主要目标,不管自己的身份发生什么样的变化。他曾把美国政府支付的日本之行的报酬 2705.24 美元全部上缴给美部会用于发展传教事业。④ 1856 年,他向美部会辞职时,更明确表示自己并非"从此以后就和传教工作毫无关系了",⑤两年后他用实际行动证明了这一点。此后美部会以及其他传教会在北京地区(包括天津)建立站点时均得到他的

---

① Frederick W. Williams, *The Life and Letters of Samuel Wells Williams*, pp.270-271. 陶德民教授曾对卫三畏参与谈判的过程做过深入细致的研究,详见《从卫三畏档案看 1858 年中美之间的基督教弛禁交涉》,载《或问》第 9 号,日本近代东西言语文化接触研究会 2005 年版,第 57—65 页。
② 梁为楫、郑则民主编《中国近代不平等条约选编与介绍》,第 35 页。
③ 关于 1842—1856 年中国传教自由问题的详细讨论,可参看卫青心(Louis Wei Tsing-sing)著,黄庆华译《法国对华传教政策》,中国社会科学出版社 1991 年版。
④ *Report of the American Board of Commissioners for Foreign Missions*, Boston:1856, p.165.
⑤ "S. W. Williams to Rufus Anderson, 28 Jan.1857", Samuel Wells Williams Family Papers, Series 1, Box 2.

大力协助。① 1865 年,当他得知美部会有意在九江建立传教站时,他立刻致信美部会秘书安德森表示热烈支持:"在所有传教士未到的地方,我认为九江是最理想的据点。你能从地图上看出来,九江位于鄱阳湖的顶端,流域覆盖整个江西省的赣江注入该湖。江西省比新英格兰大一点,根据人口普查,它拥有两千多万人口,对于那些寻求在中国开拓传教事业的人来说,这些数据是相当重要和引人注目的。我毫不怀疑,在九江——江西省的商业中心——建立传教点将会吸引许多人到那里去进行贸易,一旦那里的传教士掌握了一些中文,他们就可以尽其所能地开展各项传教工作。"② 显然,离开美部会多年的卫三畏从来没有把自己当作外人,只要有可能,他总是用自己丰富的知识和经验以及实际的行动来支持传教工作。

卫三畏是最早在北京长期居住的美国人之一(1863—1876),初到北京,他的首要工作是负责建造公使馆,1866 年 10 月新任公使蒲安臣(Anson Burlingame)到达后便入住了。卫三畏服务于美国使团的 20 年间,驻华公使换了一个又一个,③ 而他的职务始终未变——参赞兼翻译。在公使离任的情况下他曾代理公使职务多达 9 次。其实卫三畏是出任公使最合适的人选,但他几次和这一职务擦肩而过,其中固然有个人谦让等原因,但从更深入的层面来看,在以政党为特征的美国政治格局中,传教士出身的无党派人士很难出任高级职务。卫三畏缺少政治资本,他所依赖的是过硬的语言能力、丰富的中国经验,以及传教士的热情和投入。丁韪良回忆说,当国务卿西华德在被问及为何不任命卫三畏为公使时这样回答:"我们认为他作为公使馆参赞是不可替代的。"④ 这句颇为巧妙的回答可以很好

---

① 1863 年丁韪良来北京建立北长老会第一所传教站的费用得自卫三畏的借款,详见 Peter Duus, "Science and Salvation in China: The Life and Work of W. A. P. Martin 1827-1916", Kwang-Ching Liu, ed., *American Missionaries in China: Papers from Harvard Seminars*, Cambridge: Harvard University Press, 1966, p.22;1870 年在北京的新教传教士(分属六个不同组织)举行大型会议时,由卫三畏主持礼拜仪式,详见 Harold S. Matthews, *Seventy-Five Years of the North China Mission*, p.17.
② "S. W. Williams to Rufus Anderson, 6 Sep. 1865", Samuel Wells Williams Family Papers, Series 1, Box 2.
③ 他们名字和任期是:伯驾,1855—1857;列卫廉,1857—1858;华若翰(John E. Ward),1858—1860;蒲安臣,1861—1867;劳罗斯(J. Ross Browne),1868—1869;镂斐迪(Frederick F. Low),1869—1874;艾忭敏(Benjamin P. Avery),1874—1875;西华(George F. Seward),1876—1880;参见 Tyler Dennett, *Americans in Eastern Asia*, New York: Barnes & Noble, Inc., 1941, pp.705-706;《清季中外使领年表》,中华书局 1985 年版,第 60 页。
④ 丁韪良《花甲忆记——一位美国传教士眼中的晚清帝国》,第 10 页。

地说明卫三畏的工作业绩,以及他与不断走马换将的公使之间的关系。

对于卫三畏来说,1859年7月27日和1874年11月29日是他政治生涯中难忘的两个日子。在前一个日子,他随同美国使团首次进入北京(为交换批准的《天津条约》),"这是进入北京的第一批美国人"。① 在后一个日子,他陪同美国公使艾忭敏面见同治皇帝并呈交国书。这一在现代外交中常见的礼节在中国却是经过了长期的斗争(甚至是流血的斗争)才实现的。从"怀柔远人"到"平等相待",清朝后期几位皇帝(从乾隆开始)接见外国使节的过程最好地说明了中国外交(现代意义上的)从无到有的过程。经历过两次鸦片战争的卫三畏自然十分清楚这一过程中傲慢与偏见的对峙、传统与现代的抗衡。10年后,回顾这一重要日子时,他不由想起了另一个重要的日子——来到中国的那一天:"1833年我初抵广州后,我和另外两个美国人被作为'番鬼'(洋鬼子)报告给行商经官,并接受他的管理。"② 当时他也许无论如何都不会想到,40年后的一天他会以一个美国外交官的身份站在中国皇帝的面前。在这个对于国际政治和个人生命都意义深刻的日子过去两年后,卫三畏永久地离开了中国,也结束了长达20年的外交生涯。他离开北京的那一天(1876年10月25日),恰好距他到达广州(1833年10月25日)整整43年。

卫三畏辞去外交官职务的一个重要原因是身体不佳,视力下降。在异国忙碌了一生后,晚年的他本该享受退休生活的清闲,但回美国不到一年,他的身份便再度发生变化。1877年6月30日,耶鲁学院秘书戴克斯伦(Franklin B. Dexlen)致信卫三畏,告诉他这样一个重要消息:耶鲁学院院长和董事会在最近举行的校务委员会年度会议上决定设立中国语言文学教授席位,并一致推选卫三畏为首任教授。卫三畏在接到正式通知后,于7月13日写了回信,表示接受这一任命,由此成为美国历史上第一位汉学教授(详见第六章)。他的身份也由退休外交官变为专业汉学家。

卫三畏被耶鲁选中,不仅因为他有长达40多年的中国生活经验,是当时资格最老的中国通,更重要的是他有大量的汉学研究成果。1874年出版的《汉英韵府》(*A Syllabic Dictionary of the Chinese Language in the Court*

---

① Frederick W. Williams, ed., "The Journal of S. Wells Williams, L. L. D.", *Journal of the North China Branch of the Royal Asiatic Society*, Vol.42(1911), p.164.

② S. W. Williams, "Preface", *The Middle Kingdom* (1883), p.xiv.

Dialect)被认为是继马礼逊《华英字典》(*A Dictionary of the Chinese Language*)之后最重要的一部双语字典,而1848年出版的《中国总论》则早已成为经典。这两部代表作正好是在他分别作为传教士印刷工和外交官时完成的。晚年他作为专业汉学家最主要的一项工作是对初版《中国总论》进行修订,修订版于1883年10月出版,代表了他一生汉学研究的最高成就。不到一年,卫三畏便于1884年2月16日去世,结束了丰富多彩的一生。

对于卫三畏来说,晚年能够执教耶鲁或许可以多少弥补早年求学时的缺憾,但汉学教授显然不是他为自己设计的人生目标和事业终点。卫三畏去世后,他所属的尤蒂卡第一长老会为志纪念而专门进行了追思布道,巴士曼(R. L. Bachman)牧师在布道中回顾了卫三畏作为基督徒的一生事工,特别盛赞了他大学时代的选择:

> 第二点值得我们注意的是他如何放弃自己的雄心和为了耶稣基督而克服种种困难。在早年接受教育的过程中他深深地喜欢上了自然科学和历史,无疑,如果他把自己的时间和精力投入到这些方面,他会像他的两位同学——哈佛的格雷教授和耶鲁的丹纳教授(按:格雷是卫三畏的老师)——一样取得显赫的成就。在学术研究领域,他取得成就和名望的机会将不会少于另外那两位,他也会像他们那样拥有锦绣前程。如果他朝这个方向看去,出现在他眼前并向他招手的将会是财富、地位、名誉。但在学院读书时,他收到了美部会提议他前往中国担任传教士印刷工的信函。他如果接受这一邀请,将不得不放弃人生的许多计划和志向。……但在考虑这个提议时,似乎只有一个问题等待他的决定——责任问题。他是否应该留在家乡从事自己喜欢而且也有能力做好的事情?或者他应该放弃自己的爱好,去一个遥远的国度宣扬耶稣基督爱的福音?对这些问题他没有长时间犹豫不决。母亲的祈祷将被应答。主日学校老师的教导将开花结果。24小时内他对这一重大问题做出了决定,他的决定不是为自己打算,而是为耶稣基督和中国。①

---

① R. L. Bachman, *In Memoriam, A Sermon Delivered in the First Presbyterian Church, Utica, NY, upon the Life and Labors of Samuel Wells Williams, LL. D. , April 20,1884, Utica, N. Y.* :Press of Curtis & Childs,1884,pp.7-8.

能够和自己早年的好友丹纳在不同的人生道路上奔走 40 多年后,来到同一所学校,获得同样的荣誉,这对于卫三畏来说无疑是一件欣慰和高兴的事情,这里有天时,有地利,但却没有卫三畏本人的意愿。传教士是他的意愿,外交官是他的选择,但汉学教授只是不虞之誉。

美国早期的汉学研究是在学院体制外发展起来的,主要的汉学家——裨治文、卫三畏、丁韪良、卢公明、柔克义(William W. Rockhill)、明恩溥——都是业余汉学家,他们都与卫三畏拥有相似的经历(除柔克义是外交官之外,其他均是传教士),只是他们的身份没有卫三畏那么多的变化而已。

第二章
汉语学习

一、教师与教材

1833 年秋天,卫三畏来到中国的时候,当时长驻广州的外国人有 250 人左右,①其中真正懂汉语的美国人大概只有两位:商人亨德(William C. Hunter)和传教士裨治文。亨德 1824 年被一家美国公司(Thomas A. Smith and Sons Co.)派遣来华,目的是学习汉语以便服务于该公司在广州的办事处。亨德于 1825 年 2 月 11 日抵达,由于发现很难找到合适的汉语老师,很快便离开广州前往新加坡,希望能进那里的一所学校学习汉语,但那所学校的情况也不理想,于是他再次转往马六甲,进入当地的英华书院(Anglo-Chinese College)学习,直到 1826 年 12 月底。亨德于 1827 年年初回到广州,并很快见到了马礼逊。亨德 1824 年离开美国时带着一封奥立芬写给马礼逊的介绍信,但由于马礼逊 1824—1826 年回英国休假(1826 年 9 月返回广州),亨德直到 1827 年 1 月才得以见到这位最早来华的英国传教士。如果当初马礼逊没有离开,亨德也许就不需要舍近求远地远赴马六甲了,在中国已经生活了近 20 年的马礼逊无疑是最好的汉语老师。两人见面后,马礼逊测试了亨德在英华书院一年半的学习成果,结论是"优良"(good)。在其后给亨德父亲的信件中,马礼逊报告了这个好结果,并说亨德在汉语这样一门非常难学的语言上的进步"不仅是他个人的荣耀,也

---

① S. W. Williams, "Recollections of China prior to 1840", *Journal of the North China Branch of the Royal Asiatic Society*, New Series, No.8(1874), p.3.

是英华书院的荣耀"。①

马礼逊对亨德的测试同时也是为了了解英华书院的教学水平,因为这所书院正是在他提议下于1818年创办的,为此他捐助了1000英镑用于校舍的建设。书院实行中外学生兼收的政策,既教中国人英文和西学,也为外国人学习汉语提供培训。② 马礼逊建立这所学校的重要目标之一是为英国以及其他西方国家培养紧缺的汉语人才。他本人于1805年年底开始学习汉语(跟随当时在伦敦的一位华人容三德),1807年到中国后更加刻苦钻研,不到9个月已经能够进行口头交流,一年后更进而开始阅读儒家经典。③ 1818年,英华书院建立时他早已是公认的汉语和汉学研究的权威。但一木不成林,英国汉语人才的稀少是无法回避的事实,特别是在英中贸易关系越来越密切的情况下,这一问题就更加突出。这也是为什么东印度公司虽然对马礼逊的传教士身份心存疑忌,但又不得不长期雇用他的原因之一。马礼逊在东印度公司广州商馆的上司斯当东(George Thomas Staunton)是近代英国第一位汉语人才,他最初学习汉语是在1792年随同马戛尔尼(George Macartney)使团来华途中,老师是使团中的两位中国翻译。当时为了寻找合适的翻译,使团曾大伤脑筋,最后不得不到意大利那不勒斯的中文学院(The Chinese College in Naples,也叫作"圣家书院")物色人选(该学院培训中国神父)。这都凸显了18世纪末英国汉语人才的匮乏。进入19世纪,情况有所转变,除马礼逊外,马士曼(Joshua Marshman)和曼宁(Thomas Manning)先后投入了汉语学习。马士曼是英国浸信会派往印度的传教士,1805年,在亚美尼亚人拉萨尔(Lassar)的指导下开始学习汉语,后来将《圣经》全文翻译成中文出版(1822),并著有一部汉语语法书(详见下文)。曼宁最初萌生学习汉语的念头是出于对中国感兴趣,1806年来中国前曾在巴黎跟随法国汉学家约瑟夫·海格(Joseph Hager)

---

① William C. Hunter, *The "Fan Kwae" at Canton before Treaty Days 1825-1844*, pp.7-10; William C. Hunter, *Bits of Old China*, p.161.

② 关于英华书院,详见 William Milne, *A Retrospect of the First Ten Years of the Protestant Mission to China*,附录七,以及 Brian Harrison, *Waiting for China: The Anglo-Chinese College at Malacca 1818-1843 and Early Nineteenth-century Missions*, Hong Kong University Press, 1979。

③ E. A. Morrison, *A Memoir of the Life and Labours of Robert Morrison*, London, 1839, Vol.1, pp.231-232.

学习过两年,后来去西藏旅行,身后留下一部日记。①

上述四人虽然"闻道有先后",但可以一并看作英国汉学的先驱。斯当东后来曾把《大清律例》和图理琛的《异域录》翻译成英文,并写有多部著作。当然从著作的数量和影响来看,其他三人都不及马礼逊。马礼逊另外一个为他人所不及的方面是他对汉语教学的关注与投入。早在1810年,他便在东印度公司广州商馆开设了汉语学习班,培训商馆的职员。这一教学活动一直持续到1834年东印度公司因失去贸易专利权而撤销广州商馆为止。但是广州商馆的教学范围毕竟有限,1818年马礼逊决心扩大教学范围,英华书院于是应运而生,并很快成为中国本土之外培养汉语人才和汉学家的基地。

亨德来到英华书院时,书院的院长是伦敦会传教士汉弗莱(James Humphreys)。他是第二任院长。首任院长是协助马礼逊创办学院的伦敦会传教士米怜。他担任院长4年后,于1822年去世。米怜是继马礼逊后英国早期重要的汉学家,他用中文撰写的《张远两友相论》(1819)是19世纪重印频率最高的一部传教士小说。② 亨德在英华书院的汉语老师柯大卫(David Collie)则是另一位重要的汉学家,代表成果有《四书》英译本(1828),该译本后来影响了美国知识精英的中国观(详见第六章)。亨德的另外一位老师是一位广东人(Choo Seen-Sang,担任柯大卫的助手),他不仅熟悉中国经典,而且能说一口准确流利的官话。③ 有这样中英高水平老师的指导,难怪在不长的时间里亨德的汉语学习就能够取得良好的效果。

如果考察柯大卫最初的中文基础,就会发现这是来自1823年马礼逊访问马六甲时的指导,这样一来,亨德就应该算是马礼逊的"徒孙"了。虽然在英华书院一年多的学习成果得到了"师祖"的肯定,但亨德并未就此满足,他在广州当地又找到了一位中国老师(Le Seen-Sang)继续学习。但不久他所供职的公司破产,于是他不得不中断学习返回美国。1829年,他

---

① T. H. Barrett, *Singular Listlessness: a Short History of Chinese Books and British Scholars*, London: Wellsweep Press, 1989, pp.55-60.

② 详见 Daniel H. Bays, "Christian Tracts: The Two Friends", Suzanne W. Barnett and John K. Fairbank, eds., *Christianity in China: Early Protestant Missionary Writings*, Cambridge: Harvard University Press, 1985, pp.19-34, 另可参看 Patrick Hanan(韩南), *Chinese Fiction of the Nineteenth and Early Twentieth Centuries*, New York: Columbia University Press, 2004, 第三章 "The Missionary Novels of Nineteenth-century China".

③ William C. Hunter, *Bits of Old China*, pp.237, 259.

乘坐新雇主奥立芬的商船"罗马人"(Roman)号重返广州。在这条船上他结识了最早来华的两位美国传教士——裨治文和雅裨理,并每天教授他们中文。正是从马礼逊的"徒孙"那里,裨治文获得了最初的汉语知识。英美第一位传教士之间的这层关系虽然有点巧合,但事实本身既说明了马礼逊作为汉语教师的广泛影响,也说明了美国汉语人才的缺乏。从1784年"中国皇后"(Empress)号抵达黄埔,美中之间的贸易不断发展(至1792年贸易额仅次于英国),但半个世纪当中能够熟练掌握汉语的美国商人却只有亨德一人。

商人追求的是商业利益,一般都来去匆匆,对于那些有机会长期居留的人来说,汉语的复杂难学也使他们或无心问津或裹足不前。马礼逊在东印度公司广州商馆多年培训的员工中,汉语达到熟练程度的最终只有两三人,其中最突出的德庇时(John F. Davis)正是用力最勤的一位,坚持参加培训达15年(1814—1828)之久,后来学有所成,其所著《中国人》(The Chinese)是卫三畏写作《中国总论》时的重要参考书(详见第四章)。

商人不愿意和不积极学习汉语的另外一个重要原因,是一种特别的交流工具的存在。它不是汉语,也非标准的英语,还夹杂着一点葡萄牙语,就是所谓"广东英语"(Canton English)。它起源于广州人在与英国商人打交道的过程中无师自通学习英语的实践(开始于1715年前后),其特点是完全不关注读和写的训练,只关注听和说——把听到的英文单词用汉语记录下声音,再根据汉语注音说出来。这种看似简单易学的方法带来两个问题:一是由于注音不准确(常常把英文单词的多音节缩减为汉字的单音节)而导致发音走样,二是由于缺乏系统的训练而使说出来的句子完全不符合语法规则,毫无逻辑性可言。但这样一个非常不理想的交流工具却不妨碍做生意,甚至是大笔的生意。卫三畏到广州后很快注意到了这个现象,他在一篇文章中说:"在世界的任何其他地方,到访的外国人都必定会花费时间去学习当地的语言,没有人会设想,到法国、德国或印度访问,却试图用一种外国语言来交流。但在这里,情形却完全相反,外国人从世界各地到中国贸易,已经经历了很长时间,但仍然需要使用一种外国语言来做生意,现在有数以百计的中国人学到足够的广东英语用于贸易,但极少有外国人会花费哪怕是一小时的时间来学习汉语。"当然,不学习汉语并不妨碍做生意,但却必须忍受这种发音不准、没有句法的英语,它常常会在

"英美人士的听觉上引起混乱"。①

1784年,中美直接贸易开始后,美国政府于1786年向广州派驻了首任领事山茂召(1844年前美国领事均未得到中国政府认可),1794年山茂召去世后他的职位由斯诺(Samuel Snow)接替,斯诺1804年年底离职后由卡灵顿(Edward Carrington)接任(1806—1808),马礼逊由纽约来广州时带着的正是美国国务卿给卡灵顿的信件。卡灵顿离任后这一职位一直空缺,直到1814年才由韦尔考克斯(B. C. Wilcocks)接任。但所有这些人都是商人出身,实际上,直到1854年,这一职位一直由商人充任。② 但身份的转变没有为这些外交官带来汉语学习态度的改变。1844年,当顾盛(Caleb Cushing)代表美国政府前来和清政府谈判时,他只能请传教士帮忙做翻译。此后传教士被借用的情况一直延续到19世纪60年代,正如列卫廉(1857—1858,美国驻华公使)在给美国政府的信中所说:"传教士们在中国的工作和研究直接关系到了我们的在华利益。如果没有他们担任翻译,我们的各项工作都无法进行;如果没有他们的帮助,我在这里既不能读,也不能写,无法与中国人信函往来,更无法与中国人谈判。总之,如果没有他们,我根本无法开展工作。他们为我们解决了很多困难。1844年,顾盛先生在中国的时候,为他做翻译和帮助他的都是传教士;1853年马沙利(Humphrey Marshall)先生和1854年麦莲(Robert M. McLane)先生在中国任职时,担任他们翻译的也都是传教士。我们这次在中国工作期间,裨治文博士给予了我们莫大的帮助。现在他们仍然在尽他们所能为我们分忧解难。我要向他们表示真诚的谢意,感谢他们给了我那么多帮助,为我们提出了那么多宝贵的意见和建议。我还要感谢来自印第安纳州的长老会传教士丁韪良先生。他懂中国北方话,为我做口译工作。"③英国的情况也并不更好,1816年阿美士德(William Amherst)勋爵率团访问北京,翻译工作主要由马礼逊负责,到了鸦片战争谈判期间,主要翻译一个是马礼逊的儿子马儒翰,一个则是德国传教士郭实猎。上海开埠后,如果没有伦敦会

---

① S. W. Williams, "Jargon Spoken at Canton", *Chinese Repository*, Vol.4, pp.429-433. 关于"广东英语"和其他"中国式英语"的详细研究,可参见 Kingsley Bolton, *Chinese Englishes: A Sociolinguistic History*, Cambridge University Press, 2003, 第二章 "The archaeology of 'Chinese Englishes', 1637-1949"。

② Tyler Dennett, *Americans in Eastern Asia*, p.63.

③ 转引自 F. W. Williams, *The Life and Letters of Samuel Wells Williams*, p.274.

传教士麦都思(Walter H. Medhurst)的大力协助,首任英国领事将寸步难行。①

同样是难学的汉语,为什么传教士就能够掌握呢?问题的关键在于动力与目标不同。传教士来中国,志在改变中国人的信仰,这就要求他们了解中国人的心理,知道中国的历史与文化,而这一切的基础便是掌握汉语。第二位来华的伦敦会传教士米怜这样表白自己的心迹:"我认为要学好这门语言是非常困难的(我至今都没有任何理由改变这一看法),并且确信,对于一个才能平庸的人,需要长期努力,需要勤奋、专注和坚持不懈,因为掌握汉语知识后就能够为基督教事业做出更大的贡献。因此,我下定决心,只要上帝赐给我健康,我将竭尽全力,即使进步缓慢也不灰心沮丧。"②米怜的这段话也道出了其他来华传教士的心声。

1829年,裨治文来华时,美部会给他的指示的第一条就是要求他把开始的几年投入到汉语学习中,并说如果发现广州的学习环境不理想,可以考虑到马六甲的英华书院。③ 裨治文后来没有去英华书院,而是在广州跟随马礼逊学习。1833年,卫三畏到达广州后,也就顺理成章地把裨治文当作了自己的汉语启蒙老师。本来学习汉语最好是找中国人做老师,但当时清政府的极端文化保守主义政策(教外国人汉语有杀头之祸)使这一点很难实现。即使能找到个别不怕冒险的老师,在师生双方都精神紧张的情况下教学效果也一定不会太好。④ 美部会的指示中担心广州的"学习环境不理想",应该就是指此而言。这种不理想的状况直到1844年才得以改变,中美《望厦条约》中约定:"准合众国官民延请中国各方士民人等教习各方语音,并帮办文墨事件,不论延请者系何等样人,中国地方官民等均不得稍有阻挠、陷害等情;并准其采买中国各项书籍。"⑤ 裨治文是《望厦条约》谈

---

① 费正清对五口通商后的语言交流问题(the language problem)有详细的讨论,参见John K. Fairbank, *Trade and Diplomacy on the China Coast*, pp.164-166.
② William Milne, *A Retrospect of the First Ten Years of the Protestant Mission to China*, p.103.
③ Eliza J. Gillett Bridgman, ed., *The Pioneer of American Missions in China: The Life and Labors of Elijah Coleman Bridgman*, New York: Anson D. F. Randolph, 1864, p.22.
④ 丁韪良回忆说:"第一位英国传教士马礼逊所聘请的汉文教师身上总是带着毒药,以便在清朝官员以重罪之名惩治他时用于自尽。这种恐怖气氛后来稍微得到缓解。最早来华的美国传教士卫三畏博士所请的汉文教师来去时手里总是拿着一只旧鞋,随时准备在紧急关头装扮成一个修鞋匠。"参见《花甲忆记——一位美国传教士眼中的晚清帝国》,第5页。
⑤ 梁为楫、郑则民主编《中国近代不平等条约选编与介绍》,第36页。

第二章 汉语学习

判时美方的主要翻译,其时他已经来华 10 多年,但据中方人员的看法,他的口头表达能力仍十分有限,"以致两情难以互通,甚为吃力"。① 1844 年是马礼逊去世十周年,这位最早的汉语教师晚年的境遇不佳,估计去世前几年能够用来指导裨治文的时间和精力都很有限,多年来裨治文主要是通过马礼逊编写的工具书来学习汉语,口语不佳也就很难求全责备了。卫三畏在回顾条约签订前的中外交往时,特别强调了掌握汉语的重要性,他说:"无论是商人、旅行者、语言学者,还是传教士,都应该学习汉语,如果他们的工作使他们必须来中国的话。说这句话是一点也不冒昧的:如果所有的人都掌握了汉语,就可以避免外国人和中国人之间的恶感,也同样可以避免在广州造成人员财产损失的那些不愉快的事件;中国人对于外国人的轻视,以及过去一个世纪以来双方交流的备受限制,主要原因是由于外国人对汉语的无知。"②当时中外之间交流不畅以至交恶,原因很多,但语言不通无疑是重要原因之一。

对于语言学习来说,教师固然重要,教材也同样重要。19 世纪早期的情况是,不仅汉语教师稀少,用于学习汉语的教材也很有限。如果不算万济国(François Varo)的《华语官话语法》(*Arte de la lengua mandarina*,1703)、巴耶尔(Theophilus Bayer)的《汉文博览》(*Museum Sinicum*,1730)等 18 世纪的著作,就 19 世纪最初 40 年的情况来看,主要的汉语学习工具书大致有这么一些:小德金(Chrétien Louis Joseph de Guignes)的《汉法拉丁字典》(*Dictionnaire chinois français et latin*)(拿破仑敕撰,1813)、马士曼的《中国言法》(*Elements of Chinese Grammar*,1814)、马礼逊的《通用汉言之法》(*A Grammar of the Chinese Language*,1815)、马礼逊的《华英字典》(*A Dictionary of the Chinese Language*,1815—1823)、雷慕沙(Abel Rémusat)的《汉文启蒙》(*Eléments de la Grammaire Chinoise*,1822)、公神甫(Joachin Alphonse Goncalves)的《汉葡字典》(*Diccionario China-Portuguez*,1833)。③上述皆是欧洲人的著作,所以一个美国人如果不懂法文、葡萄牙文、拉丁文,就只能使用寥寥几部英文著作了。通过一种外语学习另外一种外语,其困难可以想象。对于美国人来说,虽然对于欧洲大陆语言并不陌生,但

---

① 文庆等纂《筹办夷务始末(道光朝)》,台北:文海出版社 1970 年版,第 72 卷,第 3—4 页。
② Samuel Wells Williams,*The Middle Kingdom*(1848),Vol.1,p.500.
③ 马礼逊对 1824 年前出版的西方汉语工具书按照年代顺序进行了初步的整理,参阅 Robert Morrison,*The Chinese Miscellany*,London,1825,pp.44-51.

通过现有的英文著作来学习汉语无疑更为方便。下面对几部重要的英文工具书做一个简单的介绍。这些工具书是卫三畏学习汉语以及后来自己动手编写同类工具书的重要参考文献。

马士曼的《中国言法》①分为两部分,第一部分讨论汉字的构成和读音,第二部分讨论汉语语法。第一部分中比较值得注意的是关于字根(primitives 或 roots)的讨论,马士曼认为,汉字的构成比较复杂,对于外国人来说,光掌握214个部首(elements)还远远不够,于是他将部首以外出现频率比较高的1689个汉字(或构字成分)罗列出来(如:ㄅ、丩、乂、夫、云、咸、霸、囊),称之为字根,并按照一定的顺序排列,加以解释。马士曼设计出来的这些字根和原有的214个部首配合,可以构成几乎所有的汉字,他在书中也对此给予了详细说明,力图证明这是一种简便易行的掌握汉字的方法。字根这一概念在中国人自己的语法中是没有的,完全是马士曼的首创,这一概念后来影响了很多研究汉语的人士,包括卫三畏。除此之外,《中国言法》第一部分中另外一个值得关注之处是作者对汉语语音的讨论。根据张世禄先生的看法,马士曼的贡献在于"首指出梵文字母和三十六字母的关系,又发现暹罗、缅甸、(中国)西藏等语和汉语间音韵相近",虽然马士曼没有能够深入研究下去,但对后来研究汉语古音的中外学者有重要的启发作用。②

《中国言法》第二部分讨论汉语语法,是该书的重点。作者从中国各类著作(儒家经典、历史著作、当代著作)中精选了近500个例子来加以说明,分为名词、形容词、代词、动词、小品词(包括副词、介词、连词、叹词)、句法、标点、方言八个部分。作者所运用的显然是西方的语言学概念,比如,他使用性(gender)、数(number)、格(case)来讨论汉语的名词,格又细分为主格(nominative)、宾格(accusative)、属格(genitive)、与格(dative)、呼格(vocative)、离格(ablative)、位置格(locative)等。在说明汉语的属格时作者指出,常见的情况是使用"之",但"之"也有省略的时候,为此他举了《孟子》中的一句话"人之患在好为人(之)师"来予以说明。在句法方面,马士曼列出了55种常见的情形,如第26种是关于施动者的省略现象,他

---

① 书名页内容如下:"《中国言法》,Elements of Chinese Grammar, with a preliminary dissertation on the characters, and the colloquial medium of the Chinese, and an appendix containing the Ta-hyoh of Confucius with a translation, by J. Marshman, D. D. , Serampore: printed at the mission press, 1814."
② 张世禄《中国音韵学史》下册,商务印书馆1936年版,第351页。

从《论语》中举了两个例子:"子曰见贤思齐焉见不贤而内自省也"和"道不行乘桴浮于海",前者省略了"你",后者则省略了"我"。在动宾的用法上,作者敏锐地发现,"优秀的中国作家常常将宾语提前,同时将一个关系词置于动词之后",为此他举了《论语》中的"千乘之国可使治其赋也不知其仁也"为例来说明。马士曼对汉语语法的一个最根本的看法是,因为汉语没有词形变化,"关键在于词语的位置"。①

从上文的论述中,我们不难发现,马士曼在讨论汉语语法时选取的都是书面语的例子。书面语(特别是来自经典著作的书面语)具有稳定性和权威性,也就具有更大的说服力,这是问题的一方面;但另一方面我们也必须看到这样的事实:马士曼从来没有来过中国,对于中国的口头语没有实际的经验,在这样的情况下能仅仅凭借阅读对汉语做出比较精深的研究,是令人佩服的。马士曼在《中国言法》一书前言中简要回顾了他学习汉语的经历,从中同样能够体会到当时汉语教师和教材的缺乏:

> 我于1799年到达印度,……但直到1805年才开始学习汉语,这一年拉萨尔先生来到了加尔各答,布坎南(Buchanan)牧师建议我跟他学习汉语,以便将来翻译《圣经》。拉萨尔同意后,布坎南劝说他移居雪兰坡(Serampore)并提供他在那里一年的食宿。拉萨尔带了一批中文经典著作和两个中国人过来,这极大地满足了我一直以来对于汉语的梦想。但我们还是必须克服困难:他没有关于汉语的字典或词汇表,无论是英文的还是拉丁文的都没有。拉萨尔的英语并不比汉语更高明,于是我只好通过汉语书籍来学习汉语,其中没有一句话被翻译成其他任何语言,这样的学习实在辛苦,有时几乎动摇了我的决心。但就是用这样的方法,我最终将孔子的一卷著作翻译出版。这一工作完成三个月后,我才第一次读到了一本拉汉字典。②

这本拉汉字典是一位路过加尔各答的天主教神父送给马士曼的,他解决了许多拉萨尔说不清道不明的地方。拉萨尔是亚美尼亚人,曾在澳门生活多年,后来帮助马士曼一起翻译《圣经》。马士曼在汉语学习过程中还

---

① J. Marshman, *Elements of Chinese Grammar*, pp.viii, 220-223, 532-535.
② J. Marshman, *Elements of Chinese Grammar*, pp.ii-iii.

得到过前文提到的曼宁的短期指导(1810)。上面引文中提到的译著是19世纪最早的英译《论语》,但马士曼只完成了前半部分,1809年在雪兰坡出版。在《中国言法》一书的后面则附有《大学》的英译文,但不是最早的,两年前马礼逊在伦敦出版的《中国时序》(*Horae Sinicae*,1812)一书中已经收入了他的《大学》翻译,但两者均早于前文提到的柯大卫的《四书》译本。①

马礼逊的《通用汉言之法》②虽然出版的时间稍晚于马士曼的语法书,但写作时间可能要早,③但无论如何,有一点是肯定的,两书是用英语写成的最早的汉语语法书,比中国人自己所写的最早的语法书《马氏文通》(1898)要早80多年。

《通用汉言之法》分为以下部分:(1)关于汉语的特性;(2)中国人标示汉字发音的方法;(3)欧洲人标示汉字发音的方法;(4)汉语音节表;(5)声调;(6)声调练习表;(7)关于汉字;(8)汉字部首表;(9)汉语字典;(10)标点;(11)名词;(12)数字表;(13)名词后的"者";(14)汉语的数;(15)汉语的格;(16)汉语的性;(17)形容词;(18)数词;(19)代词;(20)动词;(21)副词;(22)介词;(23)连词;(24)叹词;(25)方言;(26)句法;(27)做诗法。从以上的内容可以看出,马礼逊和马士曼一样,都是利用西方的语言学概念来分析汉语,试图找到一些规律,来帮助初学者。相比而言,马礼逊的书更为实用和简便,例句多采自口语或一般的著作,而不是像马士曼那样引经据典。例如,在解释时间状语和动词的关系时,他用了"他明天将来"这样一个简单明了的例子来说明汉语中表示时间的词一般应放在动词之前。④

马礼逊在《通用汉言之法》一书"序言"的结尾预告说,在这本语法书之后,他将继续编写英汉对话练习和字典。马礼逊的字典是六卷的大部头

---

① 关于中国文献的早期译本,可参见伟烈亚力所著 Notes on Chinese Literature: with introductory remarks on the progressive advancement of the art and a list of translations from the Chinese into various European languages, Shanghai: American Presbyterian Mission Press, 1867 一书的《序言》部分。

② 书名页内容如下:"A Grammar of the Chinese Language,《通用汉言之法》, by the Rev. Robert Morrison, Serampore: printed at the mission press, 1815."

③ 马礼逊的序言写于1811年4月2日,并自称该书为"用英语写成的第一本此类书籍" (the first work of the kind in English)。马礼逊和马士曼之间一直存在着竞争,他们翻译的圣经作为新教传教士最早的译本出版时间也相差不到一年,详细情况参见苏精《马礼逊与中文印刷出版》,台北:学生书局2000年版,第139—150页。

④ R. Morrison, *A Grammar of the Chinese Language*, p.269.

著作(4开本),共分三部分:第一部分是汉英字典,按照汉字部首排列,三卷;第二部分也是汉英字典,但按照汉字的罗马拼音排列,两卷;第三部分一卷是英汉字典。这六卷巨制(共计达5000页左右)花费了马礼逊长达8年(1815—1823)的时间才告完成,是19世纪英语世界最重要的汉学著作之一,值得做稍微详细的介绍。

《康熙字典》是马礼逊编写第一部分的基础,这一部分(中文名称为《字典》)所收汉字的数量和排列顺序都完全根据《康熙字典》。但在解释字义方面,《康熙字典》则只是参考文献之一,这一部分的字词释义总体来说比较详尽,特别是最早出版的第一卷(1815年,后两卷印刷于1822—1823年)尤其如此,某些作者认为比较重要的字,如"学""官"等,则不仅给出词语例释,还将相关的知识(各级学校、科举考试、古今官职、政府管理)也都介绍给读者,使字典带上了百科全书的色彩,但这样做的问题是篇幅过长,解释一个"官"字就用去了30页(805—834页),而"学"的条目更长达40多页(744—785页),所以第一卷结束时(已经厚达930页)作者才完成了所有214个部首的前40个。在后两卷中作者意识到这个问题,有所收束。字典的第二部分(1819—1820年出版)包括两卷,第一卷按照汉字音节的罗马字母顺序排列,包括12680个汉字,它们被归在411个音节下面,从A开始,到Yung结束。作者编写这一部分的基础是另外一部中国字典《五车韵府》(所以这一部分的中文名称为《五车韵府》),但并没有按照该字典以平上去入为序的排列原则,也没有收录该字典中的所有汉字。对此马礼逊这样解释:"在原书中,字的排列是根据声音和声调,但是发音相似只是重音不同的就被排在不同的卷中,并且划分过细,细到令那些使用这部字典的中国人都感到困惑。1812年我将这本字典拆开,并把所有的汉字排列到现在大家看到的音节下面。它包括约四万汉字,我最终将其缩减到我认为合适的数目,也就是现在这个部分中所包含的汉字的数目。"①至于在每个音节下汉字的排列顺序,作者则基本遵循了笔画多少和部首先后的原则。第二部分第二卷由六章组成。在第一章中作者列出了214个部首并解释了它们的名称和意义。第二章是第一卷中所有12680个汉字的索引,按照214个部首以及笔画多少(除部首外)顺序排列,每一个字的读音和在第一卷中的页码都被标示出来。第三章是"分类汉字表",

---

① R. Morrison,"Preface",*A Dictionary of Chinese Language*,Part 2,Vol.4,p.2.

按照每个汉字的笔画数一一排列,其中一部分字不在上述12680个之内,所以它们的读音和意思只能到字典的第一部分中去寻找。第四章是"辨字表",目的是帮助读者区分字形相似的汉字,少至2个,多至5个。这个表格是从《康熙字典》中抄录的。第五章也是一个表格,列出了按照字母顺序排列的英文单词以及对应的汉字在第一卷中的位置(通过序列号),如accident 一词对应于第9168个汉字。作者希望这个表格对那些已经有了一些中文基础的学生在说、写汉语时能够起到提示的作用。第六章"同文"列举了同一个汉字的多种不同写法:楷书、行书、草字、隶书、小篆,同样是用表格的形式出现。由此不难看出,这一部分虽然是两卷,但第二卷只起辅助作用,主要内容在第一卷。在这一卷中,作者在解释字词时注意了详略的安排,一般的字只给出定义,比较常用的给出词组,像"学""官"等字也只是给出比较多的词组,篇幅压缩在一页以内,与其他条目的比例比较适合。正因为这一部分收字数量和释义的详略都比较得当,所以后来被单独挑出来,得到了多次重印的机会。字典的第三部分单独一卷是英汉字典(无中文名称),1822年出版,不仅包括英语单词、词语和对应的中文翻译,还有很多英中对照的句子,提供了理解中国人思想行为的一些有用信息。20多年后卫三畏对马礼逊的这部重要的大型工具书做了这样的评价:"它大大提升了人们对于汉语的知识,对于传教工作的帮助则更要大上数倍。第二部分(《五车韵府》)今天仍然是最好的汉英字典,如果当初作者对这一部分以及英汉部分多用一些力气,而不去做第一部分,那么就会使它更便于使用,也更便宜,作者的计划过于庞大,超出了一个人的能力范围,这也导致了许多内容的重复。"①尽管有这样那样的问题,马礼逊以一人之力完成这样大规模的著作,是非常不容易的。

《广东省土话字汇》(Vocabulary of the Canton Dialect, 1828)是马礼逊为了帮助西方人学习广东方言而编写的一部字典,共分三册,第一册是英汉字典,按字母顺序排列,如"account:账目 cheong muk;accountant:掌柜 cheong kwei, ruler of the counter"。第二册是汉英字典,按照汉字的罗马拼音排列,如"heem-sun 谦逊:humble, meek;heen-chei 牵制:to control, or be compelled by circumstances;heen-tat 显达:famous and prosperous"。第三册是汉语词组和句子,汉英对照,分24类:世务、天文气候、禽兽、颜色、艰苦、

---

① S. W. Williams, *The Middle Kingdom* (1848), Vol.2, p.328.

疾病、饮食、情分、鱼虫、朋友、亲谊、笑谈、文字、军戎、名分、地方、贫贱、品格、争闹、富贵、盗贼、贸易、器皿、恶党。各类长短不一，有的只有一两页，如"颜色""鱼虫"；有的则长达十多页，如"情分""器皿"；最多的是第一类"世务"，罗列了中国人处世的百余条经验和口头用语，有俗有雅，有书面语，也有口头语，如"Yun mow une luy, peet yaw kan yaw 人无远虑必有近忧 a man if not concerned about what is distant (or future) , will have (one day) sorrow near (at hand)"；"Yat chek shaw im chay tak yat peen teen kwo 一只手唔遮得一边天过 one hand cannot screen the whole heavens; one person cannot perform every thing; great works must be shared among many"。马礼逊简短的"前言"能够很清楚地说明这部工具书的缘起和设计："编写这个词汇手册原初是希望在不使用汉字的情况下将汉语传达给欧洲人，但我发现，没有汉字使这样的传达方式非常不完备，除非学习者有一个已经知道罗马字母和中文的人一直在他身边帮助他。不用汉字来传达一种口语不是不可行，但却是困难的，对于学习者来说也是尴尬的，而如果有汉字呈现在一个中国人面前，事情就会变得简单和容易。所以作者舍弃了自己的预期，没有按照原定的计划编写这个词汇手册。"①这样就形成了我们上文看到的先罗马字拼音、后汉字、后英文的排列方式。不用汉字而光用罗马字母拼音，在马礼逊之前早就有人尝试过（如万济国的《华语官话语法》），但效果不好。一个重要的原因是当时还没有国际音标，汉字的罗马字母标注方式因人而异，如果不同时给出汉字极容易引起混乱。马礼逊本人的注音方式虽然后来被取代，但在早期很长一段时间里一直享有权威的地位。

除广东方言外，早期传教士接触较多的是福建方言，特别是在东南亚华人聚居地区。伦敦会传教士麦都思的《福建土话字典》(A Dictionary of the Hok-keen Dialect of the Chinese Language) 是继马礼逊《广东省土话字汇》后的另一部方言字典，也是最早的福建方言字典，收录汉字1.2万个，是部头仅次于马礼逊《华英字典》的大著。这样一部大型的工具书不可能一蹴而就，而是多年积累的结果。麦都思在编写这本字典时还没有来过中国，但他在东南亚生活了14年，和当地的福建移民多有接触。他最初学习的是官话，发现无法和东南亚的中国移民交谈，于是从1818年开始学习福建方言，1820年就编写了一本小字典，1823年经过扩写后先后送到新加坡、

---

① R. Morrison, "Preface", *Vocabulary of the Canton Dialect*, p.1.

马六甲、槟榔屿等地谋求印刷出版，但均未获成功。1829 年，东印度公司表示同意资助这本字典的出版，于是麦都思又做了大量的增补。印刷工作于 1831 年开始，但 1834 年 4 月由于东印度公司特许经营权的解除而被迫中断，当时已经印完了 320 页。1835 年 12 月，麦都思来到中国寻求印刷资助，得到美国商人奥立芬的帮助，全部印刷工作终于在 1837 年完成。① 担任后期印刷任务的正是卫三畏，他还为这部字典写了一则简短的"广告"。② 麦都思编写这本字典的基础是一部汉语字典——《十五音》，该字典用 50 个韵母和 15 个声母（所以书名为《十五音》）来拼读福建方言，并和《五车韵府》一样按照声调顺序排列汉字。麦都思继承了马礼逊当年的做法，在自己的字典中打破了这一排列，同样采用汉字的罗马字母拼写顺序。不仅如此，麦都思还沿用了马礼逊《华英字典》中的罗马字母拼写方案，而在字词的解释上，同样参考了《康熙字典》，只是考虑到字典的篇幅，字词解释要比马礼逊简单一些。

根据计划，麦都思本来还要编写一本英汉字典作为该字典的下编，但这一工作一直没有进行，一个重要的原因是"要提供一个丰富和准确的英语词汇汉译表，就必须首先确定所有汉字的英文意思"，为了完成这第一步的工作，麦都思在 1842—1843 年编写了一本《汉英字典》(*Chinese and English Dictionary*)，这本字典收录了《康熙字典》中除"没有标示读音和没有解释意思"的个别字以外的几乎所有汉字，每个汉字的罗马字母拼音仍然沿用马礼逊的方案，"不是因为它是最好的方案，而是因为它已经被普遍采用，采用这一方案可以避免混乱"。③ 为了使这本收录了 4 万多字的字典不至于过于庞大，作者只给出了每个字最基本的意思，只有常用字才给出词组的用法，如 19"力"部 7 画中的几个例子：

勅 Ch'hih, A special decree, an imperial order; 勅令 ch'hih ling, an express command; 勅书 ch'hih shoo, letters patent; 戒勅 keae ch'hih, admonitions, precepts; 勅封 ch'hih fung, especially appointed.

勏 Haou, To cease from visiting.

---

① W. H. Medhurst, "Preface", *A Dictionary of the Hok-keen Dialect of the Chinese Language*, pp. 2-5.
② 广告后来还刊登在《中国丛报》上，参见 *Chinese Repository*, Vol.6, p.142.
③ W. H. Medhurst, "Preface", *Chinese and English Dictionary*, Batavia, 1843, p.3.

勉 K'hih, To exert oneself, great effort; to overcome.①

这部字典可以看作马礼逊《华英字典》第一部分的简本,由于没有走出马礼逊字典的框架,所以从影响上来说也就无从超越。实际上,在上述字典和工具书中,影响最大也是最常用的正是马礼逊的《华英字典》。裨治文和卫三畏都是利用这部字典来学习汉语的。马礼逊的字典之所以有这么大的影响,除了本身的时间性、全面性、综合性和权威性之外,还有几个因素值得考虑。首先,对西方人来说,汉语的语法相对容易,而词汇要困难得多,所以字典比语法书更受学习者重视,我们发现,继马礼逊《华英字典》之后各类字典层出不穷,而新的语法书却寥寥无几,原因就在于此。麦都思的《福建土话字典》虽然价值不小,但对于早期以广州、澳门为主要活动场所的外国人来说,这本字典的用途不大。再一个原因就是马礼逊作为最早来华并长期孤军奋战的传教士,其人格魅力和影响是无论马士曼还是麦都思都无法望其项背的,后来的传教士,无论是否与马礼逊有过个人接触和交往,都不能不受到他的影响。《华英字典》是马礼逊对英国早期汉学的最大贡献。

马礼逊《华英字典》初版共印刷了600部,全部费用1.5万英镑由东印度公司承担,这在当时是一笔相当大的数目,可以部分地看作东印度公司对马礼逊长期服务的回报。学术研究需要投入人力,也需要投入资金。19世纪早期,在汉语研究方面,这两者的投入都非常有限。马礼逊在《华英字典》第三部分的前言中发出这样的感慨:

> 英国、荷兰、葡萄牙、美国目前与中国交往最多,但经济利益是最大的关注点。实际上荷兰政府在爪哇控制着大面积的中国人聚居区,对于这些国家的政府来说,每年花几百英镑投入到培训与他们有广泛交往的人民的语言上,难道是过分的期待吗?在他们的公立学校里,给予一个拥有成千上万卷原创文献的语言一个存在的地位,难道是过分的要求吗?学院和大学不能拨点经费,或者鼓励那些无事可干的人来从事这个事业吗?只有当一些具有正确观点和感情并且以文学或科学为唯一专业的人,在他们各自的政府或学术团体的支持下学习和

---

① W. H. Medhurst, *Chinese and English Dictionary*, p.59.

教授汉语,汉语的性质才可能被正确地了解。①

对于学术研究而言,政府支持、学术团队固然重要,但更重要的还是学者个人的兴趣和钻研。早期传教士基本上以个人方式从事汉学研究,由于和商家以及商人接触较多,所以有时会得到他们的资助。英美传教士在这一点上情况相似。

二、两部工具书

美国汉学要想赶上欧洲大陆和英国,首先要在汉语的掌握上下功夫。鸦片战争后,美国来华传教士的人数迅速增加,大大超过了英国,截止到1847年,来华新教传教士总共112人,其中英国35人,而美国是73人。②面对越来越多的汉语学习者,1840年以后,美国人编写的汉语工具书陆续出现。这些工具书对于使用者的价值大小各异,但对于编写者而言,编写过程无疑是一个最好的学习和深入理解与把握汉语的机会。

1837—1838年,卫三畏参与了由裨治文主持编写的《广东方言读本》(Chinese Chrestomathy in the Canton Dialect,以下简称《读本》),③但参与了多少已经无法确切知道。裨治文在"前言"中说,卫三畏负责的是其中"有关博物学的章节,以及其他一些细小的部分和整个的索引",④根据卫三畏本人和为他传记的作者的说法,则是一半。⑤ 此外,该书的印刷工作也是由卫三畏完成的。《读本》于1841年出版,是美国人编写的第一部学习汉语的工具书,也是在中国写作完成的第一本练习广东方言的实用手册,具有重要的历史意义。为了表彰裨治文的这一大贡献,纽约大学在1841年7

---

① R. Morrison, "Preface", *A Dictionary of Chinese Language*, Part 3, p.6.
② S. W. Williams, *The Middle Kingdom* (1848), Vol.2, p.374.
③ 该书没有固定的中文译名,日本学者曾使用《广东语模范文章注释》《广东语句选》等译名,详见 Shen Guowei(沈国威), "The Creation of Technical Terms in English-Chinese Dictionaries from the Nineteenth Century", Michael Lackner, et al., eds., *New Terms for New Ideas: Western Knowledge and Lexical Change in Late Imperial China*, Leiden: Brill, 2001, p.289.
④ E. C. Bridgman, "Introduction", *Chinese Chrestomathy in the Canton Dialect*, p.i;另外一个参加者罗伯聃(Robert Thom)负责5、6两章节,而马儒翰则对大部分初稿进行了审阅和修订。
⑤ F. W. Williams, *The Life and Letters of Samuel Wells Williams*, p.105.

月14日授予他神学博士学位。① 一位研究者指出,19世纪传教士学者最早得到学界承认的研究业绩是在语言学方面,虽然这一结论主要是通过研究英国传教士而得出的,但同样适用于美国传教士。②

神治文之所以要编写《读本》,是因为想学广东方言的外国人日渐增多,但自马礼逊的《广东省土话字汇》1828年问世以来,"一直没有其他有价值的工具书出版,对这一方言的忽视显然难以适应日益增长的中外交流"。③ 正如书名所显示的那样,该书以简易语句的形式提供练习,每页分三列,分列英文、中文及罗马字母拼音,并附注解。试举两例说明(注解从略):④

例1:

英文	中文	罗马字母拼音
Please sit down.	请坐	Tsing tso.
Very well!	呀好	A ho.
I now think of learning to read, with what book shall I begin?	而家想学读书㗎乜野书起呢	I ka seung hok tuk shu hai mat ye shu hi ni?
With the three volumes in the large character.	三簿大字书起略	Sam po tai tsz shu hi lok.
Where are those volumes to be obtained?	边处有个的书呢	Pin chu yau ko tik shu ni?
At the bookseller's shop.	书铺就有啊	Shu po tsau yau le.
I beg you will buy a copy of them for me.	请你同我买一套	Tsing ni tung ngo mai yat to.
I will do so.	做得	Tso tak.

---

① Alexander Wylie, *Memorials of Protestant Missionaries to the Chinese*, p.68.
② 马礼逊1817年因其字典被格拉斯哥大学授予神学博士学位是最早的例子,详见 Andrew F. Walls, *The Missionary Movement in Christian History*, Maryknoll, New York: Orbis Books, 1996,第14章 "The Nineteenth-Century Missionary as Scholar"。
③ E. C. Bridgman, "Introduction", *Chinese Chrestomathy in the Canton Dialect*, p.i.
④ E. C. Bridgman, *Chinese Chrestomathy in the Canton Dialect*, pp.7-8, 436.

例2：

英文	中文	罗马字母拼音
A leaf is the first sprouting of the bud when yet tender.	薳乃枝上初生至嫩之处	Un nai chi sheung cho shang chi nun chi chu.
The calyx is that which supports the flower's petals.	萼托花瓣者也	Ngok tok fa fan che ya.
A catkin is the silken flowers of a willow.	柳絮柳之丝也	Lau sui lau chi sz ya.
Corol is a general term for the petals of a flower.	葩花瓣总称也	Pa fa fan tsung ching ya.
A crotch of a branch is where it is divided.	桠枝之分岐处	A chi chi fan ki chu.
A culm is the erect stem of a grass.	茎草之正干也	King tso chi ching kon ya.

上述第一段对话选自第一篇第二章《习言》，第二段引文则选自第十四篇第一章《草木百体》，应该是出自卫三畏之手。全书共分十七篇，分别是：(1)习唐话；(2)身体；(3)亲谊；(4)人品；(5)日用；(6)贸易；(7)工艺；(8)工匠务；(9)耕农；(10)六艺；(11)数学；(12)地理志；(13)石论；(14)草木；(15)生物；(16)医学；(17)王制。可见作者的意图不仅在帮助读者学习广东口语，也在帮助他们获得有关中国的各类信息，将语言的学习和知识的学习结合起来。

从上文我们可以看出，马礼逊的《广东省土话字汇》虽然名为"字汇"，但第三册中已经提供了一些句子，《读本》可以说是这一部分的扩大和补充，与前书相比，篇目的设置更贴近日常生活，例句更为丰富和精当，注释的加入也是特色之一。《读本》的出现无疑为广东方言的学习提供了有力的帮助。但是大8开本、693页的部头使这本工具书不仅价格过于昂贵，而且使用起来也不太方便。简单实用的《拾级大成》(8开本、287页)的适时出版满足了时代和人们的需要。

第二章　汉语学习

《拾级大成》(Easy Lessons in Chinese,1842)①是卫三畏独立编写的第一部汉语工具书。他在"前言"中说:"本书是为刚刚开始学习汉语的人编写的,读者对象不仅包括已经在中国的外国人,也包括还在本国或正在来中国途中的外国人。"②全书的内容如下:(1)部首;(2)字根;(3)汉语的读写方式介绍;(4)阅读练习;(5)对话练习(与老师、买办、侍者);(6)阅读文选;(7)量词;(8)汉译英练习;(9)英译汉练习;(10)阅读和翻译练习。因为是出于帮助人们学习广东话的目的,《读本》偏重于说的练习,而我们从上文可以看到,《拾级大成》则更侧重读、译的练习,显然是为了和《读本》互补。在阅读练习中,作者的编排是先给出中文,然后是拼音,再然后是逐字的英译,最后是符合英语习惯的翻译。如第四章中的练习:

其人身长七尺面黄睛赤形容古怪

Ki yan shan cheung tsat chik min wong tsing chik ying yung ku kuai

This man's body length seven cubits face yellow pupil reddish form appearance odd wild

This man was seven cubits tall, his face yellow, his pupil reddish, and his whole appearance very remarkable.③

这一章中的练习都是单句,且全部来自《三国演义》,而到了第六章,虽然同样也是阅读练习,但给出的却是成段的文字,分别选自《鹿州女学》《东园杂字》《聊斋志异》,显示了作者由易而难、逐级提升的编写宗旨。翻译练习的安排也是如此,从字句的翻译到成段的翻译,从提供参考译文到最后不再提供参考译文,作者显然希望通过这些练习能够使学习者比较快地掌握汉语。如果像卫三畏所设想的那样,一个学习者通过前面的操练最终能够完成书末成段的中译英练习(选自《聊斋》《子不语》《玉娇梨》《圣谕广训》《劝世良言》),那么他确实可以说已经"大成"了。

---

① 该书中文书名页的内容是:"咪唎坚卫三畏鉴定,《拾级大成》,香山书院梓行,道光辛丑年镌。"英文书名页的内容是:"Easy Lessons in Chinese; or Progressive Exercises to Facilitate the Study of That Language, Especially Adapted to the Canton Dialect, by S. Wells Williams, Macao; Printed at the Office of the Chinese Repository, 1842."

② S. W. Williams, "Preface", *Easy Lessons in Chinese*, p.i.

③ S. W. Williams, *Easy Lessons in Chinese*, p.63.

《中国丛报》上一篇评论该书的文章认为,关于量词的第七章"是全书中最值得称道的一章",因为"这个问题此前没有受到应有的关注"。① 卫三畏认为这类词和英文中的 piece、sail、member、gust、sheet 等词相似,但比这些词用得远为广泛,特别在口语中更是如此,应该熟练掌握。他在书中列出了 28 个重要的汉语量词,并设计了对应的练习。它们分别是:个、只、对、双、把、张、枝、条、间、座、度、幅、阵、粒、场、队、群、笪、副、件、块、缕、行、架、朵、片、席、团。确实,对于外国人来说,汉语的数量词是难点之一,需要多加练习,卫三畏认为最好的方法是放在词组中进行学习。② 了解中国语言学史的人都知道,中国语言学家把量词作为一个专门词类加以研究是很晚近的事情,来华传教士可以说是汉语量词研究的开创者,一直可以追溯到天主教传教士。卫三畏虽然不是最早的研究者,但他对这一词类的强调充分显示了他对汉语性质的把握。

《拾级大成》以练习为主,但不包括开头三章,它们是作者关于汉语的论述,卫三畏要求读者认真阅读这三章,因为它们对于整个汉语都是适用的,并不像后面的练习那样只限于广东话。其中第一章"部首"尤其是卫三畏着意的重点,他在这一章中按照笔画顺序详细解说了 214 个部首每一个的发音、意思、在汉字中出现的位置,以及由其构成的汉字的特点。如关于第 177 个部首"革",作者是这样写的:

> 革,音 Kak。没有毛的未硝的兽皮;拒绝,解除公职。该部首置于左边;大部分字与皮革、皮革使用、皮革制品有关。③

卫三畏这里对部首的排列完全根据《康熙字典》。部首的最初建立是许慎的重大创造,而 214 部首的确立则是明人梅膺祚的功劳,在其所著的《字汇》一书(成于万历乙卯,即 1615 年)中,他将《说文解字》540 部与《篇海》444 部合并为 214 部首以后,还将部首"以字画之多寡循序列之",每个部首中的字也是按照笔画多少排列。所有这些都被后来的《康熙字典》完

---

① *Chinese Repository*, Vol.14, p.346.
② S. W. Williams, *Easy Lessons in Chinese*, pp.123-148.
③ 原文是:"177 革 Kak. Untanned hide without the hair; to reject, to degrade from office. The radical is placed on the left; most of the characters refer to leather, its uses, and things made from it." S. W. Williams, *Easy Lessons in Chinese*, p.25.

全继承。①《康熙字典》是中国近代影响最大的字书,也是传教士最常使用的工具书。

卫三畏将对部首的详细介绍作为《拾级大成》的第一章,有他特别的考虑。他认为,作为学习汉字的起步,最好的方法是从部首开始,就像学习字母文字必须从字母开始一样。"部首广泛地运用在汉字的构成上,可以帮助对于汉字的记忆",而一旦汉字的形状知道了,"它的意思和发音也就比较容易记住","虽然中国人不采用这种学习汉字的方式,他们似乎是把汉字作为一个整体来记忆,但对外国人来说这可能是最容易的方式"。② 这一看法显然是非常有道理的。这也是为什么虽然中国已经有了那么多现成的字典,而外国人还必须编写汉语工具书的原因,因为学习母语与学习外语是不同的,需要不同的教材和学习方法。《拾级大成》出版后反响良好,《广东纪录》的编辑在他们的报纸上撰文,向读者推荐这部工具书。③

最后值得一提的是,卫三畏把自己最早的一本书献给了奥立芬。④ 我们在前一章已经提到,正是奥立芬本人所属的纽约市布立克街长老会赠送的印刷机带来了卫三畏前来中国的契机,而卫三畏也正是免费搭乘奥立芬的商船才最终来到了广州。奥立芬多年来担任美国一家公司(Thomas H. Smith,就是亨德服务的那家公司)在纽约、巴尔的摩、广州的货物管理员和商务代表,该公司破产后奥立芬于1828年在广州成立了自己的公司(Olyphant and Company),该公司是早期在华的美国三大公司之一,也是唯一没有从事鸦片贸易的公司。奥立芬是虔诚的基督徒,他在广州的住所——美国夷馆1号——经常被用来作为举行祈祷的场所,并因此被朋友们戏称为"天堂一角"(Zion's Corner)。⑤ 奥立芬热心传教事业,他不仅是促使美部会派遣传教士来华的关键人物,而且多次提供传教士免费搭乘商船的便利。1851年,奥立芬在回美国途中去世,卫三畏将自己次年出生的一个儿子(第三个孩子)取名为奥立芬,以志纪念。

---

① 王力《中国语言学史》,山西人民出版社1981年版,第105页。
② S. W. Williams, *Easy Lessons in Chinese*, p.i.
③ *Chinese Repository*, Vol.11, p.389.
④ 献词原文如下:"To D. W. C. Olyphant, Esq., of New York U. S. A. The steady and munificent friend of all efforts for the good of China, this volume is most respectfully inscribed."
⑤ William Hunter, *Bits of Old China*, pp.166-169; Tyler Dennett, *Americans in Eastern Asia*, pp.72,119.

在《拾级大成》出版两年后,卫三畏又推出了另一部工具书《英华韵府历阶》(An English and Chinese Vocabulary)。① 这是一部英汉词汇手册,按照英语字母顺序依次列出单词和词组,并给出中文的解释和官话注音。如:

  Common 平常的 ping shang ti;粗糙 tsu tsau
  Common custom 常规 chang kwei
  Common use 通用 tung yung
  Commonality 愚民 yu min;常人 chang jin
  Commoner 凡夫 fan fu
  Commonly 常时 chang shi
  Common-Place 常谈 chang tan②

  之所以用官话注音,是为了适应中国内地已经逐渐开放的形势。由于广东、福建仍然是当时传教士和其他外国人活动的主要区域,所以在书后的索引中,除了官话注音,卫三畏还给出了该词汇表中出现的所有汉字(按照214部首排列)的广州话和厦门话注音。《英华韵府历阶》可以看作马礼逊《广东省土话字汇》之后的一次新的尝试,马礼逊的词汇手册出版于1828年,早已绝版,鉴于这一情况,卫三畏编写了这本工具书。

  卫三畏本来想把这本书献给马儒翰,因为卫三畏自从来到中国之后,马儒翰只要时间允许,总是热情地在汉语学习方面给予他帮助,而且马儒翰"也一直在为使汉语更易于掌握而努力着"。③ 作为第一位来华传教士马礼逊的儿子,马儒翰在汉语学习方面有许多得天独厚的条件,除了家学渊源,他还曾在马六甲的英华书院专心学习过3年(1827—1830),他的老师除了上文提到的柯大卫,还有后来成为英国第一位汉学教授的吉德(Samuel Kidd),两人均是汉语熟练的伦敦会传教士。1830年6月,马儒翰回到广州后进入东印度公司担任翻译,马礼逊去世后他接替了父亲的职位(英国驻华商务监督中文秘书兼翻译),后来参加了第一次鸦片战争期间

---

  ① 该书中文书名页内容如下:"卫三畏鉴定,《英华韵府历阶》,香山书院梓行,道光癸卯年镌";英文书名页内容如下:"Ying Hwa Yun-fu Lih-kiai, An English and Chinese Vocabulary, in the court dialect, by S. Wells Williams, Macao:printed at the office of the Chinese Repository,1844."
  ② S. W. Williams, An English and Chinese Vocabulary, p.41.
  ③ S. W. Williams, "Preface", An English and Chinese Vocabulary.

的一系列谈判。马儒翰的汉语造诣不在父亲之下,可惜英年早逝(1843年8月),①使卫三畏失去了一个可以经常请教的朋友。就在出版《英华韵府历阶》的这一年(1844),卫三畏还编写了一本部头较小的书——《中国商务指南》(A Chinese Commercial Guide,8开本、370页),它为外国商人提供了中外条约签订后有关贸易和航行的有用信息,但考虑到马儒翰在10年前编印过一本类似的指南,所以尽管这本指南的内容是全新的,卫三畏却以马著第二版的形式出现,也正因为如此,卫三畏没有把自己的名字放在封面上,直到该书经全面修订出第四版(1856)时他才署上了自己的名字。② 这当然也是卫三畏纪念马儒翰的一种表示。

通过学习别人编写的字典和自己动手编写工具书,卫三畏打下了扎实的汉语基本功,这为他以后编写更大规模的工具书以及著书立说奠定了基础。

三、《汉英韵府》

卫三畏一生汉语研究的最高成就是出版于1874年的《汉英韵府》,③他此前在汉语研究和工具书编撰方面的工作可以说都是在为这部大字典做准备。《汉英韵府》脱胎于卫三畏编写的另外一部字典——《英华分韵撮要》(A Tonic Dictionary of the Chinese Language)。④ 在讨论《汉英韵府》之前,我们有必要先了解一下这部字典。

---

① 详见苏精《中国,开门!》第7章《马儒翰:青出于蓝的中国通》。
② 1848年第三版在第二版的基础上修订很少,1856年第四版做全面修订的原因是"八年以来发生了许多重大变化,上海、福州、香港逐渐发展为贸易中心,而广州和澳门的贸易量无论从相对意义上还是从绝对意义上都在下降",参阅 S. W. Williams, *A Chinese Commercial Guide*, fourth edition, Canton, 1856, p.iii.
③ 该书中文书名页内容如下:"卫三畏廉士甫编译,《汉英韵府》,沪邑美华书院铜版梓行,同治甲戌年镌。"英文书名页内容如下:"A Syllabic Dictionary of the Chinese Language, arranged according to the Wu-fang Yuen Yin, with the pronunciation of the characters as heard in Peking, Canton, Amoy, and Shanghai, by S. Wells Williams, LL. D. ;取之精而用之宏诚哉斯语兹集诸书大旨以成是书无非期为博雅君子之一助尔。Very true it is, that a careful selection of expressions must precede their extensive use remembering this, and in the hope of affording some aid to scholars, the purport of many books has been here brought together into one. Shanghai: American Presbyterian Mission Press, 1874."
④ 中文书名页的内容是:"卫三畏廉士甫编译,《英华分韵撮要》,羊城中和行梓行,咸丰丙辰年镌。"英文书名页的内容是:"Ying Wa Fan Wan Tsut Iu, A Tonic Dictionary of the Chinese Language in the Canton Dialect, by S. Wells Williams, Canton: Printed at the Office of the Chinese Repository, 1856."

《英华分韵撮要》出版于1856年,刚刚印刷完成便遭遇到因中英冲突而造成的火灾。在这场火灾中,藏于印刷所的《中国丛报》、裨治文的《广东方言读本》、卫三畏的《英华韵府历阶》等书刊全部被毁,只有《英华分韵撮要》得以幸存,使卫三畏6年的辛勤劳作没有白费。① 1849年,当卫三畏开始动手时,他只是想为初学者编一本汉英词汇手册,与几年前出版的英汉词汇手册(《英华韵府历阶》)配合使用。但随着工作的进展,他逐渐意识到,编写一本完整的字典是更有价值的。于是他改变了初衷,在原先工作的基础上开始进行全面的增补,同时他找来了当时能够找到的所有的汉外字典,希望在继承前人的基础上有所突破。

　　当时通行的汉英字典中收字最多的是马礼逊《华英字典》的第一部分以及麦都思的《汉英字典》,均在4万字以上。由于有这两部字典的存在,卫三畏觉得没有必要再编写同样部头的大字典,因为这样的字典虽然洋洋大观,但从实际使用的角度来说却不太方便。另外,他也认识到,作为上述两部字典基础的《康熙字典》收字固然全面,但"44400字中有15000左右是异体字和已经废弃的字,而在剩余的3万字当中,有足足2/3是地名、人名,都是一些在阅读中难得一见的字"。② 所以他决定删繁就简,而且这样做也并非无先例可寻,马礼逊字典的第二部分和麦都思的《福建土话字典》收字均在1.2万左右,而当时已经出版的其他汉外字典,如小德金的《汉法拉丁字典》、公神甫的《汉葡字典》、加略利(Joseph G. P. M. Callery)的《汉语百科辞典》(*Dictionaire encyclopédique de la langue chinoise*,1842)都只选常用字,收字数目在1.1万—1.3万。卫三畏觉得在这个基础上,还可以进一步精简,他最后选定了7850个汉字,"这样就可以把一本汉语字典的关键部分压缩在一个很小的空间里,使它尽可能既实用又便于随身携带,让使用者在学习常用字时感到方便"。③ 这是卫三畏的编写目的之一,也是这部字典的汉语名称突出"撮要"两个字的原因。

　　在关系字典质量的字词释义方面,卫三畏也下了很大的功夫,不仅力求对常见字的释义更为准确,而且在前人比较忽略的生物、医药、法律、诗歌等词汇方面给予了较多的篇幅,这固然有他个人的兴趣在内,但也是为

---

① *Report of the American Board of Commissioners for Foreign Missions*,Boston:1857,p.120.
② S. W. Williams,"Preface",*A Tonic Dictionary of the Chinese Language*,p.v.
③ S. W. Williams,"Introduction",*A Tonic Dictionary of the Chinese Language*,p.xxxiii.

了与前人的著作有所区别。试举马礼逊、麦都思、卫三畏的字典中的一个条目为例来说明：

鲤 The carp fish. Le yu teaou lung mun 鲤鱼跳龙门 the carp has jumped into the dragon's gate-is applied to literary men who have made rapid advances in rank. Shwang-le 双鲤 a pair of carp, now used to denote a letter, or epistle. (《五车韵府》第 524 页)

鲤 A kind of carp, the chief of fresh water fish. 河鲤登龙门 The river carp has ascended the dragon's gate (alluding to the success of literary students). (《福建土话字典》第 433 页)

鲤 The carp (Cyprinidae), the king of fishes, and fabled to change into a dragon; sheung li(双鲤), a letter; kam li(金鲤), yellow carp, is the most common at Canton; li fa lung(鲤化龙), the carp has become a dragon, met. rapid promotion in office. (《英华分韵撮要》第 234 页)

1856 年，当《英华分韵撮要》(以下简称《撮要》)出版时，卫三畏的身份已经发生变化，从原先的美部会传教士印刷工转变成美国驻华使团的参赞兼翻译。1863 年，美国使团正式进驻北京，卫三畏从此开始了在中国最后一个阶段的生活(1863—1876)。《汉英韵府》正是完成于这一时期。

新字典的编写工作是在修改《撮要》的基础上展开的。第一步是重新安排《撮要》中的汉字。《撮要》是根据一部已有的广东方言字典《方音》的音节来排列汉字的，而新字典则是根据《五方元音》。卫三畏选择这部韵书作为自己工作的基础是因为《五方元音》"纯用方音"，①它记录了 17 世纪河北的语音系统，与 19 世纪中叶的北京话大致相同。另外，它是按照音节排列汉字，而不是像中国的其他许多韵书那样按照声调排列，如《五车韵府》，前文已经提到，马礼逊在编写《华英字典》第二部分时由于选用了这部韵书而不得不把原书的排列打乱，给自己的工作带来不必要的麻烦。《五方元音》用 12 韵目(天人龙羊牛獒虎驼蛇马豺地)和 20 字母(梆匏木风斗土鸟雷竹虫石日剪鹊系云金桥火蛙)来拼读汉字，头绪比较简单(《康熙字典》用 36 字母)。与常见的韵书《广韵》以"东"(tung)开始不同，《五方元音》以 ien 作为第一

---

① 永瑢等撰《四库全书总目》，中华书局 1965 年版，第 393 页。

韵,这样拼读出来的第一个字就是"边"(pien),但在卫三畏的字典中,第一个字是"挨"(ai),"边"在第 686 页,为什么是这样呢? 因为《汉英韵府》是以拼音的罗马字母顺序排列的,这样排在最前面的 3 个音节便是 ai,ang,cha;按照 ABCD……的顺序 pien 当然要排在后面。在这一点上《汉英韵府》和许多按照罗马字母拼音顺序排列的字典是一样的,但在具体每一个汉字的拼读方式上,不同的字典之间存在差异。比如为了表示汉语中类似英语 aisle 的音节,小德金、马礼逊和卫三畏分别使用 ay,ae,ai。我们发现,在《汉英韵府》中,"挨"(ai)的拼法和我们今天使用的标准拼法是相同的,而"边"(pien)则在声母上存在清浊的差异,但已经颇为接近,大同小异了。《汉英韵府》注音以北京官话作为标准,但同时也提供了每个字在广州话、厦门话和上海话中的发音,并且第一次采用了统一的注音方式,具有整合以前多种方言字典的功能。此外,在收字方面,《汉英韵府》也达到了以前几部大字典的规模(共 12527 个字)。种种迹象表明,《汉英韵府》在原先《撮要》简便实用的基础上走向了全面和综合。

卫三畏之所以要编写这样一本大规模的汉英字典是基于多方面的考虑。首先,自从马礼逊《华英字典》问世以来,虽然出现了一些综合性和方言性的字典,如麦都思的《福建土话字典》、裨治文的《广东方言读本》,但印刷数量都不大,多年之后已经很难得到,而在这多年之中学习汉语的人数则翻了十倍。仍在不断翻印的马礼逊字典,尽管价值不容置疑,但毕竟是半个世纪以前的作品,已经不能完全满足当代的需要。

许多热心的读者都盼望卫三畏的新字典能够早日面世,但卫三畏不可能心无旁骛地从事编写工作。北京的公使馆刚刚建立,他必须花费大量的时间处理公务。另外,由于公使不断走马换将,他不得不经常代理公使的职务,在 1869 年年底的一封信中他写道:"我原计划明年在上海继续待一段时间,专心编我的字典,然而劳罗斯(J. Ross Browne)先生突然离任,把公使馆的工作又推给了我。十四年前我从马沙利手中第一次接管这一工作,如今已是第八次了。我不得不返回北京料理那边的事务,做些个人力所能及的事情。我独自一人,连个抄写员也找不到,我只有让几位传教士在传教之余替我做些抄写工作。不过我已不再年轻,我只希望还有足够的体力。我在中国已经生活了三十六年,精力与耐力都开始走下坡路了。"①

---

① "S. W. Williams to G. T. Olyphant,6 Nov.1869",Samuel Wells Williams Family Papers,Series 1,Box 4.

卫三畏开始编写《汉英韵府》时已经年过半百,而完成时则已是花甲之年。如果没有毅力和恒心,特别是坚定的信仰,这一工作是难以完成的。他在为新作所写"前言"的一开头就说起了马礼逊:"五十二年以前,马礼逊博士用这样一句话来结束自己为字典所写的前言,并以此表达得以完成七年辛苦工作的感激之情——'感谢上帝的眷顾,1822年4月9日于广州'。在他本人自存的一部(1834年他的儿子将它赠送给了我)上,他写了这样的话:'光荣属于上帝,1828年11月12日,马礼逊。'"传教士不远万里来到中国,靠的是一种信仰的力量,凭一己之力完成厚达千页的字典靠的仍然是信仰的力量。对卫三畏来说,马礼逊是自己的精神楷模,他的字典是激励自己前进的动力,作为精神楷模马礼逊是无法超越的,但他的字典毕竟已是50年前的成果,虽然它"将作为勤勉和学识的丰碑而永存",①但形势的发展和学术的进步都要求对它的超越。马礼逊之后不断有新的字典问世,特别是麦都思、公神甫的字典也曾产生过不小的影响,但最终都因为进步不明显而无法取代马礼逊字典。卫三畏在《撮要》中已经显露出另辟蹊径的尝试,《汉英韵府》的出现则标志着历时11年的创新努力终于大功告成。《汉英韵府》既是作者在原有字典基础上经过大规模修订和扩充的结果,也是借鉴和超越前人的结果。当年马儒翰将父亲自存的一部字典送给卫三畏,或许正是期望他有朝一日能够编写出更好的字典。

  1874年,《汉英韵府》一问世,就立刻受到了热烈的欢迎和高度的评价。伟烈亚力认为它是"迄今为止最为重要的中文学习指南之一";梅辉立(William F. Mayers,时任英国驻华使馆汉务参赞)则认为它超过了以往所有的同类著作,"使它们黯然失色";哥罗威尔德(W. P. Groeneveldt,时任荷兰驻华使馆汉务参赞)也完全同意梅辉立的看法,并建议"每个学习汉语的人优先购买这本字典,即使有了其他字典,也应该再买一本该字典"。廷得尔(Edward C. Taintor,时任海关税务司)认为《汉英韵府》的真正价值在于"它的条分缕析、高质量的定义与释义,以及我们认为是彰显字典编写者水平的言简意赅"。他在评论文章中说:"几乎谁都能用冗长的意译传达出一句中文短语的主旨,而卫三畏仅用几个英文单词便做出了确切的翻译,这是耐心、细致的工作的结果——有时甚至付出了努力也做不到这一点。两种语言、两种思维方式和表达方式是如此不同,以致许多时

---

① S. W. Williams, "Preface", *A Syllabic Dictionary of the Chinese Language*, p.v.

候几乎无法用同样短小的英文句子来表述某个简洁的中文短语。这一困难更被汉语中常用的精练的谚语加剧,这些谚语暗指某一历史事件或民间传说,硬译成英语常让人费解。为了展示这种谚语的用法,同时也为了说明新字典定义的恰切,我们选'骑虎之势'为例,在马礼逊的字典中该短语被如此定义:骑在虎背上的人的状态,跳下来比待在虎背上更危险;卷入坏事过深,退出便会覆灭(the state of a person who rides on a tiger, it is more dangerous to dismount than to remain on its back;to be so involved in a bad cause that retreat is certain ruin)。卫三畏博士的定义为:人骑在虎背上时没有退路(as when one rides a tiger, there's no backing down)。马礼逊博士用了 35 个英文单词,而卫三畏博士只用了 13 个。每个人都必须承认,准确、到位、简洁是后一种翻译的特点。"①我们还可以再举几个例子,来比较马礼逊、麦都思和卫三畏在字词解释上的高下:

  羽 Birds with long tails;the wings of a bird;feathers;one of the notes in music;a sort of scepter anciently held in the hand by posture-makers. Name of a hill;of a star;of an office. A surname.—毛扇 a feather fan.—纱 camlets.—属 the feathered tribe, birds generally. (《五车韵府》第 1040 页)

  羽 Feathers. 羽翼, wings. 羽毛不丰满者不能高飞, when wings and feathers are not rich and full, it is impossible to fly high. (《福建土话字典》第 166 页)

  羽 Intended to represent the long wing primaries and the large quill feathers of birds;it is the 124th radical of characters relating to plumagery and feathers. Wings, plumes;made of or having feathers;feathered;winged tribes;a banner or signal of feathers;cloth having a rough feel, as bunting;quick, flying;the fifth of the five kinds of musical sounds, that are made by smacking.—族/—类 the feathered tribes. 党— detachments from a force;foraging or predatory bands. 舞干—a sort of panache used by mummers.—仪 what reflects honor on a ruler, as a good envoy sent by him.—布 bun-

---

① Alexander Wylie, "Review of Syllabic Dictionary", *Missionary Recorder and Journal*, August 1874, p.226;William F. Mayers, "Dr. Williams' Syllabic Dictionary", *China Review*, Vol.3(July 1874-June 1875), p.139;W. P. Groeneveldt, "Dr. Williams' Dictionary", *China Review*, Vol. 3 (July 1874-June 1875), p.232;E. C. Taintor, "Review of Syllabic Dictionary", *North China Herald*, 15 October 1874.

第二章 汉语学习

ting.—绸 bombazine.—纱 English camlets.—士 A Taoist priest; he is called.—化而登仙 referring to the flight of the soul after death.—林军 the Imperial body-guard of about 300 men.—林天军 a group of 35 stars in Aquarius.(《汉英韵府》第 1124—1125 页)

瑜 A certain stone.A man's name.(《五车韵府》第 1041 页)

瑜 A beautiful gem, a precious stone.瑕不掩瑜, a slight flaw does not spoil the gem.(《福建土话字典》第 284 页)

瑜 Luster of gems; a beautiful stone, like jasper, worn by the sons of noblemen; excellencies, good qualities.瑕—互见 The defects and excellencies are well contrasted.批褐怀—Under a plain dress he cherished the highest virtues.(《汉英韵府》第 1123 页)

榆 A tree of which the Chinese distinguish ten varieties, the leaves of all which are alike; said to be the elm.Name of a plant, when chewed, said to be a soporific.桑— the appearance of evening; and of the evening of life; old age.白— name of a star.(《五车韵府》第 1041 页)

榆 The name of a tree; whose blossoms fall like pieces of money.啖—则眠不欲觉 on eating of the je tree, a person sleeps without desiring to a-wake.(《福建土话字典》第 284 页)

榆 The elm(Ulmus), of which ten sorts are described; one of them is a species of Microptelea, another a kind of hornbeam or Carpinus.—钱/—英 Elm seeds and their winged seed-vessels.失之东隅收之桑— If I have lost the east plat, I have got my village home.—皮 Slippery elm bark, a tonic medicine.白— A star which guides the husbandman in his planting.啖— To take a decoction of elm seeds in order to sleep.地— Ground elm, the Hypericum or St.John's wort.(《汉英韵府》第 1123 页)

卫三畏不仅力图超越前人,同时也不断地超越自己。新字典在字词的解释上比《撮要》更提高了一步。我们可以用前面列举过的"鲤"字为例来说明:

鲤 The carp(Cyprinidoe), the king of fishes, and fabled to change into a dragon; sheung li(双鲤), a letter; the kam li(金鲤), yellow carp, is the most common at Canton; li fa lung(鲤化龙), the carp has become a dragon, met. Rapid promotion in office.(《撮要》第 234 页)

鲤 The carp, which includes other kinds of Cyprinidae, as the bream, sucker, &c.; it is regarded as the king of fish, and is fabled to turn into a dragon. 孔— the name of Confucius's son. 金— the yellow carp. 火— fire or red carp(Cyprinus flammans). 绿— green carp(Cyprinus viridiviolaceus). 塘— the pond carp(Cyprinus rubro-fuscus). 屐— the clog carp(Cyprinus sculponeatus). 黑— the black carp(Cyprinus atrovirens). 双— a letter, so called from the shape it was folded, while others say that anciently a pair of fish was sent with a letter, a trace of which custom is still kept up in Japan. —化龙, —鱼跳龙门 the carp has become a dragon, or has leaped the dragon's gate; —— rapid promotion in getting degrees. 木— a log struck for meals in Buddhist refectories.(《汉英韵府》第 519 页)

作为一本集大成之作,卫三畏在《汉英韵府》的"前言"中对汉语的特征做了详细的论述,共分八个部分。(1)《五方元音》中的官话;(2)罗马字母拼写汉语;(3)送气音;(4)声调;(5)古音;(6)方言;(7)214 部首;(8)1040 字根。这篇长达 70 页的前言代表了卫三畏多年研究汉语的心得,其价值也得到了同行的高度肯定。但汉语这门古老的语言实在太复杂了,卫三畏对汉语的古音问题没有深入的研究,所以"前言"的第五部分他请英国传教士汉学家艾约瑟(Joseph Edkins)代为撰写,表现了一种"知之为知之,不知为不知"的学者态度。艾约瑟对古音素有研究,是最早注意到汉语语音史的西方人,①他在这一部分简要介绍了如何利用《康熙字典》《广韵》和古代的诗韵来推定一个汉字的古音。

---

① 王力《中国语言学史》,第 187 页;张世禄认为,艾约瑟"创始了中国语言史的研究,证明中国古音里有破裂的浊音声母,还有收尾的辅音",参见《中国音韵学史》下册,第 351 页;蒲立本(Edwin G. Pulleyblank)在《欧洲的汉语音韵学研究:第一阶段》("European Studies on Chinese Phonology: The First Phase")一文中指出,艾约瑟 1857 年出版的《官话口语语法》(A Grammar of the Chinese Colloquial Language, commonly called Mandarin)一书第一部分"论语音"(On Sound)"用了很长的篇幅讨论汉语语音史,这段论述在 40 年后仍被高本汉的业师武尔披齐利(Zenone Volpicelli)和沙昂克(H. Schaank)作为权威加以引述",参阅 Ming Wilson & John Cayley, eds., Europe Studies China: Papers from an International Conference on the History of European Sinology, London: Han Shan Tang Books, 1995, p.340.

最后值得一提的是,《汉英韵府》后来根据英国外交官汉学家威妥玛(Thomas F. Wade)的拼音法重新编排后又出过修订版。用罗马字母拼写汉字的工作最早始于明末来华的耶稣会士,罗明坚(Michel Ruggieri)和利玛窦的《葡汉辞典》、利玛窦的《西字奇迹》、金尼阁(Nicolas Trigault)的《西儒耳目资》是这方面的开山之作。① 19世纪以来这一事业更是方兴未艾,各类著作上百种,各有各的拼写方法,莫衷一是。瑞典汉学家高本汉(Bernhard Karlgren)所著《官话注音读本》(*A Mandarin Phonetic Reader in the Pekinese Dialect*,1917)中列举了英、法、德、俄几种代表性的拼音法,其中英语著作是英美各一部:威妥玛的《语言自迩集》(*A Progressive Course Designed to Assist the Student of Colloquial Chinese*,1867)和狄考文的《官话类编》(*A Course of Mandarin in Lessons Based on Idiom*,1892),②威妥玛的书先出,他所创立的威妥玛拼写法(Wade System)影响也更大、更流行。1874年,卫三畏的《汉英韵府》出版后,就有人批评他没有采用流行的威妥玛拼写法,可见威氏的影响。但这并没有影响卫三畏的字典以原先的拼写方式又印刷了数次。直到1909年,随着威妥玛拼写法影响的进一步扩大和市场对卫三畏字典需求的继续增加,一项将两者结合的工作提上了日程。1909年,《汉英韵府》修订版问世,与旧版相比内容只字未动,只是将拼音方式改用威氏方案("前言"中的拼写方式一仍其旧)。比如,在原版本中,妁(choh)、说(shwoh)、朔(shoh)三个字拼法不同,被排列在不同的地方,在修订版中,它们全都被排在 shuo 这个音节之下。当时卫三畏已经去世多年,修订工作由美部会华北教区指派的一个三人委员会来执行。之所以由这个机构来指派人员,是因为"多年前卫三畏博士将字典的所有权赠送给了华北协和书院(North China Union College),而当时该书院在美部会华北教区的全权管理之下"。③ 威妥玛的拼写法也并非无可取代,就在修订

---

① 详细论述可参见罗常培《耶稣会士在音韵学上的贡献》,载《中央研究院历史语言研究所集刊》第一本第三分(1930);杨福绵《罗明坚、利玛窦的〈葡汉辞典〉所记录的明代官话》,载《中国语文学报》1995年第5期。

② 参见罗常培《国语字母演进史》,商务印书馆1934年版,第8页。

③ "Preface to the Revised Edition", *A Syllabic Dictionary of the Chinese Language*, The North China Union College, 1909, p.iii. 华北协和书院校舍建设所需的1.5万美元中大约有8000美元来自销售《汉英韵府》所得,因此校舍用卫三畏的名字命名(Williams Hall),详见 Roberto Paterno, "Devello Z. Sheffield and the Founding of the North China College", Kwang-Ching Liu, ed., *American Missionaries in China:Papers from Harvard Seminars*, p.74.

小组即将完成修订的时候，一种新的标准拼音方案（The Standard System of Romanization）出台。为了兼顾这个新的拼写方案，修订版中将之放在每列的底部，与放在顶部的威氏拼写法遥相对应。根据新的拼写法，妁、说、朔这三个字的注音方式是 shwoh。

从1841年的《广东方言读本》到1874年的《汉英韵府》，美国的汉语研究走过了一条从无到有、从幼稚到成熟的道路。这一时期，美国汉学的一大特点正是汉语工具书的大量出现。鸦片战争后，美国各宗教团体纷纷派遣传教士来华，这些新来的传教士和当年的裨治文、卫三畏一样，必须首先学习汉语，在学习的过程中他们编写了大量的字典、词典以及各种帮助学习汉语方言（如宁波话、汕头话、福州话）的小册子。① 卫三畏编写的四部工具书当然是他们的案头必备，但必须看到的是，他的这几部工具书——包括集大成的《汉英韵府》——影响范围只限于传教士和在华的西方人。对于绝大多数不懂汉语的本土美国人，他必须用英文著作来告诉他们有关中国的一切。

---

① 比较重要的有以下一些：E. I. Doty, *Anglo-Chinese Manual*, 1853; S. W. Bonney, *Phrases in the Canton Colloquial Dialect*, 1853; S. W. Bonney, *A Vocabulary with Colloquial Phrases, of the Canton Dialect*, 1854; Stephen P. Andrews, *Discoveries in Chinese*, 1854; Stanislas Hernisz, *Guide to Conversation in the English and Chinese Languages*, 1855; Pliny E. Chase, *Chinese and Indo-European Roots and Analogues*, 1861; William Gamble, *Two Lists of Selected Characters containing all in the Bible and twenty seven other books*, 1861; William Alexander Parsons Martin, *Analytical Reader*, 1863; William Alexander Parsons Martin, *A Vocabulary of 2000 Frequent Characters*, 1864; R. S. Maclay & C. C. Baldwin, *An Alphabetic Dictionary of the Chinese Language in the Foochow Dialect*, 1870; M. T. Yates, *First Lessons in Chinese*, 1871; Baldwin, *A Manual of the Foochow Dialect*, 1871; Justus Doolittle, *A Vocabulary and Handbook of the Chinese Languages*, 1872; W. T. Morrison, *An Anglo-Chinese Vocabulary of the Ningpo Dialect*, 1876; Adele M. Fielde, *First Lessons in Swatow Dialect*, 1878; J. S. McIlvaine, *Grammatical Studies in the Colloquial Language of Northern China*, 1880. 参见 Laurence G. Thompson, "American Sinology 1830-1920: A Bibliographical Survey", *Tsing Hua Journal of Chinese Studies*, Vol.2, No.2(1961).

第三章
汉学刊物

一、《中国丛报》

1833年10月,卫三畏作为印刷工到达中国后,从裨治文手中接过来的第一项工作就是印刷《中国丛报》(以下简称《丛报》)。《丛报》在卫三畏来华前一年由裨治文创办,此后连续出版20卷,直到1851年年底停刊。卫三畏一开始是负责《丛报》的印刷和发行,后来也参与它的编辑,1844年11月卫三畏回美国休假后,裨治文接管了卫三畏的工作,1847年5月裨治文去上海参加《圣经》中文版的修订,将《丛报》交给自己的堂弟裨雅各(James Bridgman)负责,直到1848年9月卫三畏返回广州时为止。① 此后,《丛报》完全由卫三畏负责,直到停刊。卫三畏还为该杂志的全部内容(10卷共232期)编写了索引。印刷和编辑《丛报》构成了卫三畏来华前半期最重要的工作。从个人汉学研究的角度来说,《丛报》对卫三畏也意义重大,他的第一部汉学著作是出版于1842年的《拾级大成》,但他最早的文章却是发表于《丛报》上的(1834)。在停刊之前,卫三畏在《丛报》上一共发表了160篇文章(有一定篇幅的汉学研究论文约100篇,详见本章附录),这些文章帮助他从汉学研究的新手逐渐成长为这个领域的专家,并且为他写作《中国总论》提供了很好的训练和准备。从投稿数量上来看,他仅次于裨治文(350篇),他和裨治文的这些文章构成了美国早期汉学最重要的成果。

19世纪以来,西方人陆续在中国出版各种西文报刊,近代中国最早的西文报纸是《蜜蜂华报》(A Abelha da China,1822—1823),在澳门出版,为

---

① F. W. Williams, *The Life and Letters of Samuel Wells Williams*, p.163.

葡萄牙文。在《丛报》之前出版的英文报纸有两份,一是《广东纪录》(1827—1843),二是《华差报与东钞报》(*Chinese Courier and Canton Gazette*, 1831—1833),①《丛报》则是近代以来在中国出版的最早的英文期刊。两家英文报纸虽然创办早于《丛报》,但其中大部分是有关商业的内容,《华差报与东钞报》创办不久就被迫停刊,主要就是因为刊载了反对英国东印度公司在华专利权的文章。从分量上看,《丛报》每卷大约600页,并不少于报纸,而从内容上看则要丰富得多,几乎涵盖中国的方方面面(详见下文),它出版后很快成为西方人(特别是英美人士)了解中国的最重要来源。

1829年,裨治文来华前夕,美部会给他的指示中将学汉语、传福音等四项工作作为必须完成的任务,此外也提出一点希望:"在你的工作和环境允许的情况下,向我们报告这个民族的性格、习俗、礼仪——特别是他们的宗教如何影响了这些方面。"②显然,当时美国国内的人士对于这些方面的情况是了解很少的。裨治文来华后,更加深切地感觉到西方人关于中国知识的贫乏,中西之间的交流基本上还停留在物质层面,"思想道德层面的交流少之又少",这样的状况不仅让他感到"吃惊",更让他感到"遗憾"。虽然明清之际的天主教传教士关于中国写过不少报道和文章,但在裨治文看来,它们不仅鱼龙混杂,有不少相互矛盾的地方,而且毕竟是多年前的信息了。他希望对中国进行全面的报道,提供更新和"不带任何偏见"的信息。③ 他的想法得到了马礼逊的支持。早在1817年5月,马礼逊就曾支持米怜在马六甲创办了英文季刊《印支搜闻》(*The Indo-Chinese Gleaner*, 1817—1822),其内容包括"来自中国和其邻近国家的各种消息;与印度、中国等国家相关的历史、哲学、文学等方面的杂文逸事;译自汉语、马来语等语言的翻译作品;关于宗教的文章;关于印度基督教传道差会之工作进展;以及基督教世界的普遍状况"。④ 这份坚持了5年的刊物对于英国人和其他欧洲人了解中国起到了一定的作用。1822年米怜去世后停刊。1827年,马礼逊计划在马六甲再次创办一份名为《印支丛报》(*Indo-Chinese Re-*

---

① Frank H. H. King, ed., *A Research Guide to China-Coast Newspapers, 1822-1911*, Harvard University Press, 1965, pp.33-34, 41-45.

② *Report of the American Board of Commissioners for Foreign Missions*, Boston, 1829, p.96.

③ E. C. Bridgman, "Introduction", *Chinese Repository*, Vol.1, pp.1-5.

④ William Milne, *A Retrospect of the First Ten Years of the Protestant Mission to China*, pp.190-191.

pository)的季刊,"刊载有关印度、中国等国家的语言、哲学、习俗、文化的论文以及各地最新和有趣的信息"。① 之所以选择马六甲,首先是因为它是英国的势力范围,伦敦会传教士在那里已经打下了一些工作的基础,此外马六甲当地有不少华侨,与广州的往来也十分便捷,有利于收集和传递有关中国的信息。② 但《印支丛报》的计划后来未能实施,这也就不难理解为什么马礼逊会大力支持裨治文创办《中国丛报》,因为这实际上也是在实现自己早年的计划。《丛报》创办后马礼逊积极投稿,从数量(90篇)上看仅次于裨治文和卫三畏,当然在去世(1834)前两年马礼逊不可能写这么多的文章,其中一部分是旧作、旧译,在《丛报》上第二次发表。裨治文办刊物的想法也得到了当时在广州的商人们的支持,奥立芬尤为积极,正是由于他的努力才使广州传教站得到了所需的印刷设备,印刷机于1831年12月运抵广州,铅字也在数月后到达,这样就解决了刊物的印刷问题。《丛报》最初是在广州印刷,1836年印刷所搬至澳门,1844年10月搬至香港,1845年7月再次搬回广州,直到停刊。③

促使裨治文办刊的一个更为直接的原因是郭实猎的日记。1831年,郭实猎不顾清政府的禁令乘船沿中国海岸航行,从曼谷出发直到天津,历时半年(6月至12月),他的日记详细记录了沿途的所见所闻。1832年1月,裨治文结识了郭实猎,当时郭实猎刚刚结束了第一次冒险,又在准备第二次冒险(后来又有第三次)。④ 郭实猎的日记引起了裨治文的兴趣,在当时外国人的活动范围只能局限在广州、澳门的情况下,郭实猎的日记无疑具有很高的资料价值,裨治文希望为这份难得的目击实录尽快提供一个发表的场所。⑤《丛报》创刊后,郭实猎的日记以连载的形式与读者见面,成为最初几期的主打文章。

1834年以前,《丛报》各期的体例基本固定统一,主要由以下几个栏目组成:(1)书评(Review),是对西方有关中国的新旧出版物的学术评论;

---

① *Chinese Repository*, Vol.5, p.149.
② 详见卓南生《中国近代报业发展史,1815—1874》(增订版),中国社会科学出版社2002年版,第15—16页。
③ *Chinese Repositoy*, Vol.13, p.559; Vol.14, pp.351-352; Vol.19, p.680.
④ 1832年2月26日至9月5日;第三次远至满洲里,1832年10月20日至1833年4月29日。
⑤ Michael C. Lazich, *E. C. Bridgman (1801-1861), America's First Missionary to China*, pp.84-85.

(2)上述出版物的内容节选,通常以游记和日记为主;(3)杂记(Miscellanies),篇幅较短,带有知识性的各类文章以及读者来信;(4)宗教消息(Religious Intelligence),关于各地传教活动和宗教事务的报道;(5)文艺通告(Literary Notices),各地有关教育、文艺和出版等方面的近况;(6)时事报道(Journal of Occurrences),相当于新闻报道,一般篇幅短小,仅有个别的比较详尽,信息的一个主要来源是报道清政府消息的《京报》。"《京报》所载,首宫门抄,次上谕,又次奏摺,皆每日内阁所发抄者也。以竹纸或毛太纸印之,多者十余页,少者五六页;以黄色纸为面;长达六寸,宽约三寸。"①在翻译《京报》方面马礼逊的贡献最多。1834年5月以后,《丛报》不再按内容划分,而是以第一篇、第二篇、第三篇……来标注文章,但书评、文艺通告、时事报道、宗教消息等基本栏目都予以保留,没有什么变化,比较显著的变化是宗教消息逐渐减少,而书评和其他有关中国社会、文化的内容不断增多,所刊文章涉及的范围包括中国地理、历史、法律、博物、贸易、语言等方方面面。兹依据总索引,将《丛报》内容的分类与篇数列表如下:

类别	篇数
1.地理(geography)	63
2.中国政府与政治(Chinese government and politics)	81
3.财经与海陆军(revenue,army and navy)	17
4.中国人民(Chinese people)	47
5.中国历史(Chinese history)	33
6.博物学(natural history)	35
7.艺术、科学与工艺(arts,science,and manufactures)	57
8.游记(travels)	57
9.语言文字等(language,literature,&c.)	124
10.商业(trade and commerce)	6
11.船运(shipping)	56
12.鸦片(opium)	55
13.广东、商行等(Canton,foreign factories,&c.)	36

① 戈公振《中国报学史》(插图整理本),上海古籍出版社2003年版,第48页。

续表

类别	篇数
14.中国对外关系(foreign relations)	34
15.中英关系(relations with Great Britain)	38
16.中英战争(war with England)	74
17.香港(Hong Kong)	22
18.中美关系(relations with America)	21
19.日本、高丽等(Japan,Corea,&c.)	24
20.暹罗和交趾支那半岛(Siam and Cochinchina)	21
21.其他亚洲诸国(other Asiatic nations)	36
22.南洋群岛(Indian archipelago)	18
23.异教(paganism)	43
24.传教(missions)	103
25.教会医院(medical missions)	48
26.修改圣经(revision of the Bible)	40
27.学会等(education societies,&c.)	31
28.宗教(religions)	29
29.传记(biographical notices)	38
30.其他(miscellaneous)	37

以上共计1324篇。如果再粗略归类:

类别	篇数
1—9　中国国情类	514
10—18 中外关系类	342
19—23 外国类	142
24—29 宗教类	289

从上表可以看出两点:一是,《丛报》中虽然有一些涉及亚洲其他国家的内容,但有关中国的内容占90%,是整份刊物的绝对主体。二是,《丛报》虽然是传教士所办,投稿者也主要是传教士,但宗教内容并不是主要

的,重点是对中国国情的介绍。由此我们可以说,《丛报》是一份真正的汉学刊物。① 谭维理认为,《中国丛报》不仅是"当时唯一的汉学杂志",而且其刊载的关于中国的研究论文"在今天看来仍有参考价值"。②

卫三畏在《丛报》上最早的文章发表在第2卷第10期(1834年2月),离他到达广州还不到半年。此后他不断地给《丛报》投稿,除第15卷、第16卷(1846—1847)没有他的文章外(当时他正在美国休假),其他各卷都有他的作品,特别是最后4卷(1848—1851)文章尤为密集,因为当时裨治文去上海参加《圣经》中文版的修订,卫三畏不仅接替了他的主编职位,还接替了他的主笔工作。

卫三畏在《丛报》上先后发表过三个专门系列的文章:(1)博物学(Notices of Natural History);(2)中国风土人情(Illustrations of Men and Things in China);(3)中国地志(Topography)。博物学系列开始于1838年第7卷,先后介绍了中国的各种动物资源:蝙蝠、松鼠、犀牛、骆驼、大象、麒麟、凤凰、龙、龟、马、驴、骡、蜂类(包含各种黄蜂和蜜蜂)、鸬鹚、狮、虎、豹,另外卫三畏还专门写了一篇名为《汉语中与动物有关的成语和谚语》的文章,讨论汉语表达中的动物形象。中国地志系列从第12卷开始,一直延续到第20卷,依次介绍了各省的位置、范围、人口、区划、河流、湖泊、平原、物产等,这些省份是:广东、贵州、云南、湖北、湖南、陕西、四川、河南。另外,在第13卷上还连载了卫三畏编写的中国各省、府、县名称及其经纬度表,后来这部分内容以《中国地志》(A Chinese Topography,1844)为名单独出版。中国风土人情系列从1840年第9卷开始连载,一直延续到第17卷,其内容不像博物学、中国地志系列那么单一,而是包罗万象,从烧石灰的方法到如何请人捎带书信,从刻印章到吸鸦片,从寺院的佛教传单到广东流行的打油诗,从军队的奖章到儿童的教育……不一而足,无所不谈。

在上述三个系列之外还有一类文章比较集中,那就是书评。卫三畏评论的范围很广,不仅有英文著作,也有法文和中文著作。1838年,郭实猎的《开放的中国》(China Opened)一书在伦敦出版,卫三畏及时给予了评论

---

① "List of the Articles in the Volumes of the Chinese Repository", *Chinese Repository*, Vol.20, pp.ix-liv;王树槐《卫三畏与〈中华丛刊〉》,载林治平主编《近代中国与基督教论文集》,台北:宇宙光出版社1981年版,第178—180页。

② Laurence G. Thompson, "American Sinology 1830-1920: A Bibliographical Survey", *Tsing Hua Journal of Chinese Studies*, Vol.2, No.2(1961), pp.246-247.

(1839年6月第8卷第2期)。《开放的中国》分为上下两卷,包括附录在内有1100页。全书共分27章,分别论述中国历史、疆域和政区演变、满蒙回藏等边疆地区与中央政府的关系、人口、自然特产、语言文学、传统文化、风俗习惯、宗教信仰、科技工艺、科举制度、中央政府、六部、理藩院、省级政府、各省地理等方方面面的情况,力图全面展现清代中国的社会状况,这从该书副标题也可以看出,其副标题为:中华帝国的地形、历史、行为习惯、艺术、物产、商业、文学、宗教、司法等。按理来讲,郭实猎这本著作应该质量不错,因为他曾多次不顾清政府禁令沿中国海岸航行,比活动范围只局限在广州、澳门的传教士的感官经验丰富得多,这也是为什么大部分人认为中国还是封闭的时候他已经感觉到了"开放"。另外他有很强的语言能力,会讲多种汉语方言。但郭实猎没有很好地利用这些有利条件,用卫三畏的形象说法就是:"菜的原料很好,但没有做得可口。"郭实猎的匆忙和草率使书中充满了许多表述不清和自相矛盾的地方,如第四章介绍中国的自然资源时,郭实猎说中国人几乎不吃牛肉,因为"许多中国人出于宗教的原因完全戒食牛肉,而且即使他们想要享受这种奢侈的食品,在中国也没有草地来牧养它们"。但就在这段话前面几行,郭实猎说:"一种体型较小的牛在中国很常见,它们被用来耕作农田。"还说:"在中国南方,水牛到处可见。"中国人食用牛肉的量可能不如欧洲人,但完全不吃牛肉的和尚、尼姑(他们其他肉也不吃)只占人口中极小的比例,至于说中国人不养牛则毫无根据,这从郭实猎本人前后矛盾的表述中已经能够看出。对于这一类"草率的推测、随意的表述",卫三畏一方面表示遗憾,另一方面也毫不客气地一一指出。卫三畏不否认郭著中有不少"可靠的信息",但认为要"鉴别哪些是玉,哪些是石"(to separate the gems from the stones)却绝非易事,他认为这样的书不应该出自郭实猎之手,也不是人们对他这样一位汉学家所给予的期望。① 郭实猎的问题可能在于出手太快,他一生出版的德文、英文、中文、日文、马来文著作有85种之多,另外还有一部英汉字典的手稿。② 他也是《丛报》的积极投稿者,文章数量仅次于裨治文、卫三畏、马礼逊、马儒翰,是《丛报》的五大台柱之一,在"著作等身"的同时难免粗制滥造。在《开放的中国》出版之前,全面介绍中国的英文著作只有一部——

---

① S. W. Williams,"Review of China Opened",*Chinese Repository*,Vol.8,pp.84-98.
② Alexander Wylie,*Memorials of Protestant Missionaries to the Chinese*,pp.56-66.

德庇时的《中国人：中华帝国及其居民概况》(*The Chinese: A General Description of the Empire of China and Its Inhabitants*, 1836)，它成为日后卫三畏写作《中国总论》时的重要参考和超越的目标(参见第四章)。

卫三畏不仅关注英文著作，也关注其他文字的汉学著作。法国作为汉学大国，在19世纪拥有最多的专业汉学家，他们的成果是众所瞩目的。卫三畏对他们在中国文学方面的成就尤为钦佩，在一篇评论元曲法文翻译的文章中他不无欣羡地说："法国汉学家在中国文学领域的工作是值得高度赞扬的，相比于他们，英美学者在同一领域所做的工作实在是太少了，我们尤其要知道，法国与中国的贸易以及法国来中国的人数，都比英美两国少得多。法国人这种对文学的关注在很大程度上应该归功于法国政府自路易十四以来的支持和培育，以及皇家图书馆丰富的中文藏书。在充满文化氛围的巴黎有那样的藏书，自然会使人们想去了解那些书中的内容，一些雄心勃勃的学者如傅尔蒙(Etienne Fourmont)、雷慕沙所树立的榜样鼓励着后来者，他们像前辈们一样投身研究，改正错误，在这个人们很少了解的领域不断前进。"①翻译中国文学对于汉学家来说是一个"尖端"领域，它首先要求翻译者对于汉语有精深的把握，而仅这一点就已经很难做到，法国学者能够迎难而上，在这样一个具有高难度的领域内大显身手，本身就说明了他们的汉学造诣高人一等。英美汉学家中只有德庇时在文学翻译上可以和法国人一较高低，当卫三畏写这篇评论文章时(1849)，德庇时的《三与楼》《老生儿》等小说、戏剧译本已经出版。卫三畏本人后来尝试过《东周列国志》的翻译(参见第四章)，在《丛报》上他发表的有代表性的文学翻译是《春园采茶词三十首》(第8卷第4期)。在第8卷第3期上他发表了一篇关于茶叶和茶叶种植的文章("Description of the Tea Plant")，介绍了中国各种茶叶的名称，其种植和烤制方法，以及国内消费和出口情况。为了使读者更清楚地了解茶叶种植和加工的情况，他特地将《春园采茶词三十首》翻译成了英文(附中文原文)，其中第四首是这样的：

双双相伴采茶枝，

---

① S. W. Williams, "Review of Theatre Chinois", *Chinese Repository*, Vol.18, p.113. 元曲的法文翻译可以追溯到马若瑟翻译的《赵氏孤儿》(收在1735年版杜赫德《中华帝国全志》中)，该译本成为伏尔泰《中国孤儿》一剧的蓝本，并对法国文学产生了很大的影响，详见孟华《伏尔泰与孔子》一书，新华出版社1993年版，第57页。

细语叮咛莫要迟，
既恐梢头芽欲老，
更防来日雨丝丝。

In social couples, each to aid her fellow, we seize the tea twigs,
And in low words urge one another, "Don't delay,
Lest on the topmost bough, the bud has even now grown old,
And lest with the morrow, come the drizzling, silky rain."

卫三畏在译文之前有一小段说明，告诉读者七言绝句的一些特点，并特别强调，在原诗中每一句的主要停顿是在第四、第五字之间，翻译则相应地以逗号来标示。同时他也说明，以诗译诗是非常难的，他在这里做的"只是将原文的意思表达出来"，而不是试图将其翻译成一首地道的英文诗歌。① 如果说小说、戏剧的翻译已经很难的话，那么诗歌的翻译则是难上加难，卫三畏敢于尝试，本身就勇气可嘉，同时也说明了他对于自己汉语能力的自信。他发表于《丛报》上的另外一篇重要翻译作品是《二十四孝故事》("Twenty-four Examples of Filial Duty")。卫三畏认为从这些故事中可以了解中国青少年成长的"道德和社会氛围"，进而可以了解整个中国人的性格特点及其形成的原因，因为孝顺作为中国人的一种重要的行为准则"符合精微的中国哲学原理"。②

卫三畏还评论了一些中文书籍，其中特别值得一提的是《瀛寰志略》，卫三畏对作者徐继畬给予了很高的评价，并希望中国学者能够沿着他的正确方向继续前进。卫三畏在书评中全文翻译了徐继畬的"前言"并摘要翻译了书中的很多段落，以此向读者展示这部重要著作的内容。当然，卫三畏在赞扬的同时也指出了书中的一些不足，如对各地物产、语言等没有给予介绍，同时在已有的内容上有一些知识性的错误，但瑕不掩瑜，卫三畏对这部著作的总体评价是："考虑到作者的教育背景和地位，这是一部丰碑式的著作，体现了作者的坦诚和学识。"③

---

① *Chinese Repository*, Vol.8, pp.195-204.
② *Chinese Repository*, Vol.6, p.130.
③ *Chinese Repository*, Vol.20, pp.174-192.

除上述四类文章以外,卫三畏还在《丛报》上发表了一些讨论中国农业、贸易、汉语拼音等内容的文章,相对比较零散,在本书相关的章节中均有征引和讨论,这里不一一介绍。

裨治文是《丛报》的创办人,也是主笔,特别是在创办初期作者队伍比较小的情况下,他的文章尤其密集。他早期的一些重要文章,如《广州、澳门的气候》("Climate of Canton and Macao")、《耶稣会士提到的中国犹太人》("Jews in China Mentioned by the Jesuits")、《中国的印刷以及汉语学习》("Presses in China, and Study of Chinese")、《唐代女皇武则天的生平业绩》("Life and Actions of Wu Tsihtien, Empress of the Tang dynasty")、《基督教在中国早期的传播》("Early Introduction of Christianity into China")等,从不同的角度为西方读者提供了各种有关中国的信息。裨治文后来虽然没有写出一部像德庇时《中国人》或卫三畏《中国总论》那样全面系统的著作,但他发表在《丛报》上的300多篇文章已经涉及中国的方方面面,它们汇总起来就是一本关于中国的小百科全书。裨治文被不少学者称为美国第一位汉学家,是很有道理的。① 随着时间的推移和中国的开放,《丛报》的作者队伍逐渐扩大,传教士之外,外交官、商人、旅行家、军事将领等也纷纷给《丛报》投稿。一位研究者指出,20年来《丛报》的"作者名单完全就是当时在华的英美汉学研究者的名单"。② 作为美国最早的汉学刊物,《丛报》也为英国学者提供了一个宝贵的学术空间,在这个空间里英美学者互相交流、讨论、切磋。《丛报》为英美汉学的互动提供了一个非常好的平台,它对于两国早期汉学的发展起到了极大的推动作用。

《丛报》第1卷、第2卷每期各印刷400册,第3卷增加到800册,第4卷后增加到1000册。这是一个不小的数量,因为当时西方著名的刊物如《北美评论》(North American Review)和《西敏寺评论》(Westminster Review)的印刷量大约在3000册。《丛报》采取销售和赠送结合的发行方式,读者对象主要是在中国、美国和欧洲的西方人士。以1836年为例,《丛报》在中

---

① 详见 Michael C. Lazich, *E. C. Bridgman 1801-1861, America's First Missionary to China*, pp. 88-89, 121; Susan Reed Stifler, "Elijah Coleman Bridgman: The First American Sinologist", *Notes on Far Eastern Studies in America*, No.10 (January 1942), pp.1-11.

② Roswell S. Britton, *The Chinese Periodical Press, 1800-1912*, Taipei: Ch'eng-wen Publishing Company, 1966, pp.28-29.

国的发行量是200册,美国154册,英国40册。① 但数字不能说明一切,因为《丛报》的赠送对象包括上述两家著名杂志在内的多家西方杂志,它们常常转载和引用《丛报》上的内容,如裨治文的系列文章《广州漫步》("Walks about Canton",第4卷1—12期)就曾转载在美部会在美国国内的杂志《传教先驱》(Missionary Herald)上,使许多没有看到《丛报》的人也同样能够了解鸦片战争前广州的情况。② 此外,一份杂志可能会被多人传看。卫三畏1834年的一封信能够很好地说明这一点,他在信中请求父亲"传阅送往尤蒂卡的《丛报》,让你手上的三份起到三十份的作用"。③

谭维理指出:"20卷的《中国丛报》不仅有价值极高的史料,而且还有在今天看来仍有参考价值的关于中国的研究论文。"④《丛报》的停刊,无论对于创办者、编辑者还是作者们来说都是一件遗憾的事情。停刊的原因有许多,从根本上来讲是美部会的不支持甚至反对。正如前文所说,《丛报》主要是一份汉学刊物,不是一份宗教刊物,美部会认为裨治文、卫三畏应该将时间和精力放在与传教直接相关的事情上。但《丛报》为什么又能够坚持20年呢?最主要的原因是《丛报》从经济上不依赖于美部会,它的资金一方面来自于销售所得,另外则来自于商人的资助,特别是奥立芬的大力资助。《丛报》第一年的费用由裨治文、马礼逊等组织的广州基督团契(The Christian Union at Canton)负责,1834年年初,奥立芬主动提出由他承担此后《丛报》的一切损失,⑤解除了裨治文和卫三畏的后顾之忧,也使他们能够一再顶住美国国内母会的压力将《丛报》坚持办下去。1840年5月10日,裨治文在给决策委员会秘书安德森的信中明确表示,《丛报》不依靠美部会的经费,也就不在美部会的管辖范围之内。⑥ 安德森对于传教工作

---

① *Chinese Repository*, Vol.5, p.160.

② 详见 Michael C. Lazich, *E. C. Bridgman 1801-1861, America's First Missionary to China*, pp. 129-130.

③ "S. W. Williams to Father, 23 Feb.1834", *Samuel Wells Williams Family Papers*, Series 4, Box 25.关于《丛报》印刷发行情况的详细论述,参阅 Elizabeth L Malcolm, "The Chinese Repository and Western Literature on China 1800-1850", *Modern Asian Studies*, Vol.7, No.2(1973), pp.171-172.

④ Laurence G. Thompson, "American Sinology 1830-1920: A Bibliographical Survey", *Tsing Hua Journal of Chinese Studies*, Vol.2, No.2(1961), pp.246-247.

⑤ Kenneth S. Latourette, *The History of Early Relations between the United States and China 1784-1844*, Yale University Press, 1917, p.92.

⑥ 该信的详细内容,参见苏精《上帝的人马:十九世纪在华传教士的作为》,香港:基督教中国宗教文化研究社2006年版,第21—22页。

的理解比较狭隘,在他看来只有宣讲福音、散发《圣经》和宗教小册子才是有意义的工作,所以他也反对伯驾开设医院,最终导致伯驾离开了美部会。① 1851年,奥立芬在回美国途中去世,使裨治文和卫三畏失去了坚强的经济后盾,成为《丛报》停刊的直接原因。《丛报》在前10年还可以依靠销售收入自给自足,但从1844年开始便逐年亏损,每年亏损300—400美元,最后一年(1851)只有300位订户,实在难以为继。② 裨治文的离去也使卫三畏越来越感到独木难支,1851年年底,卫三畏决定停刊,给美国最早的一份汉学刊物画上了句号。

在《丛报》创办之前,欧洲已经出版多种亚洲研究刊物,如伦敦的《皇家亚洲学会通讯》(Transactions of the Royal Asiatic Society),巴黎的《亚洲学刊》(Journal Asiatique),但正如它们的标题所显示的,它们是以"亚洲"作为研究对象,中国只是其内容的一部分。前文提到的《印支搜闻》虽然给中国以不小的篇幅,但南亚、东南亚的情况也是其关注的范围。《丛报》是西方第一份主要以中国为研究对象的刊物,它的出现不仅是对美国汉学,也是对整个西方汉学的一大贡献。

二、《教务杂志》

《丛报》创办后,主要的投稿者是传教士(特别是美国传教士),虽然人数很有限。鸦片战争后,大量的传教士来到中国后,投稿量反而减少了,马尔科姆(Elizabeth L. Malcolm)在分析这一现象时指出,一个重要的原因是传教士来自不同的差会,且分散在沿海各地,难以像以前人数较少且相对集中时那样同心协力。③ 确实,有时并非人多好办事,我们发现,《丛报》最后几期常常是由卫三畏一人包办大部分甚至全部文章,这样的情况当然难以持久,传教士投稿量的下降是构成《丛报》停刊的另一个原因。

19世纪60年代,随着第二次鸦片战争的结束,越来越多的新教传教士来到中国,同时他们也越来越强烈地感觉到互通信息的需要。1868年,

---

① 详见 Edward V. Gulick, *Peter Parker and the Opening of China*, Harvard University Press, 1973, pp.140-141.
② F. W. Williams, *The Life and Letters of Samuel Wells Williams*, p.178.
③ Elizabeth L. Malcolm, "Chinese Repository and Western Literature on China", *Modern Asian Studies*, Vol.7, No.2(1973), p.175.

美国传教士保灵(Stephen L. Baldwin)在福州创办了《教务杂志》(The Chinese Recorder and Missionary Journal),①不仅为传教士们交流信息提供了平台,也为汉学研究提供了空间。虽然《教务杂志》的编务人员不断变更,但主编在大部分时间内都是由美国人担任的。投稿者主要是英美籍的传教士汉学家,在这一点上《教务杂志》与《丛报》很相似,可以说是《丛报》的继续。

1868年,卫三畏离开美部会已经10年,但在很多人的心目中他仍然是传教士团体中的一员,最好的证明就是,卫三畏去世后,《教务杂志》上不仅发表长篇的悼念文章,而且刊登了他的大幅照片,并且发表了他本人生前所写的唯一一篇自传(1889年第20卷)。如果说多年以来卫三畏的传教士底色未变的话,那么他的汉学家地位则发生了比较大的变化,《丛报》时期的他还是一个汉学研究的新手,而现在随着《中国总论》《英华分韵撮要》等书的出版,他已经成长为这一领域的权威人物之一。卫三畏在《教务杂志》上发表的论文虽然不多(3篇),但每一篇都是颇有分量的。

在《印刷中文的活字》("Moving Types for Printing Chinese",1875年第6卷)一文中,卫三畏首先援引《格致镜原》《梦溪笔谈》等中文文献简要说明了中国活字印刷的历史,认为毕昇是值得赞扬和纪念的,因为他比德国人谷登堡(John Guttenberg)早450年就发明了活字印刷术,但他同时也指出,活字在中国的运用并不普遍(他提到康熙年间用铜活字印刷《古今图书集成》),雕版印刷一直是主流,这是符合历史事实的。中国印刷史专家张秀民先生指出:"活字本的数量仅及雕版书之百分之一二,与15世纪以来西洋印本几乎全部为活字印、李氏朝鲜活字本压倒雕版者均不同。"②正因为如此,近代西方人士在需要印刷中文时更乐于使用活字而不是雕版。在文章的后半部分,卫三畏详细介绍了近代以来西方人在中文木版印刷、石印,特别是金属活字印刷方面的尝试。他指出,法国工匠勒格朗(Marcellin Legrand)是最早用钢模成规模制作中文活字的西方人,1834年勒格朗在法国汉学家鲍狄埃(George Pauthier)的建议下开始投入这项工作,目的是为了印刷鲍狄埃翻译的《道德经》(最早的法文全译本,1838年出版);其后伦敦会传教士戴尔(Samuel Dyer)、德国人拜尔豪斯(A. Beyer-

---

① 1872年5月第4卷出版后停刊,1874年1月复刊,直到1941年,为双月刊,1912年第63卷后改名为 The Chinese Recorder。
② 张秀民著,韩琦增订《中国印刷史》,浙江古籍出版社2006年版,第630页。

haus)、美国长老会传教士柯理(R. Cole)和姜别利(William Gamble)先后尝试制作更经济、更美观的中文活字,他们的工作构成了中国近代印刷史的重要组成部分。卫三畏的这篇文章对研究这段历史具有重要的参考价值。

在《中国的女子教育》("Education of Woman in China",1880年第11卷)一文中,卫三畏介绍和摘译了《女诫》《女学》《女儿语》等女子读物,认为其中提出的标准虽然是很多妇女难以做到的,"但是将这些教导和榜样放在她们面前却十分有利于她们的进步"。① 卫三畏认为中国妇女的地位高于波斯和印度,体现了一种更为高度的文明。与波斯、印度等古代文明相比,中国文明更为显著的一点是它在数千年的发展中一直没有中断,对此卫三畏在《中国体制长存的原因》("The Perpetuity of Chinese Institutions",1882年第13卷)一文中进行了详细的分析,认为有三个主要因素:从地理环境上来看,中国西部的山脉和东边的海洋构成了天然的屏障,阻挡了外国军队的入侵,而山海之间的广大区域气候温和、土壤肥沃、物产丰富,完全可以自给自足;从制度的因素来看,中央集权有利于控制广大的国土,科举考试制度使社会各阶层处于流动状态,减少了贵族和地主形成地方割据势力的可能性,同时中国也没有西方国家那样强大的僧侣阶层来威胁皇权;从思想上看,儒家君臣父子的观念深入人心,有助于国家和社会的稳定。这些分析应该说是非常有道理的。

在《丛报》和《教务杂志》之间还有一份重要的汉学杂志值得一提,那就是《皇家亚洲文会北中国支会学报》(Journal of the North China Branch of the Royal Asiatic Society),1864年12月出版第1期,终刊于1948年第73期。英国皇家亚洲文会建立于1823年,总部在伦敦,其后在亚洲各地建立分会,1829年孟买分会建立,1845年斯里兰卡分会建立,1847年中国香港分会建立,首任会长是德庇时。② 北中国分会建立于1858年,首任会长是裨治文。该分会前身是1857年建立的"上海文理学会"(Shanghai Literary and Scientific Society),这是由裨治文、卫三畏等倡议发起的以研究中国和周边国家为目标的学术团体,学会建立后出版有《学报》(Journal of

---

① S. W. Williams, "Education of Woman in China", *The Chinese Recorder and Missionary Journal*, Vol.11(1880), p.53.

② Stuart Simmonds & Simon Digby, eds., *The Royal Asiatic Society: Its History and Treasures*, E. J. Brill, 1979, p.17.

Shanghai Literary and Scientific Society），这显然是为了继承《丛报》的事业。1861 年,裨治文去世后学会和学报都处于停顿状态,1864 年在巴夏礼（Harry Parkes）的努力下学会重整旗鼓,刊物也以新的面目出现。① 此后学会以及刊物的主导权一直在英国人手中,但美国人也积极地参与学会的活动并向会刊投稿,在英美学术一家这一点上,情况和《丛报》以及《教务杂志》是一样的。卫三畏曾多次应学会之邀做学术报告,②1859 年 10 月 25 日他做了题为《美国使团北京之行纪实》（"Narrative of the American Embassy to Peking"）的报告（后刊登在旧版第 3 期上）,该报告记叙了美国使团 1859 年第一次出使北京的全过程,具有重要的史料价值。后来卫三畏参加天津条约谈判以及出使北京的日记经卫斐列整理后也是通过学报首次与读者见面（新版第 42 期）,但那已经是卫三畏去世以后的事情了。③

---

① 在 1864 年 12 月新版（New Series）第 1 期之前旧版共出 4 期,出版时间分别为 1858 年 6 月,1859 年 5 月,1859 年 12 月,1860 年 9 月,参见 Henri Cordier, *A Catalogue of the Library of the North China Branch of the Royal Asiatic Society*, Shanghai, 1872, p.65. 另可参见王毅《皇家亚洲文会北中国支会研究》,上海书店出版社 2005 年版,第 82—84 页。

② 如 1858 年 10 月 26 日做关于日本的报告（Lecture on Japan）,1866 年 10 月 13 日做关于中国和琉球关系的报告（Political Intercourse between China and Lewchew）,1873 年 1 月 13 日做关于鸦片战争前中国情况的报告（Recollections of China prior to 1840）,参见 Henri Cordier, "A Classified Index to the Articles Printed in the Journal of the North China Branch of the Royal Asiatic Society from the Foundation of the Society to the 31st of December 1874", *Journal of the North China Branch of the Royal Asiatic Society*, New Series, No.9（1875）, pp.201-218.

③ 详见 S. W. Williams, "Narrative of the American Embassy to Peking", *Journal of the North China Branch of the Royal Asiatic Society*, No.3（December 1859）, pp.315-349; F. W. Williams, ed., "The Journal of Samuel Wells Williams", *Journal of the North China Branch of the Royal Asiatic Society*, New Series, No.42（1911）, pp.1-232.

附：卫三畏《中国丛报》汉学论文目录[①]

第二卷(1833年5月—1834年4月)

(1)《中国的度衡量》(Chinese Weights and Measures)

(2)《广州的进出口贸易》(Articles of Import and Export of Canton)

第三卷(1834年5月—1835年4月)

(3)《中国的博物学》(Natural History of China)

(4)《中国的农业概述》(Agriculture in China)

(5)《稻谷》(Rice)

(6)《竹子与棕榈之比较》(Description of the Bamboo and Palm)

(7)《中国人的饮食》(Diet of the Chinese)

(8)《中国的金属活字》(Chinese Metallic Types)

(9)《皮毛贸易》(The Fur Trade)

第四卷(1835年5月—1836年4月)

(10)《修补匠的工作》(The Tinker's Trade)

(11)《广州的行话》(Jargon Spoken at Canton)

第五卷(1836年5月—1837年4月)

(12)《中国的植物学》(Botany of China)

(13)《中国人使用的农具》(Agricultural Implements Used by the Chinese)

第六卷(1837年5月—1838年4月)

(14)《二十四孝故事》(Twenty-four Examples of Filial Duty)

(15)《中国人学习外语的字汇手册〈澳门番语全套〉和〈红毛买卖通用鬼话〉》(Chinese Vocabularies)

(16)《贞妇的故事》(Female Constancy)

第七卷(1838年5月—1839年4月)

[①] 卫三畏在《中国丛报》上共发表160篇文章，这里只列出有一定篇幅的汉学研究论文，其他篇幅较短以及与中国无关的文章不在此列出，全部文章的索引详见"List of the Articles in the Volumes of the Chinese Repository", *Chinese Repository*, Vol.20, pp.ix-liv.

第三章　汉学刊物

(17)《中国博物学(一)》(Notices of Natural History)

(18)《中国博物学(二)》(Notices of Natural History)

(19)《中国博物学(三)》(Notices of Natural History)

(20)《中国博物学(四)》(Notices of Natural History)

(21)《中国博物学(五)》(Notices of Natural History)

(22)《中国博物学(六)》(Notices of Natural History)

(23)《中国博物学(七)》(Notices of Natural History)

(24)《评汉语拼音方案》(Remarks on System of Chinese Orthography)

(25)《中国博物学(八)》(Notices of Natural History)

(26)《中国博物学(九)》(Notices of Natural History)

第八卷(1839年5月—1840年4月)

(27)《书评:〈开放的中国〉》(Review:China Opened)

(28)《茶叶和茶叶种植》(Description of the Tea Plant)

(29)《春园采茶词三十首》(Ballad on Picking Tea)

(30)《孝女复仇记》(Revenging of a Father's Death by a Daughter)

(31)《书评:〈从莫斯科到北京旅行记〉》(Review:Ysbrant Ides' *From Moscow Overland to Peking*)

(32)《以中国的风俗习惯说明〈圣经〉中的章句》(Illustrations of Scripture from the Manners and Customs of the Chinese)

第九卷(1840年5月—1840年12月)

(33)《给中国老年人的宴会》(Festivals Given to Old Men of China)

(34)《中国风土人情录(一)》(Illustrations of Men and Things in China)

(35)《中国风土人情录(二)》(Illustrations of Men and Things in China)

(36)《女学》(The Female Instructor)

(37)《中国风土人情录(三)》(Illustrations of Men and Things in China)

第十卷(1841年1月—12月)

(38)《中国风土人情录(四)》(Illustrations of Men and Things in China)

(39)《中国风土人情录(五)》(Illustrations of Men and Things in China)

(40)《中国风土人情录(六)》(Illustrations of Men and Things in China)

(41)《中国风土人情录(七)》(Illustrations of Men and Things in China)

(42)《中国风土人情录(八)》(Illustrations of Men and Things in China)

第十一卷(1842年1月—12月)

(43)《汉字新的注音方法》(New System of Orthography)

(44)《中国风土人情录(九)》(Illustrations of Men and Things in China)

(45)《孔子的生平简述》(Sketch of the Life of Confucius)

(46)《中国风土人情录(十)》(Illustrations of Men and Things in China)

第十三卷(1844年1月—12月)

(47)《中国各省、府、县名称及其经纬度(一)》(Provinces, Departments and Districts in China)

(48)《中国各省、府、县名称及其经纬度(二)》(Provinces, Departments and Districts in China)

(49)《中国各省、府、县名称及其经纬度(三)》(Provinces, Departments and Districts in China)

(50)《中国各省、府、县名称及其经纬度(四)》(Provinces, Departments and Districts in China)

(51)《中国各省、府、县名称及其经纬度(五)》(Provinces, Departments and Districts in China)

(52)《一幅"寿屏"》(Description of a Longevity Screen)

(53)《中国各省、府、县名称附录》(Appendix to the List of Provinces, Departments and Districts in China)

第十四卷(1845年1月—12月)

(54)《苗族简况》(Notices of the Miau Tsz)

(55)《论公平对待苗民》(Essay on the Justice of the Dealings with the Miau Tsz)

第十七卷(1848年1月—12月)

(56)《以中国的风俗习惯说明〈圣经〉中的章句》(Illustrations of Scripture from the Manners and Customs of the Chinese)

(57)《中国风土人情录(十一)》(Illustrations of Men and Things in China)

(58)《中国作家为培育道德所撰写的小故事(一)》(Anecdotes Given by Chinese Authors to Inculcate a Moral)

第十八卷(1849年1月—12月)

(59)《在华基督教差会》(Protestant Missions in China)

(60)《书评:〈中国大众教育史〉》(Review: *History of Instruction in Chi-*

(61)《关于"玄天上帝"的神话记载》(Mythological Account of Hiuentien Shangti)

(62)《书评:〈元剧选辑〉》(Review:Bazin's *Theatre Chinois*)

(63)《一中国牧师论安息日及〈易经〉中对它的记载》(Notice of a Sabbath in the Yih King)

(64)《中国作家为培育道德所撰写的小故事(二)》(Anecdotes Given by Chinese Authors to Inculcate a Moral)

(65)《广州入城问题》(Question of Entry into the City of Canton)

(66)《书评:〈从海南到广州陆路旅行记〉》(Review:*Trip from Hainan to Canton*)

(67)《书评:〈回忆雅裨理先生〉》(Review:*Memoir of the Rev. David Abeel*)

(68)《中国人的祖先崇拜》(The Worship of Ancestors among the Chinese)

(69)《商三官》(Revenge of Miss Shang Sankwan)

(70)《西方有关中国的著作书目(一)》(List of Works upon China)

(71)《中国的教会医院》(Missionary Hospitals in China)

(72)《贵州地志》(Topography of the Province of Kweichau)

(73)《澳门总督阿马拉尔被刺》(Assassination of Governor Amaral)

(74)《云南地志》(Topography of the Province Yunnan)

(75)《书评:〈满文资料选译〉》(Review:Meadows' *Translations from the Manchu*)

(76)《西方有关中国的著作书目(二)》(List of Works upon China)

第十九卷(1850年1月—12月)

(77)《湖北地志》(Topography of the Province of Hupeh)

(78)《湖南地志》(Topography of the Province of Hunan)

(79)《陕西地志》(Topography of the Province of Shensi)

(80)《中文活字印刷术》(Movable Metallic Types in Chinese)

(81)《黑龙江及库页岛情况介绍》(Notices of Sagalien River)

(82)《四川地志(一)》(Topography of the Province of Sz'chuen)

(83)《四川地志(二)》(Topography of the Province of Sz'chuen)

(84)《黄河水道及其地形》(Topography of the Yellow River)

(85)《广州及其附近的宝塔》(Pagodas in and near Canton)

(86)《〈新约〉与〈旧约〉中文版》(Chinese Version of the Old and New Testaments)

第二十卷(1851年1月—8月)

(87)《书评:〈西伯利亚旅行记〉》(Review: Erman's *Travels in Siberia*)

(88)《耆英对基督教真理的承认》(Kiying's Testimony to Christianity)

(89)《中华帝国边陲地区地志》(Topography of Extra-provincial China)

(90)《广州附近的一所清真寺兼回教徒墓地》(Mohammedan Mosque near Canton)

(91)《珠江河道介绍》(Course of the Pearl River)

(92)《珠江河道介绍(续)》(Course of the Pearl River)

(93)《书评:徐继畲〈瀛寰志略〉》(Review: *Universal Geography* of Su Ki-yu)

(94)《有关〈圣经〉中译本的文件》(Proceedings Relating to the Chinese Version of the Bible)

(95)《中国的纸币》(Paper Money among the Chinese)

(96)《长白山介绍》(The Long White Mountains)

(97)《书评:〈榕园全集〉》(Review: *Complete Collection of the Garden of Banians*)

(98)《伦敦会教士到开封府观察犹太教徒集会所获的见闻》(A Narrative of a Mission of Inquiry to the Jewish Synagogue at Kaifung fu)

(99)《在华新教传教士名单》(List of Protestant Missionaries to the Chinese)

(100)《河南省地志》(Topography of Honan)

第四章
《中国总论》

一、演讲与写作

1844年,卫三畏作为传教士印刷工已经在中国工作了11年,按照规定,每10年可以休假一次,而父亲每况愈下的身体状况更增加了他回国的愿望,可是资金紧张的美部会却无法支付他回程的费用,于是卫三畏只有耐心等待。机会突然来到,这是由美国商人纳尔(Gideon Nye)慷慨提供的,他建议卫三畏陪伴他经由埃及和欧洲回国,但后来他本人由于业务的羁绊直到卫三畏到达美国后才离开广州。纳尔与卫三畏一样,都是1833年来到中国的,早已是关系很好的朋友。为了表示对纳尔的感谢,卫三畏将1848年出版的《中国总论》献给了他。①

1844年11月,卫三畏独自踏上了归国的旅途。这次回国从私人的角度是为了省亲,而从工作的角度则是为印刷所购买新的中文活字筹措经费。1842年以前,由于清政府的限制,美部会的中文印刷工作主要在新加坡进行,广州的印刷所只是做一些零星的工作,鸦片战争后的新形势为扩大中文印刷规模提供了可能。广州印刷所现有的一套活字是西方人制作的最早的一套中文活字,是应东印度公司的要求于1814年开始制作的,目的是为了印刷马礼逊的《华英字典》,该字典也就成为"西人用中文活字印的第一部印本"。② 1834年,东印度公司解体、马礼逊去世后,这套活字开

---

① Gideon Nye, *The Morning of My Life in China 1833-1939*, Canton, 1873, p.36;卫三畏的献词如下:"To Gideon Nye, Jr., of Canton, China; a testimonial of the respect and friendship of the author."

② 张秀民著,韩琦增订《中国印刷史》,浙江古籍出版社2006年版,第445页;S. W. Williams, *The Middle Kingdom* (1848), Vol.2, p.360.

始由卫三畏掌管使用。1842年,英国当局将这些活字正式赠予了卫三畏。

这套活字共有两套,一套字体较大,装在六十个字盘中;另一套字体较小,装在十六个字盘中。此外,还有几百个手写体和草体的铅字。字体较大的一套每个活字一英寸见方,在制成时包括了所有的汉字,共计约四万六千个,其中有一些是重复的,共有两万两千个不同的汉字。由于一些常用字有好几个备用活字,所以这套活字的总数达到了七万多个。①

这7万多个活字是由英国工匠托马斯(P. P. Thomas)手工制作而成的,也就是说,先把字写在金属块光滑的一端,然后用凿子雕凿出来,所用的方法与中国原有的方法无异,但这显然不能满足时代的需要,马礼逊早在19世纪20年代就呼吁西方人研制用机器来铸造活字。② 作为生活在中国的印刷工,卫三畏对这方面的信息当然非常关注。1835年3月,他在《中国丛报》上摘抄了来自巴黎的一份说明书,其中包含如下信息:巴黎的技术专家勒格朗在汉学家鲍狄埃的建议下承担了钢模的制作,并已经完成了2000个活字,都是最常用的汉字。《中国丛报》最早刊登有关中文活字的消息是在第1卷第10期(1833年2月),其中伦敦会传教士戴尔在一篇文章中论述了以往制作中文活字的弊端和自己改进的建议。③ 戴尔从1827年就开始注意研究中文活字,1843年去世前已经刻成大字模1845个,以及一部分小字模。与戴尔同时在研制大字模的还有在柏林的拜尔豪斯,其制作方法和勒格朗的相同。④

卫三畏一直希望得到一套拜尔豪斯的"柏林字",同时东印度公司那7万多个活字在使用的过程中由于各种原因遗失了很多,急需增补,特别是字体较小的一套,由于字数少而使用率高,增补量尤其多。但是美部会一方面由于资金不足,另一方面也是对印刷工作不够重视,始终不能给予帮

---

① S. W. Williams, "Moving Types for Printing Chinese", *The Chinese Recorder and Missionary Journal*, Vol.6(1875), p.26; F. W. Williams, *The Life and Letters of Samuel Wells Williams*, p.244.

② Robert Morrison, *The Chinese Miscellany*, London, 1825, p.52;其制作方法是"用雕刻钢模,来冲制字模,再作成活字,用于印刷",参见张秀民著,韩琦增订《中国印刷史》,第630页。

③ *Chinese Repository*, Vol.1, pp.414-422; *Chinese Repository*, Vol.3, pp.529-530.

④ S. W. Williams, *The Middle Kingdom*(1848), Vol.1, pp.480-481;张秀民著,韩琦增订《中国印刷史》,第456页。

助。为了完成这一计划,卫三畏一到纽约就谋求长老会的支持,后者决定资助1000美元,而在卫三畏到达纽约之前,他的姑妈通过积极的活动已经在家乡父老中筹集到了600美元,但资金还是有所短缺。于是,卫三畏决定在家乡及其附近地区发表一系列演讲,内容是关于中国的社会生活、历史和社会制度。此时鸦片战争刚刚打开中国的大门,这激起了有识之士对中国的浓厚兴趣,加上卫三畏对中国的情况甚为了解,因此他的演讲受到了很大的欢迎,但每场演讲的收入并不多,唯一的办法是增加次数和去更多的地方。1845—1846年,卫三畏一共演讲了100多场,演讲地点也从家乡扩展到纽约州和俄亥俄州的其他一些重要城镇。①

在卫三畏之前,伯驾也曾利用回国休假的机会进行讲演,同样非常成功。但伯驾没有通过演讲来获取收入的压力,场次很少,时间也短。卫三畏则不得不承受重复演讲的疲倦和四处奔波的劳累。尽管如此,演讲的过程却使他多年积累起来的有关中国的知识系统化了。1846年,卫三畏决定将演讲内容付诸文字,为此他来到纽约,除了偶尔外出发表一些演讲外,他一直专心写作,直到全书完成。这本脱胎于卫三畏演讲稿的著作就是《中国总论》(The Middle Kingdom)。一开始,纽约几乎没有出版商愿意接受它,经过一番周折,最后由威利和帕特南公司(Wiley & Putnam)印刷出版。

《中国总论》分上下两卷,长达1200多页(上卷590页,下卷614页)。全书分23章,比较全面地介绍了中国的政治、经济、文化和社会状况。这23个章节是:(1)地理区划与特征;(2)东部行省;(3)西部行省;(4)边疆地区;(5)人口;(6)自然资源;(7)法律与政府机构;(8)司法;(9)教育与科举;(10)语言结构;(11)经学;(12)史学与文学;(13)建筑、服饰、饮食;(14)社会生活;(15)工艺;(16)科技;(17)编年史;(18)宗教;(19)基督教在华传播史;(20)商业;(21)中外交通史;(22)中英鸦片战争;(23)战争的发展与中国的开放。不难看出,《中国总论》几乎涵盖了中国社会与历史文化的所有重要方面,将其书名定为"总论",是很贴切的。

第一章《地理区划与特征》介绍了中国的位置、疆界、山川河流的分布

---

① F. W. Williams, *The Life and Letters of Samuel Wells Williams*, pp.146-147.

以及中国的五大民族。① 作者指出，China 是外国人对中国的称呼，其名称的由来是灭六国而统一中国的"秦"，中国人对自己国家的称呼是"天下""四海"或"中国"（Middle Kingdom），这也是他为什么选择后者作为题目的原因。作者在这一章还提到了中国的一些宏大工程，认为它们是"无与伦比的"，特别是长城和大运河。② 在以下三章中作者介绍了清朝的 18 个行省和边疆地区（满洲、蒙古、伊犁、西藏）。在所有这些行政区中最重要的无疑是直隶，因为北京位于这个行省之内，作者对这个首善之区给予了详细的介绍，特别是紫禁城和其他皇家建筑更是作者描绘的重点，并附有一幅详尽的地图。南京作为旧都也得到了详细的介绍，作者对著名的大报恩寺琉璃塔很感兴趣，做了这样的描绘：

> 它比中国其他类似的建筑都更知名，它保存完整，用最好的瓷器建造，外形美观，内部用大量的金箔装饰。它是八角形的，分九层，底层周边长 120 英尺，往上则逐层递减。塔基是用砖砌成的，10 英尺高，由 12 级台阶连接到地面，从塔基到塔顶需要使用螺旋式的楼梯，共 190 级。整座塔（连塔基）共 261 英尺，用砖构造，外层则用各色瓷片镶嵌，主要是绿色、红色、黄色和白色的瓷片。每一层都有飞檐，上面覆盖绿瓦，角上挂有铃铛。塔身内部的壁龛中放置了很多镀金的雕像，显得过于炫丽。整座建筑完成于 1430 年，花费了 19 年的时间。③

这座塔是永乐皇帝为报答母后大恩而建造的，到他的儿子即位后才完工。南京之外江南最重要的城市是有"人间天堂"之称的苏州和杭州，刚刚开放的上海还只是一个小镇，"与江苏省的其他城镇相比建筑简陋，房子基本上都是砖瓦结构，街道很狭窄，白天挤满了人"。广州和澳门是作者生活多年的城市，当然不会略过，特别是对自己居住的夷馆给予了详细的描

---

① 下文关于《中国总论》1848 年和 1883 年版本的评述，参考了多篇西文书评，主要有："The Middle Kingdom", *The United States Magazine and Democratic Review*, Vol.22, No.118 (1848); "The Middle Kingdom", *Christian Review*, Vol.13, No.50 (1848); "Review of The Middle Kingdom", *New Englander*, Vol.7, No.26 (1849); "China", *The Dial*, Vol.4, No 43 (1883); "Review of The Middle Kingdom", *The China Review*, Vol.12 (July 1883-June 1884); E. Wentworth, "Williams's Middle Kingdom", *Methodist Quarterly Review*, Vol.66 (1884).

② S. W. Williams, *The Middle Kingdom* (1848), Vol.1, pp.25-27.

③ S. W. Williams, *The Middle Kingdom* (1848), Vol.1, pp.82-83.

述。香港在成为英国的租界地后大兴土木,人口也大量增加,作者估计1845年6月已经达到2.5万人。①

为了给美国读者一个关于中国的更清晰的地理概念,卫三畏还特地请纽约的一位绘图师阿特武德(J. M. Atwood)雕刻了一副《中国全图》(Map of the Chinese Empire),这幅地图折叠后附在《中国总论》的第一卷中。能够随书附上一幅精确的地图是卫三畏的夙愿,而在当时要实现这个愿望绝非易事,因为虽然已经五口通商(五座城市的小地图放在大地图的四角),但中国的大部分国土都还处在外国人的足迹之外。地图的绘制参考了当时可以找到的各种中国地图,包括早年天主教传教士参与绘制的《皇舆全览图》和英国海军的作战地图。卫三畏的这幅地图被后来很多地图册收入,成为很长一段时间内标准的中国地图。

关于中国的人口,虽然不少西方人士对中国政府的统计表示怀疑,但卫三畏认为在无法进一步确证的情况下应该以清政府的21次人口统计为准,特别是1711年、1753年、1792年、1812年4次的统计数字可信度尤其高,根据1812年的统计,中国的人口是362467183人。② 中国的自然资源一直是卫三畏关心的课题,在《总论》第6章中他用简明扼要的语言说明了中国的矿物、动物、植物资源。在接下来的第7、第8两章中卫三畏全面介绍了以清朝为中心的中国的司法和行政管理体制。《大清律例》在作者看来是一部颇为完备的法典,而清政府的各大行政部门也能做到分工明确,各司其职。他一一介绍了13个重要部门:内阁、军机处、吏部、户部、礼部、兵部、刑部、工部、理藩院、督察院、通政司、大理寺、翰林院。另外,对光禄寺和钦天监也做了简单的描述。在介绍完了中央政府之后,作者将话题转向地方政府。卫三畏首先解释了总督和巡抚的差别和关系,这确实是一个让外国人不太容易搞清楚的问题,接着一一介绍了督抚之下的各级官员。从总体上说,作者认为清朝的地方管理是令人羡慕的,因为200多年来一直比较太平。当然乡绅和族长在中国的地方管理(特别是农村基层管理)上的作用是不容忽视的,对此作者也给予了一定篇幅的介绍。在清朝的官员中,外国人比较熟悉的除林则徐外,就是耆英了。耆英是《望厦条约》谈判时的中方代表,卫三畏与他有过直接的接触,另外耆英在解除清政府关

---

① S. W. Williams, *The Middle Kingdom* (1848), Vol.1, pp.88,137,142.
② S. W. Williams, *The Middle Kingdom* (1848), Vol.1, p.209.

于基督教的禁令上起过重要的作用,卫三畏在《中国总论》中放入了他的一幅画像。

卫三畏对作为中国古代思想文化核心的孔子学说是这样进行评述的:"孔子哲学最大的特点是对尊长的服从,以及温和正直地和同辈人交往。他的哲学要求人们在现实世界中,而不是从一个看不见的神灵那里,寻找约束力,而君主也只需要在非常有限的范围内服从一个更高的裁判。从子女对父母的责任、荣誉和服从出发,孔子进而向人们灌输妻子对丈夫、臣民对君主、大臣对国王的责任,以及其他社会责任。孔子认为,政治的清白必须建立在个人正直的基础上,在他看来所有进步的开始都蕴藏在'认识你自己'之中。毋庸置疑,他的许多思想是值得赞扬的。就是与希腊和罗马圣人的学说相比,他的作品也毫不逊色,并在两个方面大大超出:一是其哲学被广泛应用于他所生活的社会,二是其哲学突出的实用性质。"① 这段论述十分准确也很精辟,抓住了以"礼"和"仁"为核心的孔子思想的精髓。确实,与同时代的西方思想家相比,孔子学说的"实践理性"色彩十分明显,它的最大特点,正如李泽厚先生所总结的那样,"不是用某种神秘的热狂而是用冷静的、现实的、合理的态度来解说和对待事物和传统",它是一种"理性精神或理性态度"。② 对此,卫三畏也有深刻的认识。不仅如此,卫三畏还注意到这样一个事实:孔子学说对中华民族的文化、心理结构产生了深刻而持久的影响力,而这种影响力在其他民族文化中是很难找到的。卫三畏将这种现象归结为中国人对教育的重视:"中国伟大的立言者对其同胞的良好影响要远远超过西方的圣人们,如柏拉图、塞内加、亚里士多德。直到今天仍是这样。……对全民进行教育的重要性在孔子之前就得到承认,并且得到很好的实行,而在同一时期其他国家还没有这样的制度。……《礼记》中写道:'古之教者,家有塾,党有庠,术有序,国有学。'就我所知,这比同时代的犹太人、波斯人、叙利亚人都要优越得多。"③这是完全符合历史事实的。如果从汉武帝元朔年间中国建立最早的学校算起,中国的教育至少有长达两千年的历史,而在这两千年中,以孔子思想为核心的儒家经典一直是古代中国教育最重要的内容。出于同样的原因,经学也

---

① S. W. Williams, *The Middle Kingdom* (1848), Vol.1, p.530.
② 李泽厚《中国思想史论》(上),安徽文艺出版社1991年版,第34页。
③ S. W. Williams, *The Middle Kingdom* (1848), Vol.1, p.421.

一直是古代中国学术的中心,对此卫三畏在书中给予了详细的论述。此外,作者用同样的篇幅对中国学术文化的其他三大门类——史学、诸子学、文学——也给予了介绍。在史学家中,除了司马迁和司马光外,还特别提到了马端临和他的《文献通考》,认为"一个国家能够拥有这样的著作,真让人刮目相看"。① 在诸子百家中,作者对李时珍的《本草纲目》特别关注,在前文讨论自然资源的第6章中曾多有引证。在文学方面,作者介绍了中国的诗歌、戏剧和小说,特别摘抄了李白杯酒戏权贵的故事以及《三国演义》中王允巧施美人计的段落,以增加阅读的趣味。另外,他还翻译了《聊斋志异》中的《种梨》和《骂鸭》两则故事,成为西方语言中关于《聊斋》故事最早的完整介绍。② 值得一提的是,卫三畏后来曾着手将《东周列国志》翻译成英文,从手稿看共完成了19回,③其中第1、第2回发表在1880年1月的《新英格兰人》(*New Englander*)杂志上。作者选择翻译这部作品是因为"历史小说"的翻译在西方几乎还是"一个不为人所知的领域",④确实,自17世纪以来,中国文学被翻译成西方文字的主要是戏剧、诗歌和才子佳人小说。19世纪早期英、法的一些汉学家,如德庇时、雷慕沙、儒莲(Stanislas Julien)、巴赞(Antoine Bazin)等把翻译的重点放在了元杂剧上。

对于自己钻研多年、颇有心得的汉语,卫三畏的介绍显得言简意赅、深入浅出。在第10章对汉语的介绍中,卫三畏提到了一位美国学者杜彭寿(Peter S. Du Ponceau)。杜彭寿在1836年写了一篇关于汉语的文章,首次使用词素文字(lexigraphic,一个字代表一个词)来描述汉语的特征,以区别于字母(alphabetic)文字,另外他认为汉语也是一种音节(syllabic)文字,因为每一个汉字都代表一个音节。⑤ 他的这些观点得到了欧洲学者的认可。另外杜氏还指出,中国文字不是一般人认为的象形文字,对此卫三畏也表

---

① S. W. Williams, *The Middle Kingdom* (1848), Vol.1, p.549.
② 详见程章灿《也说〈聊斋志异〉"被洋人盗用"》,载《中华读书报》2003年9月24日。关于卫三畏对中国文学的论述,详见张宏生《卫三畏与美国汉学的起源》,载《中华文史论丛》第八十辑,第68—73页。
③ "Lieh Kwoh Chi", Samuel Wells Williams Family Papers, Series 2, Box 13.《东周列国志》共108回,以《周宣王闻谣轻杀,杜大夫化厉鸣冤》始,以《兼六国混一舆图,号始皇建立郡县》终。
④ S. W. Williams, "A Chinese Historical Novel", *New Englander*, Jan.1880, p.30.
⑤ "Letter from Peter S. Du Ponceau to John Vaughan, Esq. on the Nature and Character of the Chinese System of Writing", *Transactions of the Historical and Literary Committee of the American Philosophical Society*, Vol.2(1838), p.36.

示赞同,因为象形只是"六书"之一。杜氏从来没有来过中国,也从不认为自己是汉学家,他只是通过阅读马礼逊、雷慕沙等人的著作获得了一些关于汉语的知识,但作为语言哲学家,他利用自己丰富的普通语言学和比较语言学知识来研究汉语,得出了颇为独到的见解。杜氏是美国最早研究东方语言的学者,早于来华的传教士,但也是19世纪唯一一位依靠书本来研究汉语的学者。① 在结束本章之前,卫三畏告诉读者,汉语并不像想象的那么难学:"从上面的论述中我们可以看出,只有经过多年的练习,才能熟悉数量众多的汉字,清楚地发出那些区别细微而且短促的单音节,写一手清晰优雅的文章。这对于希腊语、拉丁语、英语以及其他已经定型的语言来说是一样的,都需要付出辛苦的劳动。学习汉语只是需要花费更多的时间来记忆汉字而已。"②

在下卷的一开始,卫三畏介绍了中国的建筑、服饰、饮食以及社会生活的其他方面。在其后的第15、第16两章中,介绍了中国在工艺和科技方面的成就。对于中国历史的叙述被放在了第17章,而且也比较简短,这是值得关注的。我们知道,明清之际的来华传教士是特别关注中国历史的,因为它和《圣经》的历史年代之间存在冲突,如果不把中国的历史记录纳入《圣经》的框架之内,则存在着颠覆圣经历史的危险。这一问题到19世纪已经不那么重要,同样,关于汉语是否是"巴别塔"建造之前就存在的古老语言的问题也无人再提及,③19世纪的汉学家感兴趣的不再是寻找汉语的普世性,而是汉语的词汇和语法。西方的汉学研究已经显示出从想象、"索隐"、抽象走向具体、实证的态势。在第18、第19两章中,卫三畏介绍了中国的宗教和基督教在华传播史。卫三畏对天主教和新教传教士的代表人物利玛窦和马礼逊做了这样有趣的对比:

前者希望建立一个教派,因此竭尽全力吸引权贵、学者、富人的注意和赢得他们的好感,他的礼拜堂向所有人开放,但争取的重点是上述那些阶层的人和由他们所带来的人。当他去世时,他来华已经30

---

① John Pickering, "Peter S. Du Ponceau L. L. D.", *Journal of the American Oriental Society*, Vol. 1(1843-1844), pp.161-173.

② S. W. Williams, *The Middle Kingdom* (1848), Vol.1, p.498.

③ 关于19世纪前西方学者对汉语的"普世性"研究,可参看 James Knowlson, *Universal Language Schemes in England and France 1600-1800*, University of Toronto Press, 1975.

第四章 《中国总论》

年,这时为天主教信徒所建立的教堂已经出现在中国东部的许多省城和大城市当中,信徒也已经有数千人。当马礼逊出发时,董事们给了他这样的指示:"我们相信你能够继续留在广州而不致遭到反对,一直住下去直到完全学会汉语。然后你可转到另一个方向使用你的汉语知识做一些广泛有益的事情:一是你可以编写一部中文字典,要超过以前任何这类字典;二是你可把《圣经》翻译成中文,以使世界三分之一的人口能够直接阅读中文《圣经》。"交到这个人手中的事业只是整个计划的一部分,它不应该只停留在达到上述的目标,这是计划的设计者和执行者一致的看法。他们知道教化中国人需要做大量的准备工作,上文提到的两项工作只是最重要的。此外,马礼逊来到时中国还是一个封闭的国家,他不可能强行进入这个国家,即使他采用利玛窦的方法,也未必能获得最终的成功。如果没有东印度公司的保护,我们怀疑他是否能在那里继续生活下去。虽然他工作努力,信仰坚定,而且不断祈祷,但终其一生他只发展了三四个信徒,没有教堂、学校和聚集的会众。①

新教的第一座教堂是在马礼逊去世一年后(1835)建立的,此后,新教的发展速度仍然很慢,直到鸦片战争后才得以改观。卫三畏在《中国总论》的最后四章对于鸦片战争前中外交通的状况以及由于鸦片贸易所带来的中英战争进行了详细的描绘。

在早期来华的传教士当中,除了马礼逊之外,卫三畏最尊敬的一位是雅裨理。雅氏1804年6月12日生于新泽西州的新布伦斯威克(New Brunswick),1829年受美国海员之友协会(American Seamen's Friend Society)的派遣前往中国,1830年2月25日与美部会第一位来华传教士裨治文同船抵达广州。他一开始的主要工作是向在广州的美国海员布道,1830年12月转入美部会,并前往东南亚,在当地的华人中传教,后因身体欠佳不得不于1833年5月返回美国。1839年,他再次来到中国,其后数年间一直被疾病困扰,1844年回美国,1846年9月4日去世。② 为了纪念这

---

① S. W. Williams, *The Middle Kingdom* (1848), Vol.2, pp.330-331.
② Alexander Wylie, *Memorials of Protestant Missionaries to the Chinese*, pp.72-75. 关于雅裨理一生的活动,可参阅 David Abeel, *Journal of a Residence in China and the Neighboring Countries*, second edition, New York: J. Abeel Williamson, 1836; G. R. Williamson, *Memoir of the Rev. David Abeel*, New York: Robert Carter, 1848.

位同行,卫三畏将他的一幅画像放进了《中国总论》的下卷之中。另外值得一提的是,雅裨理是鸦片战争后最早前往厦门的传教士之一,并与徐继畬有过交往。徐继畬为了撰写《瀛寰志略》,不仅查考中文典籍和当时的各种有关资料,还虚心地向西方人请教,其中雅裨理对他的帮助最大,他在《瀛寰志略·自序》中说:"道光癸卯,因公驻厦门,晤米利坚人雅裨理,西国多闻之士也。能做闽语,携有地图册子,绘刻极细。苦不识其字,因钩摹十余幅,就雅裨理询译之,粗知各国之名。"①《瀛寰志略》出版于1848年,与《中国总论》正好同一年,前者是中国人对西方的研究,而后者是西方人对中国的研究,这两部重要著作的出现,无疑大大加深了中西之间的互相理解。

  从共时性的角度来看,卫三畏力求全面地介绍中国的方方面面,正如一位评论者所说:"这部著作是关于中国最详细完整的论述,包含了一个人想知道的所有内容。"②从历时性的角度来看,卫三畏则注意到古今结合。最后的几章基本是谈当下的问题,前面的章节也常常在介绍完历史后转入对现状的描述。比如在介绍中国的文学时,作者不仅介绍了李白和苏轼的诗,也引用了一位姓马的病人在接受白内障手术后所写的一首诗,诗中表达了自己重获光明的喜悦和对来自"花旗国"的伯驾大夫的赞美。伯驾的眼科医院是早期新教在华最成功的事业之一。

  卫三畏能够在短短两年内写出这样大部头的著作,原因是多方面的。首先,他在中国已经生活了10多年,特别是经历了鸦片战争前后中国的深刻变化,具有丰富的感性认识。此外,他利用工作之余的时间不断地研究汉语和中国社会文化,积累了越来越多的理性认识。在耶鲁大学所藏卫三畏档案中,有一份书单,记录了这样一些书籍:《周易详注》《易图说》《书经体注》《九州山水考》《毛诗正义》《诗地理考》《毛诗鸟兽草木考》《周礼详解》《礼记集说》《春秋左传杜林详注》《孝经正义》《七经精义》《四书撮言》《孔子家语》《史记》《国语》《十七史详节》《纲鉴易知录》《大清一统志》《文献通考》《大清律例》《驳案新编》《百僚金鉴》《武备志》《性理大全》《朱子读书法》《农政全书》《本草纲目》《新法算书》《钦定协纪》《卜法详

---

 ① 徐继畬著,宋大川校注《瀛寰志略校注》,文物出版社2007年版,第9页。徐继畬1868年为丁韪良所著《格物入门》一书作序时再次提到雅裨理对他的帮助,详见李志刚《基督教与近代中国文化论文集(二)》,台北:宇宙光出版社1993年版,第70页。

 ② *Christian Review*, Vol.13, No.50(June 1848),p.271.

第四章 《中国总论》

考》《乐典》《舞志》《琴谱大全》《康熙字典》《御定佩文韵府》《山海经广注》《御定全唐诗》《历代诗话》《酒边词》《山中白云词》《古文分编》《列国》《三国志》《说唐》《今古奇观》《聊斋》《西厢》《致富奇书》《智囊》《搜神记》《朱子家训》《风俗通义》《饮食须知》《茶经》《北山酒经》《芥子园》《朝野佥载》《铭心宝鉴》《谈征》《故事寻源》《尔雅》《十才子》《成语考注》《大清会典》《瀛寰志略》《三字经》《千字文》《状元幼学诗》《道德真经注》《释氏稽古略》《神仙传》《庄子解》《耕织图诗》。① 这些应该只是卫三畏看过或者查阅过的中文书籍的一部分。除了中文书籍,他阅读和参考的西文书籍也为数不少,这从《中国总论》的注释中可以窥见一斑。从早期的安文思(Gabriel de Magalhaes)、李明(Louis Le Comte)、宋君荣(Antoine Gaubil)到当代的马礼逊、米怜、麦都思、德庇时都在他的引用范围之内,另外,19世纪法国专业汉学家克拉普洛特、雷慕沙、儒莲、毕瓯(Edouard C. Biot)等人的著作也是他的重要参考资料。从 18 世纪以来,法国一直是西方的汉学大国,卫三畏对法国学者的成果一向非常关注。在回美国途中他路过巴黎,在那里买了不少相关的法文书籍,在卫三畏的档案中有一份购书清单,其中包括雷慕沙的《新亚细亚论集》(*Nouveaux mélanges asiatiques*)、《东方历史与文学遗稿》(*Mélanges posthumes d'histoire et de littérature orientales*),儒莲翻译的《孟子》(*Meng Tseu*)、《赵氏孤儿》(*L'orphelin de la Chine*)、《白蛇传》(*Blanche et Bleue*),巴赞翻译的《琵琶记》(*Histoire du luth*)等书。② 这些对于他理解中国文化特别是中国文学显然是大有助益的。从数量上看,卫三畏引用《中国丛报》上的文章是最多的,这不难理解,他负责《中国丛报》的印刷和部分编辑工作,对其中的内容最为熟悉,而且他本人在上面也发表过大量的文章。1848 年《中国总论》出版之前,卫三畏已经在《中国丛报》上发表过 50 多篇文章,内容涉及中国的贸易、农业、地理、自然资源、科学技术、风土人情、语言文学等多个方面(详见第三章附录)。这些文章都为他写作《中国总论》的相关部分打下了扎实的基础,也使他在短期内完成《中国总论》成为可能。

《中国总论》的出版为卫三畏赢得了不小的学术声誉,1848 年夏天,协

---

① Samuel Wells Williams Family Papers, Series 4, Box 26.
② Samuel Wells Williams Family Papers, Series 2, Box 14.

和学院(Union College)授予他荣誉法学博士学位。①

二、国内与国际

早在独立战争之前就有一些美国人表现出了对中国的兴趣,最著名的莫过于杰出的学者和政治家富兰克林了。他对于中国的热情虽然比不上法国的伏尔泰(Voltaire)和德国的莱布尼茨,但很赞赏中国的道德哲学、政府管理和农业技术。与18世纪的许多美国人一样,富兰克林关于中国的知识完全来自书本,来自欧洲人的著作。从《马可·波罗游记》《利玛窦中国札记》到安森(George Anson)的《环球旅行记》,从柏应理(Philippe Couplet)的《中国哲学家孔夫子》到杜哈德(Du Halde)的《中华帝国全志》,欧洲进口的各类著作长期以来成为美国人了解中国的唯一信息来源。18世纪末,中美直接贸易关系建立后,美国商人开始把他们在中国的所见所闻记录下来,美国人终于有了自己的信息来源。美国出版的最早一部关于中国的著作出自范罢览(Andrew E. van Braam)之手。范氏出生于荷兰,1758年被荷兰东印度公司派往中国,在澳门和广州先后工作了15年,他早在1777年就表现出对新大陆的兴趣,1783年英美签订《巴黎和约》宣告美国正式独立后,他移居到美国并于次年成为美国公民。此后他又重新效力于荷兰东印度公司,在广州出任代理人。1794年,他作为德胜(Isaac Titsingh)使团的一员前往北京庆祝乾隆登基六十周年纪念。这次特别的经历为他提供了写作素材,1797年他的著作被从荷兰文翻译成法文在费城出版,书名是《1794—1795年荷兰东印度公司赴中华帝国使团纪实》(*Voyage de l'ambassade de la compagnie des Indes orientales Hollandaises, vers l'empereur de la Chine, dans les années 1794 & 1795*)。这本书出版以后没有引起什么反响,究其原因,一是它是法文著作,在以英语为主要语言的美国自然不容易打开市场,更重要的是,就在同一年,斯当东(George Leonard Staunton)出版了广受欢迎的《英使谒见乾隆纪实》(*An Authentic Account of an Embassy from the King of Great Britain to the Emperor of China*)。英国的马戛尔尼使团在荷兰使团前一年出发,虽然没有达到与中国建立正式关系的目的,但产生了几部名噪一时的纪实作品,斯当东的这一部以其记录的

---

① F. W. Williams, *The Life and Letters of Samuel Wells Williams*, p.162.

翔实最为知名。此后,美国商人又出版了几部作品,均反响平平。①

1847年面世的《山茂召日记》(The Journals of Major Samuel Shaw, the First American Consul at Canton)是一部引起美国人关注的作品。作为1784年第一艘到达中国的美国商船"中国皇后"号的商务代理人和最早的美国驻华代表,山茂召的日记提供了美国人关于中国的最早记录,但由于多种原因,直到作者去世后才出版。该书的内容包括编者约瑟夫·昆西(Joseph Quincy)撰写的山茂召生平以及山茂召的四篇日记《第一次广州之行》("中国皇后"号首航中国)、《第二次广州之行》《槟榔屿之行》《返回广州与回国之行》。值得注意的是,这部日记的出版并没有改变欧洲人的著作在美国大行其道的状况。19世纪以来,欧洲来华传教士凭借他们熟练的汉语技能和丰富的中国经验写出了多部有影响的作品。郭实猎于1831—1833年不顾清政府的禁令三次沿中国海岸航行,他的冒险经历曾以日记的形式在《中国丛报》上连载,1834年结集出版,受到热烈的欢迎。② 此后,德庇时推出了《中国人:中华帝国及其居民概况》(The Chinese: A General Description of the Empire of China and its Inhabitants, 1836)(以下简称《中国人》),麦都思出版了《中国:现状与未来》(China: Its State and Prospects, 1838),为希望了解中国的人士提供了重要的信息来源。两书各有侧重,麦都思在书的前一部分介绍了中国的历史文化,后面更大的篇幅则描述了基督教在中国以及东南亚的传播。③ 德庇时则给予中国以全面的介绍,全书分21章,内容如下:(1)早期欧洲与中国的交往;(2)英国与中国的交往;(3)英国与中国的交往(续);(4)地理概况;(5)中国简史;(6)政府管理与法制;(7)中国人的性格与习俗;(8)风土人情;(9)风土人情(续);(10)城市:北京;(11)城市:南京与广州;(12)宗教:儒教;

---

① 参见 Owen Aldridge, The Dragon and the Eagle: The Presence of China in the American Enlightenment, Wayne University Press, 1992, p.268.

② 除日记外,该书还收入了郭实猎的两篇文章:《中国的宗教》(Religions of China)、《基督教在中国》(Christianity in China),参阅 Karl Gutzlaff, Journal of Three Voyages along the Coast of China in 1831, 1832 & 1833, London: Frederick Westley and A. H. Davis, 1834.

③ 章节如下:(1)历史和地域;(2)人口;(3)人口普查;(4)关于人口的思考;(5)文明程度;(6)政府管理与法制;(7)语言与文学;(8)宗教;(9)天主教传播史;(10)新教在广州的传播;(11)新教在广州的传播(续);(12)新教在马六甲的传播;(13)新教在巴达维亚的传播;(14)沿中国海岸航行;(15)中国海岸航行纪实;(16)在山东北部的活动;(17)在山东南部的活动;(18)在江苏的活动;(19)在浙江、福建的活动;(20)后来的活动;(21)中国所需要的人才;(22)在中国传教的迫切需要。

(13)宗教:佛教;(14)宗教:道教;(15)语言与文学;(16)文学(续);(17)艺术与发明;(18)科技;(19)自然资源和物产;(20)农业和各类数据;(21)商业。在解释自己为什么要写这样一部全面介绍中国的书时,德庇时说:"我们在中国的利益大于任何欧洲大陆国家,但到目前为止英国还没有一部全面和系统论述中国的书籍……杜赫德神父的《中华帝国全志》仍然是唯一的信息来源。但那部卷数众多、在不少方面也很有价值的书问世已经整整一个世纪了,它的很多内容早已过时,对于一个不熟悉中国的人来说,区分哪些是可靠和有用的信息、哪些是偏见、歪曲和无稽之谈,是很不容易的。"①《中国人》出版后受到西方人士的好评。②

  德庇时的《中国人》成为卫三畏必须面对的最重要的"前文本"。从某种意义上来说,《中国总论》价值的大小就在于它比《中国人》前进了多少。卫三畏在"前言"中没有回避这个问题,他说:"有人认为,在德庇时爵士系统而简明的著作出版后很快再推出一部全面论述中国的书是没有必要的,《中国人》是值得大力赞扬的一部著作,我在写作中常常克制自己不去频繁地征引它,并简略地论述它已经详细讨论过的部分。但这本书出版于十年前,那时中国还是一个不容易接近的国家,美国人即使读过这本书,了解的也是那个时期的情况,面对今天中国的开放,美国人会对中国产生更浓厚的兴趣,也会很乐意了解那场带来中国开放的战争的前因后果。"③确实,鸦片战争虽然没有彻底改变中国社会的性质和中国人的生活方式与思维习惯,但却大大改变了中国和西方的关系。卫三畏抓住了这个契机大做文章,在整合前人成果的基础上结合自己的知识和经验有所突破和创新,终于完成了《中国总论》这部后来居上的著作,正如一位评论者所说的那样,"这是美国最好的对中国的介绍,是作者的一座丰碑"。④ 更有意义的是,《中国总论》出版后受到了欧洲人士的关注和欢迎,并被翻译成德文、西班牙文等几种文字。它使西方世界在中国问题上首次听到了美国的声音,改变了美国长期以来依赖欧洲了解中国和一味进口欧洲汉学的局面。

  法国学者高第(Henri Cordier)在《西人论中国书目》(*Bibliotheca*

---

① John F. Davis, *The Chinese*, London: Charles Knight & Co., 1836, Vol.1, pp.1-2.
② *Chinese Repository*, Vol.5, p.280.
③ S. W. Williams, *The Middle Kingdom* (1848), Vol.1, p.xvi.
④ *Christian Review*, Vol.13, No.50 (June 1848), p.296.

Sinica)中将《中国总论》放在第一部分《中国总说》的第一类"综合著作"中,①这是放入这一类别中的第一部美国著作,从这个意义上讲,将《中国总论》说成是美国汉学兴起的标志,应该是符合事实的。卫三畏在《中国总论》"前言"中说,他写这部书的目的之一,在于"剥离中国人和中国文明所被给予的那种奇特而无名的可笑的印象"。② 18 世纪,欧洲大陆(特别是法国)的中国热(chinoiserie)虽然影响了美国的一些人士(如富兰克林),但总体上对美国民众的影响很小。美国从更深的文化根源上来说更接近英国。根据钱锺书先生的研究,英国在 17、18 世纪"对中国的兴趣只是偶发的、半心半意的、处于'冷漠中心'的边缘",③其对中国的好感主要集中在对于中国物品的喜好,而非对于思想文化的欣赏。19 世纪以来,英国和中国的贸易量不断增加,但这没有带来英国人了解中国、研究中国的热情。德庇时在 1822 年曾发出这样的感慨:"在我们英国人总体的知识成就中,关于中华帝国的知识是微不足道的。我们与中国进行着如此频繁的贸易往来,但在马戛尔尼使团之前却对这个民族几乎一无所知。而法国人在几乎一个世纪之前就已孜孜不倦地开展了对这个民族的研究,并取得了一定的成绩。英国在这一领域表现出一种出奇的漠视。"④打破这种漠视显然也是德庇时写作《中国人》的重要原因之一。

18 世纪末,美国建国时欧洲的"中国热"已经基本上过去了。欧洲的这股"中国热"在很大程度上归功于法国来华耶稣会士对中国的赞美,他们写的大量书信和著作给欧洲带去了一个文明昌盛的中国形象。但 18 世纪下半期以来,随着耶稣会士影响的减弱,特别是 1773 年耶稣会的解散,中国形象开始走向负面。卢梭(Jean-Jacques Rousseau)、孟德斯鸠(Charles Secondat de Montesquieu)、亚当·斯密(Adam Smith)对于中国的批判逐渐取代了莱布尼茨、伏尔泰对于中国的赞美,成为主流的看法。这种看法到了黑格尔(Georg W. F. Hegel)那里得到了进一步的理论综合,在黑格尔看来,以中国为代表的东方文明是没有"世界精神"的自由展现和发展的,中

---

① Henri Cordier, *Bibliotheca Sinica*, Paris, 1904, p.85.
② S. W. Williams, *The Middle Kingdom* (1848), Vol.1, p.xiv.
③ 钱锺书, "China in the English Literature of the Seventeenth Century", Adrian Hsia, ed., *The Vision of China in the English Literature of the Seventeenth and Eighteenth Centuries*, Hong Kong: The Chinese University Press, 1998, p.30.
④ J. F. Davis, *Chinese Novels*, London, 1822, pp.1-2.

国的"客观的存在和主观运动之间仍然缺少一种对峙,所以无从发生任何变化,一种终古如此的固定的东西代替了一种真正的历史的东西"。中国的历史是停滞的,处于整个世界历史的局外。① 在这样的舆论大背景下,中国形象开始从正面走向负面。而随着鸦片战争的爆发,中国的形象更是一落千丈,美国人在欧洲特别是英国的影响下逐渐形成了"一种以轻蔑和厌恶的口气谈论中国人的风气"。②

如上章所述,美国商人和外交官虽然是最早来华的一批人士,但他们不懂汉语,而且常常来去匆匆,这就决定了他们对于中国的认识必然是肤浅的。山茂召在首次广州之行的日记中批评中国政府"是所有文明国家中最为压制的政府",而中国人则是个个"崇拜偶像并沉溺于迷信"。③ 山茂召显然开了一个坏头。以后的美国商人对中国的看法虽然各不相同,但总的来说,批评远远多于赞扬。他们向美国民众传递的是这样一个中国人形象:衣着滑稽、迷信、不老实、狡猾、残忍、对政府的专制统治和社会的停滞不前束手无策。④ 商人对中国的批评,与其说源于中国本身,不如说出于利益的得失。费正清在分析早期中美贸易时指出:"美国在中国的商业利益总是带有很大的想象和希望的成分。"⑤希望越大,失望也就越大。所以,在失望之余,商人们对中国多有批评也就不难理解了。正因为如此,他们的批评并不激烈,更多的只是嘲笑。而一旦在商业利益上得到了满足,他们对中国的看法就会向好的方向转变。与商人相比,外交官更为放言无忌。19 世纪 30 年代,罗伯茨(Edmund Roberts)和罗森伯格(W. S. W. Ruschenberger)被美国政府派往亚洲进行贸易谈判,在匆匆访问广州、澳门后

---

① 黑格尔著,王造时译《历史哲学》,上海书店出版社 1999 年版,第 122—123 页。傅吾康(Wolfgang Franke)在《19 世纪的欧洲汉学》一文中指出:"黑格尔对中国历史的负面评价被后来欧洲的学者视为权威,尤其是在德国,一直延续到 20 世纪中叶。甚至在 20 世纪的 60 年代,据笔者印象,当德国一所大学在讨论是否设立中国历史的教席时,仍因为黑格尔的中国没有历史这一站不住脚的观点而遭到否决。"详见张西平编《欧美汉学研究的历史与现状》,大象出版社 2006 年版,第 120 页。

② William Speer, "Preface", *The Oldest and the Newest Empire : China and the United States*, Hartford, Conn. : S. S. Scranton & Company, 1870, p.4.

③ Joseph Quincy, ed., *The Journals of Major Samuel Shaw*, Boston : W. Crosby & H. P. Nichols, 1847, pp.183, 195.

④ S. C. Miller, *The Unwelcome Immigrant*, University of California Press, 1969, p.36.

⑤ John K. Fairbank, *The United States and China*, Fourth ed., Harvard University Press, 1979, p.324.

罗伯茨在日记中写道:"中国人具有最堕落邪恶的习性,赌徒到处可见,他们毁坏家庭,走向犯罪。他们吸食最有害的毒品,饮用最浓烈的酒水来麻痹自己。他们还是一群贪食者,飞禽走兽无一不成为他们饕餮的对象,实际上一切让其他民族恶心的陆地和海洋中的生物都为他们所喜食。中国政府的法律是用血写成的,法官个个收受贿赂,他们在剥夺犯人的生命之前为延长他们的痛苦而使用的各种别出心裁的酷刑揭示了这个民族的残忍和非人道。"①罗森伯格则给中国下了这样的评语:"他们是杀害自己幼小后代的人,是一个恶性犯罪极其普遍但却不受约束和制裁的国家。在那儿商人欺骗同胞和外国人;在那儿对语言的知识构成了科学的最遥远的边界;在那儿语言和文学简直不足以表达生活的共同意图,并且几个世纪以来没有改进;在那儿道德的卫护者是卑鄙小人;在那儿公正就是贪赃枉法,其程度在地球上无处可比;在那儿,伟大的立法者孔夫子虽然受到很大的尊敬,但却经不起推敲,除非我们考虑到他所处时代的无知而原谅他作品的贫乏;在那儿,从皇帝到最低级的官员,一级剥削另一级。"②如果考虑到罗森伯格曾受过良好的教育,那么上述的言论就更让人觉得可怕。在评论罗伯茨、罗森伯格这类走马观花但又大发议论的外交官时,卫三畏略带讽刺地说:"在很长一段时间里,人们所能读到的关于中国的书籍是由这些来去匆匆的观光者提供的。他们一下子来到一个陌生的地方,看到很多陌生的事情,听到的事情则更加闻所未闻,他们就会染上这种情况下容易犯的毛病——提笔就写,从 12 开的小册子到大 8 开的 3 大卷。"③在这样的时代风气中,熟悉中国的卫三畏显然觉得有必要纠正美国人的看法。

  与由于无知而对中国产生偏见的美国人相比,由无知而对中国漠然置之的人可能更多。这可以解释为什么《中国总论》在被威利和帕特南公司接受之前会遇到种种挫折,许多出版商拒绝这部著作的理由就在于担心它不会引起人们的兴趣。这部书出版后受到热烈欢迎的事实,又说明 19 世纪上半叶的美国人并不缺少了解欧洲以外世界的愿望,他们缺少的只是一本好的入门书。19 世纪 40 年代,随着鸦片战争的爆发,特别是中美《望厦

---

① Edmund Roberts, *Embassy to the Eastern Courts of Cochin-China, Siam, and Muscat*, New York: Harper & Brothers, 1837, p.151.
② W. S. W. Ruschenberger, *A Voyage round the World*, Philadelphia: Carey, Lea & Blanchard, 1838, p.431.
③ S. W. Williams, "Review of *China Opened*", *Chinese Repository*, Vol.8, p.85.

条约》的签订,越来越多的美国人开始关注中国,《中国总论》的出版是适逢其时的。

三、旧书新版

在《中国总论》出版20年后,美国又出版了三部全面论述中国情况的著作:卢公明的《中国人的社会生活》(Social Life of the Chinese,1867)、倪维思(John L. Nevius)的《中国与中国人》(China and the Chinese,1868)以及施惠廉(William Speer)的《最老与最新的帝国——中国与美国》(The Oldest and Newest Empire:China and the United States,1870)。① 卢公明长期在福州传教,倪维思的传教地点是山东登州,而施惠廉的传教对象是生活在加州的中国劳工。这三部著作都取材于作者自身的经历和对中国社会以及中国人的观察,但无论从讨论范围、权威性还是详尽程度上来看,三部著作都不如《中国总论》。尽管如此,它们对于加深美国人对中国的了解还是颇有价值的。三部著作中最重要的是卢公明的《中国人的社会生

---

① 《中国人的社会生活》为上下两册,上册除《导言》外,共分18章:(1)农业和家居生活;(2)订婚与结婚;(3)订婚与结婚(续);(4)婚后生活与子女问题;(5)治疗疾病的迷信方式;(6)死亡、悼念和埋葬;(7)死亡、悼念和埋葬(续);(8)祖先牌位和祠堂;(9)和尚、道士和儒生;(10)民间信仰的神祇;(11)民间信仰的神祇(续);(12)清朝官员;(13)清朝官员(续);(14)国教;(15)科举考试;(16)科举考试(续);(17)科举考试(续);(18)中国趣闻。下册共分19章:(1)习俗与节日;(2)习俗与节日(续);(3)习俗与节日(续);(4)个人和大众迷信;(5)商业习俗;(6)功德和慈善行为;(7)功德和慈善行为(续);(8)社会习俗;(9)社会习俗(续);(10)社会习俗(续);(11)杂谈中国人的观念和行为;(12)杂谈中国人的观念和行为(续);(13)符咒和先兆;(14)算命;(15)鸦片和鸦片吸食;(16)中国人和《圣经》中的习俗;(17)传教问题;(18)传教问题(续);(19)北京景观。《中国与中国人》共分28章:(1)中华帝国概观;(2)中华帝国概观(续);(3)孔子和儒学;(4)科举和学校;(5)政府机构;(6)中国宗教;(7)佛教;(8)佛教(续);(9)道教;(10)祭祀与礼仪;(11)宗教间的关系和影响;(12)关于神灵的迷信和风水学说;(13)占卜的不同方法;(14)汉语;(15)中国的慈善机构;(16)中国的道德宣传;(17)社会风俗;(18)节日和娱乐活动;(19)对中国人性格和中国文明的总体评估;(20)西方国家与中国的交往;(21)太平天国起义;(22)传教士在中国的生活;(23)传教的各个组织和不同方法;(24)传教的结果;(25)中国信徒的性格和经历;(26)罗马天主教在中国;(27)中华帝国现状和问题;(28)结论。《最老与最新的帝国——中国与美国》共分23章:(1)导言;(2)中国人的起源和人种;(3)地理、植物和动物;(4)社会生活、娱乐、节日;(5)早期父系社会;(6)奥古斯都时代的中国;(7)中古时代的中国;(8)元代;(9)明代;(10)清代;(11)康熙与乾隆;(12)道光与鸦片战争;(13)鸦片战争的结果;(14)美国与中华帝国的关系;(15)中国与美洲大陆在古代的联系;(16)中国的移民;(17)中国劳工;(18)中国的政府管理;(19)在加州的中国社群;(20)提交美国国会的谏书;(21)中国移民的宗教信仰;(22)美国的荣耀;(23)中国人的未来。

活》。卢公明是美部会传教士,1850年5月抵达福州。在榕期间,卢公明对福州人的社会生活产生了浓厚的兴趣,通过与社会各阶层的交往以及亲自参加当地的各种民间活动,他掌握了大量第一手的资料,并陆续将之写成文章,1861—1864年以《略记中国人》(Jottings about the Chinese)为题陆续发表在香港的《中国邮报》(China Mail)上,1864年卢公明短期回美国期间,在热心朋友的鼓励之下,决心将这些文章结集成册,在改写已有部分的同时又增写了三四个章节,完成了他的这部代表作。① 该书以福州地区中国人的社会生活为描写重点,同时也广泛涉及中国人的宗教信仰、政府管理、教育事业和商业活动,其中关于科举考试的三个章节尤其为人所称道。在这三个章节中,卢公明不仅记录了考生从参加考试直到考试结束的整个流程,还对考试中的各种不良风气做了深刻的揭露,甚至细及考试中点点滴滴的"有趣"现象,②其翔实程度超过了卫三畏在《中国总论》中对科举考试的描写。但从总体上来说,这部著作没有超越《中国总论》。

多年过去后,"德庇时的《中国人》已经难得一见,《中国总论》成了唯一的经典",③实际上它不仅成为研究中国的学者们的标准参考书,而且被一些教育机构采用为教科书,多次再版。④ 但是另一方面,随着时间的推移,《中国总论》中一些信息的不完整性和论述的不准确性也逐渐显露出来。1876年,卫三畏离开北京时就萌发了修改旧作的想法,毕竟30年过去了,中国已经发生了很大的变化。如果从到中国的那一年算起,43年已经过去,今昔对比,卫三畏不胜感慨:"1833年我初抵广州时,我和另外两个美国人被作为'番鬼'(洋鬼子)报告给行商经官,并接受他的管理。1874年作为美国驻华公使馆参赞,我陪同艾忭敏阁下面见同治皇帝,公使先生在完全平等的基础上向'天子'呈递了国书。"⑤按照外交礼仪,艾忭敏在递交国书时发表了简短的"颂词",由卫三畏当场翻译成中文:"美国驻华奉使大臣艾忭敏奉伯理玺天德旨恭代贺皇帝陛下,忆贵国更睦悠久,愿祝陛

---

① Justus Doolittle, "Preface", *Social Life of the Chinese, with Some Account of Their Religious, Governmental, Educational, and Business Customs and Opinions*, New York: Harper & Brothers, 1867, p.i.
② 详见林立强《美国传教士卢公明眼中的清末科举》,载《国际汉学》第十辑,大象出版社2004年版,第230—238页。
③ *The China Review*, Vol.12 (July 1883-June 1884), p.196.
④ 1857年已经出第四版,参见 Henri Cordier, *A Catalogue of the Library of the North China Branch of the Royal Asiatic Society*, Shanghai, 1872, p.53.
⑤ S. W. Williams, "Preface", *The Middle Kingdom* (1883), p.xiv.

下鸿祚无疆,遐龄永享,欣看德政日新,艺翻素谱,且喜陛下赤子身莅美国者六万余人,技学均优,更比他邦愈敦,益见两国永缔坚固,彼此相交尤重也,兹使臣恭呈为全权大臣之国书于皇帝陛下。"①对于卫三畏来说,这无疑是难忘的一幕。中国的变化当然不止政治方面,社会生活的方方面面都发生了程度不同的变化。另一方面,卫三畏对中国的了解和认识也同样今非昔比。1876年离开北京时,他已成为在中国生活工作时间最长的外国人,从资历上来说超过了其他所有的英美传教士和外交官。1874年,《汉英韵府》的出版给他带来了极大的声誉,也很好地说明了他的汉语和汉学研究水平已经达到了一个新的层次。

  修订工作花去了卫三畏7年的时间,是当初写作时的两倍。这其中有多个原因,首先卫三畏毕竟已经60多岁,视力严重下降,精力也大不如从前;另外,各种学术和社会活动占据了他大量的时间;而更为重要的是,他的修改不是小修小补,而是大规模的彻底改造。这首先可以从字数上看出来:修订版几乎是原书的两倍。晚年的卫三畏可以说已经功成名就,却花费这么多的精力和时间来从事修订工作,原因何在呢?他的传记作者这样告诉我们:"由于《中国总论》已经成为当时这个领域的权威(这让它的作者相当吃惊),卫三畏决心通过修订使作品与它的声名相符。在出版商及时地宣布新版本即将问世之后,还有一些人继续购买旧版本,这一事实或可说明人们对这样一本书的持久和迫切的需求。"②显然,《中国总论》已经成为一个品牌,卫三畏希望通过修订来保持和扩大它的影响力。但是,修改有时并不比新写容易,如何增减,如何取舍,都是需要考虑和解决的问题。

  修订版《中国总论》于1883年10月面世,初版的23章增加到现在的26章。新增加的三章是:(24)太平天国;(25)第二次鸦片战争;(26)最近的事件。这三章近200页的内容使现实问题在《中国总论》中的比例大大提高,现代中国的形象在古代中国的背景中更加凸显出来。原先各章的变化程度不等,有的基本信息未变,有的则重新编写。开头关于中国地理情况的几章基本上属于这两极之间的中间状态:有修改,也有保留,当初作者对一些地方的描述(比如长城)是来自书本和耳闻,而现在则可以结合实

---

① Samuel Wells Williams Family Papers, Series 2, Box 17.
② F. W. Williams, *The Life and Letters of Samuel Wells Williams*, p.458.

地的考察。对于北京的描述从原先的 15 页增加到了 22 页,在原有的北京地图之外又增加了安定门城楼、孔庙和黄寺的插图,另外在上卷的目录之前还附上了一幅天坛的彩色插图。关于圆明园,作者在新版中加上了这样一句:"但所有这一切景观都在 1860 年被英法联军摧毁,留下的废墟至今仍然触动着中国官民的排外情绪。"①南京的报恩塔也在 1856 年毁于太平天国运动。1852 年,美国传教士泰勒(Charles Taylor)访问了这座著名的建筑并在《中国五年》(Five Years in China)一书中进行了详细的描绘,卫三畏在新版中参考了这部著作并将它推荐给了对该建筑有兴趣的读者。就是关于广州的描述,1883 年版也在 1848 年版的基础上有所增加,特别是关于贡院的描述,作者在介绍中国教育情况的第九章中还附上了一幅北京贡院的插图,也是旧版所没有的。与这些老城市相比,上海、香港的变化要大得多。昔日人烟稀少的小镇现在已经成为华洋杂处的商埠。香港在 1845 年时只有 2.5 万居民,现在则迅速增加到 13 万人。从全国的情况看,中国的人口变化不大,1881 年的政府数字是 3.8 亿,所以新版中关于人口统计的一章也就没有什么太多的变化。关于博物学的章节则几乎是完全重写的,卫三畏对这一领域的了解在过去的若干年中已经大大增加,而其他学者的相关成果也为作者所关注。卫三畏对博物学一直比较偏爱,关于这一部分的介绍在 1848 年版中本来就已经非常充实,现在重写后则更加丰富,从原先的 56 页增加到 84 页,并且增加了插图。此外,其他章节也都有大小不同的修改。

  卫三畏在新版中引用了 200 多位作者的相关著述,原先过多依赖《中国丛报》的情况得到了根本的改变,这也从一方面说明了包括美国在内的整个西方汉学水平的提升。1848 年时《四书》只有马士曼和柯大卫的英译本,而现在理雅各(James Legge)的皇皇巨译《中国经典》(The Chinese Classics)已经出版,不仅包括《四书》,还有《尚书》《诗经》等多部经典。中国的宗教和传教问题也吸引了更多传教士的关注,艾约瑟和丁韪良都出版了颇有影响力的著作,所有这些著作都成为卫三畏的重要参考。可以说,到卫三畏修改《中国总论》时,他所担心的不再是信息不够,而是如何控制信息,使自己的著作不至于篇幅过长。正如他的传记作者所说:"如果对每一个事件都做详细的梳理将使这本书的容量大大增加,也会因此妨碍使用的

---

① S. W. Williams, The Middle Kingdom(1883), Vol.1, p.80.

方便。舍弃那么多积累起来的学识,再把其余的压缩在一个狭小的空间,这又不能不让他感到悲伤(对任何作者来说都是悲伤的),但他还是坚决遵循了切合实际的目标。对于许多主题他只是说明了范围,然后便一笔带过,而有些则在给出参考书目后完全省略。尽管这样做导致了某些不和谐,以及因为新旧引文不同而偶尔产生的不衔接,但总体效果是令人满意的。"① 确实,新版问世后,立刻获得了众多好评,不少读者赞美它是"里程碑式的著作","对中美之间的了解做出了重大的贡献"。②

与多年前屡遭出版商拒绝完全不同的是,新版的推出十分顺利,查尔斯·斯克莱布诺家族公司(Charles Scribner's Sons)在推出新版前就大做广告,予以宣传。如果在出版过程中有什么问题的话,首先就是 1848 年版的出版社威利公司认为自己对于修订版还有一定的权益,于 1881 年 12 月向查尔斯·斯克莱布诺家族公司提出协商,但问题很快就在卫三畏出面澄清的情况下得到了解决。③ 另外一个问题则是出现在卫三畏和查尔斯·斯克莱布诺家族公司之间。尽管卫三畏对旧版做了重大的修改,但在"前言"的初稿中,他只是做了轻描淡写的交代,这自然引起了出版社的不满,在给卫三畏的信中这样写道:

> "前言"这样写很可能会引起读者的误解,使他们无法正确了解我们修订再版这部书的目标和所做的工作。您的大著在近四十年的时间里一直是这个领域的经典,而您称之为"浅见"(a superficial view),这是不恰当的。同样不恰当的是,您把一些章节说成是"在篇幅允许的范围内提供的尽可能准确的信息",而实际上它们是最为权威的论述。但最重要的问题还是您的"前言"几乎没有强调增加和修订部分的重要性,谈老的部分太多,而谈新的部分太少。④

出版商似乎很难欣赏和接受一个作者的虚怀若谷。卫三畏不愿意自

---

① F. W. Williams, *The Life and Letters of Samuel Wells Williams*, p.459.
② E. Wentworth, "Williams's Middle Kingdom", *Methodist Quarterly Review*, Vol.66 (1884), pp.526-527.
③ "Charles Scribner's Sons to S. W. Williams, 5 Dec.1881", Samuel Wells Williams Family Papers, Series 1, Box 7.
④ "Charles Scribner's sons to S. W. Williams, 12 July 1883", Samuel Wells Williams Family Papers, Series 1, Box 7.

吹法螺，但也不得不考虑出版商的利益，于是他请儿子卫斐列来修改自己的"前言"，我们现在看到的这个前言就是父子合作的产物。实际上，由于卫三畏晚年身体欠佳，卫斐列在修订工作中给予父亲很大的帮助，在这一过程中他也逐渐成长起来。修订《中国总论》是卫三畏晚年最主要的工作，他的生命和活力似乎也与这项工作联系在了一起。1883年10月，他一生中最重要的著作以新的面目问世。此后，他的身体和精神状态均急转直下，很快于1884年年初去世。

第五章
晚年荣誉

一、耶鲁教席

西方国家的汉学研究虽然可以追溯到16、17世纪,但汉学进入高等学府和研究机构却是19世纪的事情,这也标志着汉学作为一门学科的建立。最早设立汉学教席的是法兰西学院,具体时间是1814年12月11日。此前法兰西学院中不乏对中国颇感兴趣的学者,如傅尔蒙(Etienne Fourmont,阿拉伯文教授)、德金(Joseph de Guignes,叙利亚文教授)、戴佐特雷(Michel le Roux Deshauterayes,阿拉伯文教授)等,德金正是前文提到的奉拿破仑之命编写《汉法拉丁字典》的小德金的父亲。这几位教授在自身专业之外的汉学研究难免零散和随意,但对于汉学从东方学中独立出来,成为和阿拉伯、叙利亚研究一样自成一家的学科却起到了促进作用。主持西方第一个汉学讲座的是雷慕沙,他的重要著作除了前文提到的《汉文启蒙》《新亚细亚论集》之外,还有《佛国记》的翻译,这部译著的出版(1836)对西方的中国佛学研究产生了重大的影响。法兰西学院之外另一个设立汉学教职的是国立现代东方语言学校(Ecole Nationale des Langues Orientales Vivantes),1843年汉语进入了该校的课程体系,首任教授是巴赞,巴赞本人的汉语老师是法兰西学院第二任汉学教授儒莲。雷慕沙去世后,儒莲继承了老师的职位。①

---

① 黄长著、孙越生、王祖望主编《欧洲中国学》,社会科学文献出版社2005年版,第3—9页;Paul Demieville, "Organization of East Asian Studies in France", *The Journal of Asian Studies*, Vol.18, No.1(1958), pp.163-164, 169-170.

第五章　晚年荣誉

现代意义上的汉学研究在法国诞生是有其历史必然性的。18世纪，法国成为欧洲思想文化的中心，启蒙运动带来的世界主义思潮使法国人比其他欧洲人更加关注外部世界。中国作为文明大国早在18世纪以前就已进入法国人的视野。从明末以来大批天主教传教士来华，留下了大量关于中国的著作，奠定了西方汉学的基础。就17世纪中前期来看，汉学研究的中心是意大利、葡萄牙和西班牙，葡萄牙耶稣会士安文思的《中国新志》(Nova Relação da China, 1688, 又译《中国新史》)被认为是这一时期的最高成就。① 但随着李明《中国近事报道》(Nouveaux Mémoires sur l'état présent de la Chine, 1701—1702)、杜赫德《中华帝国全志》(Description géographique, historique, chronologique, politique et physique de l'Empire de la Chine et de la Tartarie chinoise, 1735)以及《耶稣会士书简集》(Lettres édifiantes et curieuses écrites des missions étrangères par quelques misssionaires de la Compagnie de Jésus, 1702—1776)等著作的出版，法国开始取代它的欧洲邻国成为西方汉学研究的领袖。就在法兰西学院设立汉学教席的1814年，第16卷也就是最后一卷《驻北京的传教士们所著关于中国人的历史、科学、艺术、风俗、习惯等方面的回忆录》(Mémoires concernant l'histoire, les sciences, les arts, les moeurs, les usages, etc., des Chinois, par les missionnaires de Pékin, 又译作《中国杂纂》)在巴黎出版，为这项开始于1776年的庞大出版工程画上了圆满的句号。该书与另外两部法文巨著《中华帝国全志》《耶稣会士书简集》并称为18世纪欧洲汉学"三大名著"。

紧随法国之后将汉学研究提升到专业层次的是俄国和英国。1837年，喀山大学在俄国率先设立了汉语教研室，西维洛夫(Даниил Сивиллов)成为俄国历史上第一位汉学教授。英国也在同一年设立了第一个汉学教席，地点是在伦敦的大学学院(University College)，首任教授是前英华书院教授吉德，伦敦的第二个汉学教席于1845年在国王学院(King's College)设立。就在卫三畏回到美国的1876年，牛津大学任命传教士汉学家理雅各为该校首任汉学教授，荷兰莱顿大学也在同一年设立了该国第一个汉学教席，首任教授是曾在厦门和广州任职的施古德(Gustaaf

---

① 详见计翔翔《十七世纪中期汉学著作研究——以曾德昭〈大中国志〉和安文思〈中国新志〉为中心》，上海古籍出版社2002年版，第64—66页。

Schlegel)。①

欧洲的榜样对美国无疑是个刺激,中文教育进入美国高等学府成为势在必行的事情。1877年6月30日,卫三畏收到了耶鲁学院秘书戴克斯伦(Franklin B. Dexlen)的来信:

> 我谨正式通知您,耶鲁学院院长和董事会在本周举行的校务委员会年度会议上决定在哲学社会科学学部设立中国语言文学教授席位,并且一致推选您为首任教授。非常遗憾的是,校务委员会目前还没有获得一笔捐款以支付您的工资,但他们正在设法并希望很快能解决这一问题。他们为一位突出成就得到举世公认和尊敬的学者加入学院的教授队伍而感到非常高兴。与上述任命相关联,同时也为使您的名字今后被列入学院的毕业生名单,校务委员会决定授予您文学硕士学位,文凭将在几天内寄上。②

卫三畏在接到这封信后,于7月13日写了回信,表示接受这一任命:

> 我很荣幸地收到您30日的信件,通知我被耶鲁学院院长和董事会一致推选为新设立的中国语言文学教席的首任教授。耶鲁学院已经认识到中国作为学术研究和学术发展对象的合理性,对此我感到很高兴,我确信对于中国的历史、文学和文明的研究将使我们获益匪浅。我愿意(至少是目前)接受学院对我的任命,我丝毫不怀疑这个教授席位将会很快获得一笔捐助并成为一个永久的职位,这是校务委员会和所有为此而努力的人都希望看到的。请向院长和董事会转达我最真挚的谢意。③

---

① 阎国栋《俄国汉学史》,人民出版社2006年版,第217页; Yao-sheng Ch'en & Paul S. Y. Hsiao, *Sinology in the United Kingdom and Germany*, Honolulu: East-West Center, 1967, pp.2-5; Wilt L. Idema, "Dutch Sinology: Past, Present and Future", Ming Wilson & John Cayley, eds., *Europe Studies China: Papers from an International Conference on the History of European Sinology*, London: Han Shan Tang Books, 1995, p.89.

② "Franklin B. Dexlen to S. W. Williams, 30 June 1877", Samuel Wells Williams Family Papers, Series 1, Box 5.

③ "S. W. Williams to Franklin B. Dexlen, 13 July 1877", Samuel Wells Williams Family Papers, Series 1, Box 5.

第五章 晚年荣誉

卫三畏接受耶鲁的这一任命,也就同时成为美国历史上第一位汉学教授。相比于法、英、俄等欧洲国家,汉学进入美国大学确实晚了一步,但美国还是领先于汉学人才辈出的德国,后者直到1909年才在汉堡殖民学院(Kolonialinstitut,汉堡大学前身)设立了第一个正式的汉学教席。① 由于德国大学迟迟不给汉学以合法的地位,导致汉学人才外流,如夏德(Friedrich Hirth)和劳费尔(Berthold Laufer)等均在19、20世纪之交来到美国寻求发展。从大学的角度来看,耶鲁也只比牛津和莱顿晚了一年,却领先于剑桥,剑桥直到1888年才设立汉学教席,首任教授是外交官汉学家威妥玛。

耶鲁之所以能够在美国大学中领先一步,原因不难寻找。耶鲁与中国有着不解之缘,最早的医学传教士伯驾是耶鲁的毕业生,马礼逊学校的首任教授勃朗也是耶鲁的毕业生,勃朗的学生容闳于1854年毕业于耶鲁,成为近代最早在国外获得学位的中国人,中国人获得博士学位最早的也是在耶鲁。② 容闳组织的百人留美团在1881年被迫中断时耶鲁校长亲自出面表示抗议,并联合一批有识之士给总理衙门写去了一封措辞委婉但意见明确的信函。③ "雅礼学会"(Yale-in-China)的建立与发展虽然是20世纪的事情(创立于1901年),但也是耶鲁与中国关系历来紧密的一个很好的说明。

从学术的角度来看,汉学研究在没有独立以前是东方研究(包括近东和远东)的一个分支,所以东方研究的重镇也往往成为汉学研究的中心。由于索尔兹伯里(Edward Salisbury,阿拉伯文和梵文教授)、惠特尼(William D. Whitney,梵文教授)等多位重要学者执教耶鲁,使19世纪后半期的耶鲁成为美国东方学的中心。④ 也正是由于这批学者的存在和积极

---

① 有关德国大学设立汉学教席的情况,详见李雪涛《日耳曼学术谱系中的汉学——德国汉学之研究》,外语教学与研究出版社2008年版,第8—9页。
② 王宠惠1905年从耶鲁获得法学博士学位,博士论文题目为 Domicil: A Study of Comparative Law, 参见 Tung-li Yuan, ed., A Guide to Doctoral Dissertations by Chinese Students in America 1905-1960, p.60.
③ Yung Wing, My Life in China and America, New York: Henry Holt & Company, 1909, pp.211-215.
④ 索尔兹伯里(1814—1901)1832年毕业于耶鲁,后求学于法国、德国,1841年被任命为耶鲁阿拉伯文和梵文教授,由此成为美国历史上最早的梵文教授。1854年,他捐资设立了"索尔兹伯里梵文与比较语文学"教授职位,由他的学生惠特尼出任首任教授。这一职位一直存在到今天。参阅 "Memorial of Edward Elbridge Salisbury", Journal of the American Oriental Society, Vol.22(1901), pp.1-6.

活动,1842年成立的美国东方学会(American Oriental Society)于1853年从波士顿搬家到耶鲁,两年后学会的图书馆(1843年建立)也搬至耶鲁,惠特尼兼任这个图书馆的馆长(1855—1873),惠氏卸任后,他的工作由耶鲁图书馆馆长范耐姆(Addison Van Name)兼任(1873—1905)。东方学会图书馆的搬家带来了耶鲁最早的一批中文和日文书籍。①

外校的竞争也是一个原因。1877年2月22日,美国驻华外交官萧德(Francis F. Knight)在致哈佛大学校长的信中说自己正在"考虑筹集一笔基金在哈佛大学设立中文讲座教授的可行性"。② 几天后(1877年2月26日),容闳在给耶鲁图书馆馆长范耐姆的信中提出了这样的承诺和警告:"一旦耶鲁汉学席位的设立成为事实,我将很高兴随时将我的中文书籍赠送给母校。我希望耶鲁不要在这个问题上耽搁太久,以免被哈佛领先。"③哈佛和耶鲁作为美国东部的两大名校一直处于竞争的状态,而太平洋沿岸的加州大学也在酝酿设立汉学教席并有意聘请卫三畏,这些都促使耶鲁先下手为强。

在耶鲁领先之后,美国其他大学也相继设立了汉学职位。1879年,哈佛大学聘请中国学者戈鲲化为首任汉学教授,加州大学于1890年设立了阿加西斯(Agassiz)教授席位,然而,这一职位一直空缺,直到1896年才由英国人傅兰雅(John Fryer)充任。傅氏是著名的翻译家,曾在江南制造局将100多部西书译成中文。④ 1901年,哥伦比亚大学创设丁龙(Dean Lung)中文讲座,次年德籍汉学家夏德被聘为首任教授,许多客座教授如英国汉学家翟理斯(Herbert A. Giles)和法国汉学家伯希和都被从国外请来讲学。进入20世纪以后,夏威夷大学、芝加哥大学等也陆续开设了中文讲

---

① 美国东方学会藏书1855年搬至耶鲁后先是存放在耶鲁图书馆,后因为空间有限搬至耶鲁另外的校舍中,1905年林斯立大楼(Linsly Hall)被划归耶鲁图书馆后搬家至此,1930年搬至耶鲁新建的中心图书馆——斯特林纪念图书馆(Sterling Memorial Library),直至今天,参阅 Elizabeth Strout, "Preface", *Catalogue of the Library of the American Oriental Society*, Yale University Library, 1930, pp.iii-v.

② 转引自张宏生编著《戈鲲化集》,江苏古籍出版社2000年版,第273页。

③ "Yung Wing to Addison Van Name, 26 Feb.1877", Yung Wing Papers, Yale University Manuscripts and Archives, Group 602, Box 1.

④ 傅兰雅从1868—1896年在江南制造局工作28年,到美国后于1896—1909年继续为江南制造局翻译西学书籍,30多年间单独翻译以及与他人合作翻译西学书籍共有129部,详见顾长声《从马礼逊到司徒雷登——来华新教传教士评传》,上海人民出版社1985年版,第248—262页。

第五章　晚年荣誉

座。① 但总体而言,各校发展均很迟缓。在耶鲁,20 世纪早期只有卫三畏的儿子卫斐列和后来的赖德烈两位教授,学生也只有几名;哈佛在戈鲲化去世后则完全停止了中文课程,直到 1922 年以后才由赵元任、梅光迪等中国留美学者重新开设;加州大学在傅兰雅退休后由于及时找到了接替的教授而使课程没有中断,但和耶鲁一样也只是由一名教授来维持局面。1935年,赖德烈在一篇论述美国汉学发展现状的文章中颇为忧心地说:"美国设立汉学教席的学校还很少,在其他为数不多的学校里只能学习基本的汉语,许多学院和大学找不到合适的汉语教师,而真正精通汉学研究的学者更是少之又少。"②但中文教学与研究进入美国大学已经是大势所趋,在耶鲁点燃的这一"星星之火"第二次世界大战以后逐渐形成燎原之势,美国也逐渐取代法国成为汉学研究的超级大国。

在耶鲁做出历史性的决定之后,容闳也于第二年将自己的 40 种、1237 册藏书捐赠给了母校,③他的这一做法颇有点类似当年的斯当东。1834 年马礼逊去世后,作为马礼逊遗嘱的执行人,斯当东以拥有马礼逊的藏书为诱饵,说服伦敦大学学院设立了汉学教授席位。有所不同的是,伦敦大学学院是在资金到位的情况下设立起了职位,而耶鲁却多少有点仓促,也许是面对外校的竞争不得不如此吧。好在一年后资金问题成功地得到解决,不仅使卫三畏摆脱了有名无实的状态,更重要的是也使这个职位有了继续存在下去的基础。卫三畏在人生最后的岗位上对耶鲁的学术生活施加了他力所能及的影响:"通过在各类听众面前的讲演,通过报刊上发表的文章,也许更重要的是通过对登门拜访的大学生们的亲切鼓励,他的存在和榜样对所有被纳入他广博的文化视野中的人都是一种激励。"④

容闳的捐赠带来了属于耶鲁的最早的一批中文藏书(美国东方学会藏

---

① 20 世纪中前期美国几所主要大学汉学研究的情况,可参看 Sung See, "Sinological Studies in the United States", *Chinese Culture: A Quarterly Review*, Vol.8, No.2(June 1967), pp.150-160.

② K. S. Latourette, "The Progress of Sinology in the United States", *Nankai Social and Economic Quarterly*, Vol.8, No.2(July 1935), pp.309-310.

③ 容闳在 1877 年 3 月 1 日给图书馆馆长的信中附上了拟赠书的目录,共四箱,如第一箱的清单是这样的:"《渊鉴类函》二十函一百四十本、《全唐诗》二十函一百二十本、《瀛寰志略》一函十本、《同善录》二函二十本、《四库简明目录》二函十二本、《平定发匪》 函十本、《段氏说文》一函四本、《春秋列国》二函二十四本。""Yung Wing to Addison Van Name, 1 March 1877", Yung Wing Papers, Box 1.

④ F. W. Williams, *The Life and Letters of Samuel Wells Williams*, p.427.

书的所有权不属于耶鲁)。哈佛大学和加州大学则由于戈鲲化和傅兰雅的到来开始增添中文书籍。19世纪就拥有中文藏书的还有国会图书馆,1869年,美国政府经由其驻华使节将相当数量的西文书籍和植物种子送给清政府,作为答谢,清政府回赠了约1000册的中文经籍和科学书籍。这批中文书籍运抵美国后被国会图书馆收藏,成为这个美国最大的图书馆最早的一批中文藏书。1879年,美国最早的驻华公使顾盛去世后,他的2500册藏书也为国会图书馆所得。19世纪末期,纽约市公共图书馆也开始收藏中文图书。1900年后,更多的美国大学及公共图书馆开始收藏中文书籍,于是私人藏书成为争购的对象。国会图书馆于1901—1902年获得了柔克义的6000册藏书,其中有汉、满、蒙古、藏多种文字的书籍;1928年又获得了劳费尔的藏书;加州大学于1916年获得了中国学者江亢虎的藏书;康乃尔大学则于1918年获得了美国商人华森(Charles W. Wason)所收藏的全部有关中国的西文书籍。此外,耶鲁、哈佛、夏威夷大学等校也都利用各种途径,扩充自己的中文藏书。中文藏书的增加无疑为汉学研究的开展和进步提供了重要的物质保证。①

　　卫三畏与哈佛第一位汉学教授戈鲲化的交往既是他晚年的一大乐事,也是美国汉学史上的一段佳话。戈鲲化是安徽休宁人,生于清道光十六年(1836),②早年做过幕僚,清同治二年(1863)在美国驻上海领事馆任职,两年期满后移居宁波,供职于英国驻当地的领事馆,这两处的经历为他带来了执教哈佛的机会。1879年5月26日,极力促成哈佛设立汉学教席的鼐德(时任美国驻牛庄领事)在上海总领事馆代表哈佛大学校长和戈鲲化签订了为期三年的任教合同(1879年9月1日至1882年8月31日)。戈鲲化到达哈佛后很快与卫三畏取得了联系,他们互相通信,并且很可能在1881年的圣诞节见过面。关于戈鲲化与卫三畏的交往,张宏生教授编著的《戈鲲化集》中有详细的资料和论述。③ 这里补充一则材料,是笔者在耶鲁大学所藏卫三畏档案中找到的,内容是戈鲲化解答卫三畏的一个疑问,

---

① Arthur W. Hummel, "Some American Pioneers in Chinese Studies", *Notes on Far Eastern Studies in America*, No.9(June 1941), pp.4-5.

② 详见周振鹤先生的考证,《戈鲲化的生年月日及其他》,载《中华读书报》2001年3月21日。

③ 参见张宏生编著《戈鲲化集》,特别是"前言"第22—23页,正文第267—271页;该书附录一《哈佛大学设立中文教授讲座的有关信函》均为原始文献,具有很高的史料价值。

第五章　晚年荣誉

全文如下：

> 您问我这样一个问题："为什么现在政府官员所佩戴的朝珠是固定的108颗？"您还说您在中国多年,多次询问这个数目的来历,但没有人知道。在我看来,佩戴朝珠的做法是从现在这个王朝才开始的,清朝以前无此规定,因为书籍中并无记载。《礼记》云："天子之冕,朱绿藻,十有二旒;诸侯九,上大夫七,下大夫五,士三。"这是古代的典章,现在的冠冕和朝服与古代的样式不同,冕旒也就变成了朝珠,这是很容易理解的。《大清会典》中规定:皇帝朝珠用东珠宝石,亲王至五品官员许用各样珍珠宝石绿松石,亲王以下俱不许用黄缎。这和古代冠冕上悬挂各色玉石没有太大的区别。现在的亲王与周朝的诸侯也大致相当。一至五品的清朝官员都可以称为"大夫",因为五品以下是不允许佩戴朝珠的。现在翰林院、六部、内阁的官员不是相当于古代的大夫吗？但朝珠为什么是108颗,我也不十分清楚。《京房易传》中说:"升平之世,五日一刮风,十日一下雨。"《礼记》云："言而履之,礼也。行而乐之,乐也。君子力此二者,以南面而立,夫是以天下大平也。诸侯朝,万物服体,而百官莫敢不承事矣。"考察这两段话并把它们结合起来,我发现一年中刮风的时间是72次,下雨的时间是36次,加起来是108次。皇帝在治理朝政时挂着朝珠,提醒自己履行说过的话,做让百姓高兴的事。官员在处理公务时戴着朝珠,作为对国家长治久安的一种祝愿。他们所戴的珠子被称为朝珠,不是很合适吗？上述只是我个人的一孔之见,如果您发现不对,请告诉我,我将十分感激。①

虽然戈鲲化没有能够给卫三畏一个十分确切的回答,但是他所提供的背景知识和信息一定会让卫三畏受益匪浅。戈鲲化的上述答复没有写明日期,估计是附在一封信中寄给卫三畏的。可惜戈鲲化在没有完成与哈佛的合同前就于1882年2月14日因病去世,卫三畏从而失去了一个可以请教的朋友。

---

① "K. H. Ko to S. W. Williams, no date", Samuel Wells Williams Family Papers, Series 1, Box 10.

卫三畏在努力钻研中文的同时，戈鲲化也在致力于提升自己的英文能力，在这一过程中，卫三畏的《汉英韵府》成为他的重要工具书。1881年12月20日，戈鲲化在给卫三畏的信中附上了一首诗："皇都春日丽，偏爱水云乡。绛帐遥相设，叨分凿壁光。"在给尾联所做的注释中，戈鲲化写道："'凿壁偷光'典出《汉书》（按：应为《西京杂记》）：'匡衡勤学而无烛，邻居有烛而不逮，衡乃穿壁而引其光，以书映光而读之。'您的大著《汉英韵府》对我的翻译帮助很大，我就和匡衡一样。"①《汉英韵府》本是卫三畏为学习汉语的西方人士编写的，但也同样可以作为中国人学习英语的工具书，双语字典确实可以起到双向交流的作用，这是一个值得关注和深入研究的现象。当然，从长远的角度来看，为中国人学习英语而专门编写的工具书早晚会出现，②《汉英韵府》在一段时间内的"越位"也从另一个角度说明了它的广泛使用和影响力。

在上述诗歌中，戈鲲化给"绛帐遥相设"一句做了这样的注释："《后汉书》中说：马融'才高博洽，为世通儒。常坐高堂，施绛纱帐，前授生徒，后列女乐'。您在耶鲁而我在哈佛，我们都教中文，所以我用了这个典故。"虽然美国早期的汉学教授绝对没有两千年前的马融那么风光，但开风气之先的快乐一定也是后继者们所无法体会到的。

与耶鲁其他许多教授不同的是，卫三畏一生的大部分时间不是在研究室和图书馆中度过的，中国不仅是他的研究对象，也是他的第二故乡，回到美国后，他对于生活在美国的中国人给予了高度的关注。1848年以后，中国劳工开始移民美国，加入了西海岸淘金者的行列。到1851年年底，他们的人数已达2.5万人。但是随着他们人数的增加，有排外偏见的白人开始表现出不满并向他们进行攻击。中国移民潮因此一度回落，其后于1865年又高涨起来，因为这一年美国要修筑贯通全国的铁路，需要大量的人手。中国劳工很快成为这一浩大工程的主力。在修建穿越内华达山区的中太平洋铁路时，由于大雪崩和塌方而牺牲的华工就有上万人。但是每一次铁路修筑好了以后，中国劳工便马上被辞退，连做养路工的份儿都没有。此

---

① 张宏生编著《戈鲲化集》，第267—269页。
② 关于中国人如何利用西人编写的汉英字典学习英语，继而编写出适合中国人自身需要的英语学习工具书的过程，可参阅 Jane Jia Si, *The Genealogy of Dictionaries: Producers, Literary Audience, and the Circulation of English Texts in the Treaty Port of Shanghai*, Sino-Platonic Papers, Number 151, June, 2005.

后他们大都从事美国白人不愿意做的工作,但还是不断地受到排挤与打击。他们从广大农村流向中心城市,所从事的职业范围也越来越狭窄,最终被局限于在餐厅里当杂役,替白人管理花圃,在白人家里当佣人,以及干洗衣工作。加州是中国劳工最集中的地区,也是美国排华势力最强大的地区。1877年,加州发生了经济危机,造成美国工人失业者增多。为了转移目标,加州政府嫁祸于中国劳工,诬称华工工价低廉,夺去了美国工人的职业,并以此为借口对中国劳工加以压制。1879年,加州新出台的法律中就增加了若干排华的条款。加州的反中国劳工运动,不久就影响到了美国全国。① 中国劳工辛勤工作,为加州乃至整个美国的发展做出了巨大的贡献,但是却遭到如此不公的对待,这不能不激起国内外正义人士的愤怒与同情。黄遵宪就曾以诗歌的形式沉痛而真实地讲述了中国劳工为美国创造巨大财富,却被限、被逐的情况,美国作家(如马克·吐温)在一些作品中也表达了对中国劳工的同情。② 作为对中国最了解和最有发言权的美国人,卫三畏于1879年2月底向总统送交了由他起草、耶鲁学院全体员工签名的请愿书,呼吁总统否决1879年年初国会提出的限制中国移民的议案。③ 同年9月他又撰文详细叙述了中国移民的起因、性质和前景,痛斥了国人由于无知而产生的排华情绪和行动:

> 当加州的法庭想用立法来反对中国人时,它将中国人等同于印第安人的简单态度是颇为古怪的。……它把现存最古老国度的臣民和一个从未超越部落关系的种族相提并论;把一个这样的民族——它的文学早于《诗篇》和《出埃及记》,并且是用一种如果法官本人肯于学习就不会叫作印第安语的语言写就,而它的读者超过了其他任何民族的作品——与最高的写作成就仅是一些图画和牛皮上的符号的人群混为一谈;把勤奋、谨慎、技艺、学识、发明等所有品质和全部保障人类生命和财产安全的物品等同于猎人和游牧民族的本能和习惯。它诋

---

① 参阅威廉·L.董《美国华工史编年》,载陈翰笙主编《华工出国史料汇编》第七辑《美国与加拿大华工》,中华书局1984年版,第1—9页。
② 详见黄遵宪《人境庐诗草》卷四之《逐客篇》、马克·吐温的书信体小说《哥尔斯密士的朋友再度出洋》(Goldsmith's Friend Abroad Again)等作品。
③ "Yale College to His Excellency Rutherford B. Hayes, President of US, 21 Feb. 1879", Samuel Wells Williams Family Papers, Series 2, Box 13.

毁了一个教会我们如何制作瓷器、丝绸、火药,给予我们指南针,展示给我们茶叶的用处,启迪我们采用考试选拔官员的制度的民族;把它和一个轻视劳动,没有艺术、学校、贸易的种族归为同类,后者的一部分现在还混迹于加州人中间,满足于以挖草根过活。①

无知产生偏见,而要消除偏见,教育是最重要的手段之一,卫三畏的一人之力虽然扭转不了整个国家的形势(美国国会于1882年最终通过了排华法案),但耶鲁全体员工在请愿书上签名的事实充分说明了卫三畏作为美国首位汉学教授的成功和影响力。

二、虚名与实质

1881年5月18日,在波士顿举行的美国东方学会年会上,卫三畏被选为该会的会长,②并担任这一职务直到去世。这是卫三畏晚年继被任命为耶鲁首任汉学教授后的又一大荣誉。

美国东方学会1842年4月7日成立于波士顿,其宗旨是"促进对亚洲、非洲、玻利尼西亚群岛的学术研究"。③ 当时的外部环境是非常有利的,正如首任会长皮克林(John Pickering)在就职演讲中所说:"我们想与其合作进行东方研究的欧洲诸国,现在彼此间和平相处,那些因为风俗习惯不同而长期疏离于欧洲的东方国家现在也表现出更多交流的意愿,现代科技为遥远国家之间的往来提供了交通工具,东方国家更为宽松的政策也保证了外国旅行者的安全出行。所有这些有利条件,加上今天的学者和旅行家们已经具有的知识,应该使我们在短短的数年内取得超过以往好几代人的研究成绩。"④美国东方学会确实在此后不长的时间内取得了不错的研究成绩,特别是索尔兹伯里和惠特尼两位耶鲁教授更是成就突出,其成果得到欧洲同行的高度评价。学会的《学报》(*Journal of American Oriental So-*

---

① S. W. Williams, *Chinese Immigration*, New York: Charles Scribner's Sons, 1879, p.31.
② "Proceedings at Boston, May 18, 1881", *Journal of the American Oriental Society*, Vol.11(1882-1885), p.lvi.
③ "Constitution of the American Oriental Society", *Journal of the American Oriental Society*, Vol.1(1843), p.vi.
④ J. Pickering, "Address", *Journal of the American Oriental Society*, Vol.1(1843), p.1.

ciety,创刊于1843年)也逐渐成为一份有影响的学术刊物。

值得注意的是,美国东方学会的研究范围虽然涵盖整个东方,但波斯、印度始终是研究的重点,这也正是上述两位耶鲁教授的研究领域,此外埃及和小亚细亚也比其他地区受到更多的关注。从研究方法上看,以语言研究和文献考证为特点的语文学(philology)几乎是学者们的不二选择。索尔兹伯里在《学报》第1期上发表的关于波斯楔形文字的长文可以说是一篇垂范之作,其后这类文章占据了《学报》大部分的版面。我们以第10卷为例,共11篇文章,内容如下:(1)彭加人(按:在内布拉斯加州和俄克拉何马州保留地的美洲印第安人部落)的词汇;(2)琼斯(William Jones,英国著名的波斯、印度学家)的13封信笺;(3)库尔德人的语法和词汇;(4)《阿闼婆吠陀》第二抄本校勘记;(5)一篇克伦邦(按:缅甸邦名)的碑铭;(6)从缅甸语的角度看巴利文;(7)冰川作用于黎巴嫩山的痕迹;(8)希腊文《圣经》西奈抄本和拉丁抄本的时代问题;(9)纽约大都会博物馆所藏塞浦路斯人的碑铭;(10)梵文动词变位研究综述;(11)关于吠陀本集中名词变位的统计。从上述列举中,我们也不难窥见东方学会的另一大特点——"厚古薄今"。

美国东方学研究的传统来自欧洲。语文学(philology)在希腊语中的原意是"爱字词",从某种意义上与意为"爱智慧"的哲学(philosophy)相对立。在近代欧洲,意大利思想家维柯(Giambattista Vico)和法国思想家笛卡尔(Rene Descartes)分别代表了这两种学术倾向。① 在维柯的影响下,许多欧洲(特别是法、德)学者将精力投向了东方古代和中古的语言以及历史文献的研究,取得了很多重大的进步,如《波斯古经》《奥义书》《沙恭达罗》的翻译,巴拉维语(按:在公元3—8世纪的伊朗语)的判读,希腊语与阿拉伯语关系的探讨,等等。② 在18世纪学术飞快进步的基础上,19世纪

---

① 维柯对语文学的辩护可参见其所著 *On the Study Methods of Our Times* (transl. Elio Gianturco, Cornell University Press, 1990)一书;美国学者艾尔曼(Benjamin A. Elman)论述清代学术转型时也使用了"哲学"和"语文学"来对应"尊德性"和"道问学",详见其所著 *From Philosophy to Philology: Intellectual and Social Aspects of Change in Late Imperial China* (Harvard University Press, 1984)一书。从语文学的角度梳理西方汉学史的最新著作,可参阅 David B. Honey, *Incense at the Altar: Pioneering Sinologists and the Development of Classical Chinese Philology*, New Haven, Conn.: American Oriental Society, 2001.

② Nathaniel Schmidt, "Early Oriental Studies in Europe and the Work of the American Oriental Society, 1842-1922", *Journal of the American Oriental Society*, Vol.43(1923), pp.7-8.

初欧洲的东方研究学会纷纷建立,最早是法国的亚洲学会(Societe Asiatique),成立于1822年,其后英国和德国也都建立了类似的学术团体。美国东方学会和这些组织保持着密切的联系。

欧洲的东方研究历史悠久,最早可以追溯到"历史之父"希罗多德(Herodotus),但真正意义上的汉学研究应该说开始于17世纪来华的传教士和欧洲本土的汉学家。1814年,法兰西学院汉学教席的设置无疑是"学术汉学"(academic sinology)建立的标志,但比起阿拉伯学、印度学则要晚得多,值得注意的是,法兰西学院两位最早的汉学教授雷慕沙和儒莲都将大量的精力用于研究佛教,也绝对不是偶然的。在欧洲的影响下,美国的东方研究同样是将大量的人力物力投向波斯、印度、埃及,中国则处于相对次要的位置。这从《学报》上就能很清楚地看出。在19世纪出版的20卷当中,关于印度的古代经典四大《吠陀》的文章多达数十篇,却没有一篇关于中国的《诗》《书》《礼》《易》的文章。① 德国当代汉学家傅海博(Herbert Franke)在解释这一现象时说:"在欧洲,汉学作为一个学术研究课题,基本上是19世纪的产儿,它比印度学和闪族研究要晚得多。后两种研究的发生背景也不尽相同,希伯来以及其他东方语言在欧洲有很长的教学历史,这样做有时是为了维护基督教、反对伊斯兰教,欧洲和伊斯兰教的接触发生在地中海以及巴尔干半岛国家,巴勒斯坦曾在土耳其的统治下更成为接触的重要原因。对于印度的兴趣主要是因为学者们发现梵语从某种意义上来说是所有印欧语言的祖先,印度学一般被认为是对梵文的研究,早期的印度研究还伴随着一种寻找人类文明源头的幻想。"②学术研究虽然带有自身的独立性,但不可能脱离历史的发展和实际的需要而存在。正如前文所引皮克林会长的话所显示的那样,美国的东方研究正是在诸多有利的外部条件的作用下发生和发展起来的。

19世纪以后,美国派遣大批的传教士到东方国家传教,他们很快成为东方研究的一支生力军,补充了国内学者的不足,特别是在那些国内学者很少涉猎的领域。裨治文和卫三畏作为最早的汉学研究者,顺理成章地成

---

① "Index to the Journal of the American Oriental Society, vols.1-20", *Journal of the American Oriental Society*, Vol.21(1900), pp.1-153.

② Herbert Franke, "In Search of China: Some General Remarks on the History of European Sinology", *Europe Studies China*, p.13.

第五章　晚年荣誉

为东方学会的首批会员。① 他们所编写的工具书很早就进入了学会的图书馆。1856 年,卫三畏的《英华分韵撮要》出版后,《学报》上还曾专门发表咩士(William A. Macy,美部会传教士)的评论文章予以介绍(第 6 卷,第 566—571 页)。但值得注意的是,裨治文在 1861 年去世前只在《学报》上发表过一篇《犹太人在中国》的短文(第 2 卷,第 341—342 页),而卫三畏直到当选会长前才发表了一篇评述马端临关于扶桑和中国以东国家的考证文章,这也是他在《学报》上发表的唯一一篇文章。造成这一现象的原因有多个,但其中非常重要的一个就是学术路径的差异。作为长期生活在中国并每天与中国人接触的传教士,他们对中国的现状有更为亲切的感受,他们研究中国的语言和历史也往往是为了服务于现实,这与生活在本国,完全不考虑对象国现实、一味"发思古之幽情"的大学教授是大异其趣的。我们发现,法兰西学院两位最早的汉学教授雷慕沙和儒莲终身都没有来过中国,他们做的是书斋里的汉学研究。当然,《学报》上留给中国的版面比较少也是原因之一,还是以 19 世纪所出的前 20 卷为例,与中国有关且有一定篇幅的文章有如下 11 篇:

(1)克拉普罗特(H. J. Klaproth)《中国纸币史》("The History of Paper Money in China",第 1 卷,第 136—142 页)

(2)格里诺(W. W. Greenough)《中国:人口、贸易、条约签订的前景》("China:Its Population, Trade and the Prospect of a Treaty",第 1 卷,第 143—161 页)

(3)勃朗《中国文化,或中国人特性的形成原因》("Chinese Culture, Or Remarks on the Causes of the Peculiarities of the Chinese",第 2 卷,第 167—206 页)

(4)咩士《运用电码标示汉字的方式》("Remarks on the Mode of Applying the Electric Telegraph in Connection with the Chinese Language",第 3 卷,第 195—207 页)

(5)索尔兹伯里《西安大秦景教碑的真伪》("On the Genuineness of the So-Called Nestorian Monument of Singan-Fu",第 3 卷,第 399—419 页)

(6)布拉德利(Charles W. Bradley)《中国方言的罗马字拼写》

---

① "List of the Members of the American Oriental Society", *Journal of the American Oriental Society*, Vol.1(1843), p.xi.

("Chinese Local Dialects Reduced to Writing",第4卷,第327—340页)

（7）伟烈亚力《西安大秦景教碑》("On the Nestorian Tablet of Se-gan Foo",第5卷,第275—336页)

（8）卫三畏《扶桑考》("Notices of Fu-sang",第11卷,第89—116页)

（9）丁韪良《古代中国的北方蛮族》("The Northern Barbarians in Ancient China",第11卷,第362—374页)

（10）柔克义《朝鲜与中国的关系》("Korea in Its Relations with China",第13卷,第1—33页)

（11）柔克义《西藏佛本生故事》("Tibetan Buddhist Birth-Stories",第18卷,第1—14页)

从上面11篇文章可以看出四个特点,一是研究课题多属于古代(柔克义的第一篇文章主要讨论古代朝鲜与中国的关系),二是语言文字研究所占比例较高,三是作者均为在华的传教士或外交官(除索尔兹伯里外,布拉德利是美国驻厦门的领事),四是关注少数民族、中外关系,而较少论及作为中国文化主体的儒家思想(勃朗的文章只是概观)。这四点基本上可以概括19世纪美国东方学会汉学研究的特点。

在上述文章中,第一篇的作者克拉普罗特是德国学者(曾长期在俄国、法国工作),①他的文章原载于法国亚洲学会1822年的《学报》,第二篇文章则是美国学者根据法国汉学家鲍狄埃(George Pauthier)所翻译的有关中文文献编写的,之所以在1843年第1卷上接连出现两篇有关中国的文章,是和《南京条约》后中国向西方开放的新形势有着密切关系的。另外,伟烈亚力是英国传教士汉学家,他的文章和前面这两篇文章都说明了欧洲东方学对美国的深刻影响和两者之间的互动。索尔兹伯里的文章主要是利用自己的专业知识(阿拉伯文、梵文和比较语言学)来为相关问题提供一个新的角度。大秦景教碑以及中国犹太人之所以受到关注当然还是跟西方文化的希伯来源头有着密切的关系。

卫三畏之所以能被选为东方学会会长,当然是凭借他的汉学研究成就,但也不能忽视耶鲁首任汉学教授给他带来的名人效应。他前后的两位会长索尔兹伯里和惠特尼均为耶鲁的教授,但和这两位会长不同的是,他一生的大部分时间不是在大学中度过的,他正在修改的代表作《中国总

---

① 详见李雪涛《日耳曼学术谱系中的汉学——德国汉学之研究》,第32—34页。

第五章　晚年荣誉

论》也没有任何学院派的特点,既不是专题研究,也不以文献考证见长。作为一名资深的东方学会会员,卫三畏当然了解其中的学术规则,在发表了关于扶桑的考证文章之后,他又开始写一篇关于苗族的文章准备刊登在《学报》上,但在去世前只完成了一个提纲。1884年5月7日,在波士顿举行的东方学会年会上,新任会长惠特尼对卫三畏的去世表示哀悼。他缅怀了卫三畏在外交、传教、学术研究上的贡献,并宣读了美国长老会传教士麦嘉缔(D. B. McCartee)的来信,后者在信中深情地回顾了与卫三畏的长期交往,并称赞了卫三畏作为传教先锋的热情和勇气以及作为学者的勤奋和多产。① 应该说,卫三畏并不缺少成为一个传统的学院派东方学家的素质,如果天假以年,他应该能在考证的路上走得更远一些。实际上,他很早就注意到了马端临的《文献通考》及其考证学方法,在1848年版的《中国总论》中他这样写道:"《文献通考》一共348卷,是一部体大思精的著作,它对于与政府管理有关的所有事情进行了研究,涵盖历代王朝,时间跨度近四千年。……它对各类著作做了耐心的研究和公正的比较,对重要的事件以及大量的历史事实和观点进行了全面的考证和辨伪。"②确实,《文献通考》虽然并非十全十美,但"其条分缕析,使稽古者可以案类而考,又其所载宋制最详,多宋史各志所未备,案语亦多能贯穿古今,折衷至当",③是研究中国元代以前典章制度的一部重要参考书。卫三畏在《学报》上的文章正是通过参考和编译其中关于扶桑、女国、文身、大汉、侏儒国、长人国、琉球等地的考证来展开讨论的。

　　20世纪以来,汉学研究在美国东方学会中的比重有所增加。越来越多的学者开始为《学报》投稿并参与学会的活动,其中除了前文提到的夏德、劳费尔、顾立雅、毕乃德、卜德之外,还有宾板桥(Woodbridge Bingham)、德效骞(Homer Hasenpflug Dubs)、魏鲁男(James Roland Ware)、恒慕义(Arthur William Hummel)、富路特(Luther Carrington Goodrich)等。这些学者均兼通中西,其中不少有欧洲的学术背景,他们成为第二次世界大战以前美国汉学研究的中坚力量。这一时期另一个值得注意的现象是来自中国的学者开始参加美国东方学会的学术活动,如许地山、梅光迪、裘开明、

---

① "Proceedings at Boston, May 7, 1884", *Journal of the American Oriental Society*, Vol.11(1882—1885), pp.clxxxvii-clxxxviii.
② S. W. Williams, *The Middle Kingdom* (1848), Vol.1, p.549.
③ 永瑢等撰《四库全书总目》,中华书局1965年版,第697页。

李方桂、赵元任等。① 由于这批学者的努力,东方学会的汉学研究在20世纪的前40年发生了一些可喜的变化,但从总体上讲,东方学会注重近东、古代和语文学方法的传统却没有大的改变。这引起了新一代远东研究学者,特别是汉学家的不满,他们希望建立一种不同于欧洲的汉学研究和亚洲研究的新模式。

美国汉学研究的转型开始于20世纪20年代,重要的标志之一是1925年太平洋关系学会(Institute of Pacific Relations)的建立。由于该学会的出现,传统意义上的汉学开始走出厚古薄今的研究壁垒,转向侧重现实问题和国际关系问题研究的新领域,从而揭开了地区研究的序幕。太平洋关系学会最初是由夏威夷关心太平洋地区社会经济问题的商界、教育界、宗教界人士发起的区域性团体,其宗旨是"研究太平洋各民族状况,以求改进各民族间的相互关系"。后来学会经过扩充,吸收了来自世界不同地区的专家、学者、政府官员,并且得到美国政府和一些财团的支持,发展成为一个国际性的学术团体,总部迁至纽约,在美国、中国、日本、朝鲜、印度、澳大利亚、菲律宾、加拿大、英国、法国、苏联等国均设有分会。总会的会刊为《太平洋事务》(Pacific Affairs),美国分会的会刊为《远东观察》(Far Eastern Survey)。出于对第二次世界大战前错综复杂的远东局势的关注,太平洋关系学会的研究重心始终放在远东问题上,同时兼顾整个亚洲研究。它的主要研究规划几乎涉及美国政府急需了解的各方面问题,如人口、土地占有、农业技术、工业化、家庭、殖民机构、民族运动、劳工组织、国际政治关系、商业和投资等。太平洋关系学会还积极联系基金会,资助学者深入远东进行实地考察。据统计,美国20世纪50年代以前出版的有关亚洲的书籍,有一半为太平洋关系学会出版或得其资助。在填补美国学术界对于太平洋地区知识的缺陷方面,太平洋关系学会的贡献是其他任何学术团体都无法

---

① 详见李珍华《"胡天汉月方诸":简介美国东方学会》,载《国际汉学》第一辑,商务印书馆1995年版,第490—491页。在1939年的年会上,李方桂做了题为《在原始傣语中存在前闭塞音的假设》的发言,赵元任在1940年的年会上做了题为《汉语官话双音节复合词中的非重读现象》,详见 Derk Bodde, "The Far East at the Meeting of the American Oriental Society in Baltimore, 1939", *Notes on Far Eastern Studies in America*, No.5 (June 1939), p.16; Edwin O. Reischauer, "The Far East at the Meeting of the American Oriental Society, New York, 1940", *Notes on Far Eastern Studies in America*, No.7 (June 1940), p.31.

比拟的。① 如果把太平洋关系学会的建立作为向地区研究转变的过程的起点,那么,远东学会的建立就是这一过程的终点。太平洋战争的爆发激发了东方学会内部的论战。1941年,以费正清为代表的一批学者为了适应美国在亚洲利益的需要发起成立了完全由美国学者组成的远东学会(Far Eastern Association)。该学会得到福特基金会、洛克菲勒基金会的资助,1948年后逐渐成为美国研究中国问题的最重要的机构之一。1956年,该学会更名为亚洲学会(Association for Asian Studies),原出版物《远东季刊》(Far Eastern Quarterly)也改名为《亚洲研究》(Journal of Asian Studies)。开始时两个学会还保持密切的联系,如一起开年会等,后来由于亚洲学会的迅速发展,它终于在1954年完全离开母体,成为美国学术团体理事会的一个独立的成员。这一举措的长远意义在于,从20世纪50年代开始,美国的"汉学研究"和"中国学研究"各有其学会和学报作为学术活动的阵地了。②

1942年是珍珠港事件的第二年,也是美国东方学会成立100周年。太平洋战争加深了美国对东亚的重视,这很快也反映到了学术研究上。东方学会也就在这时进入了一个新的发展阶段。学报上有关汉学的文章和在学会年会上宣读的汉学论文在数量和质量上不断上升。据统计,1942—2002年这60年间,学报所发表的汉学论文平均每年(每卷)有四五篇之多,如以1年4篇计算,这期间发表的论文就有200多篇,讨论的问题集中在宗教史、物质文明史、泛亚文化交通史上,但这些讨论多数是元代以前的问题——厚古薄今的传统一如从前。③

美国中国学研究的领导者和积极推动者是费正清。在他看来,卫三畏的学术成果中最重要的不是汉英字典,也不是关于扶桑和苗族的考证,而

---

① 太平洋关系学会在麦卡锡运动中受到很大冲击,1960年解散,详见张铠《从"西方中心论"到"中国中心观"——当代美国中国史研究的发展趋势》,载《中国史研究动态》1994年第11期;John N. Thomas, *The Institute of Pacific Relations: Asian Scholars and American Politics*, University of Washington Press, 1974, pp.3-11, 118-130.

② 详见"The Far Eastern Quarterly", *Notes on Far Eastern Studies in America*, No.6 (January 1940), pp.24-25; Earl H. Prichard, "The Association for Asian Studies, Inc.: A Brief History", *Journal of Asian Studies*, Vol.16 (Aug. 1957), pp.679-688; Charles O Hucker, "The Association for Asian Studies Inc., at the Age of Twenty", *Journal of Asian Studies*, Vol.28 (Nov.1968), pp.201-241.

③ 详见李珍华《"胡天汉月方诸":简介美国东方学会》,载《国际汉学》第一辑,第491—493页。

是《中国总论》，其副标题"关于中华帝国及其居民的地理、政府、教育、社会生活、文艺、宗教等的概观"完全可以作为地区研究的"课程提纲"（syllabus）来使用。① 从卫三畏一生的研究理路来看，他从总体上来说更接近于新的美国"中国学"模式，而不是老的欧洲"汉学"模式，应该说，他是 20 世纪出现的这一新的美国模式的先行者。

美国东方学会会长只是卫三畏在 1881 年获得的一项荣誉，同年 3 月 3 日，美国圣经公会（American Bible Society）秘书吉尔曼（E. W. Gilman）致信卫三畏，通知他已被董事会一致推选为该会会长。② 卫三畏于同月 31 日就任，成为该会第九任会长。

《圣经》对于所有信奉基督教的人来说都是意义非凡的，对于美国人也不例外。17 世纪，最早的一批欧洲移民就是带着《圣经》来到美国的，他们视《圣经》为超越一切世俗和宗教权力的唯一权威。随着 18 世纪宗教振兴和传教运动的发展，《圣经》的翻译和印刷成为一项极其重要的基础工作，这正是圣经公会产生的背景。实际上，协助将《圣经》翻译成东方语言乃是美国东方学会的目标之一，也是其吸收传教士入会的重要原因。③ 1804 年，英国圣经公会（British and Foreign Bible Society）建立，在英国的影响下，美国各地的圣经公会也纷纷建立，1808 年费城建立了第一个圣经公会（Philadelphia Bible Society），其后，康涅狄格、马萨诸塞、纽约、新泽西也纷纷建立同类组织，到 1816 年，美国各地已经拥有了 16 个圣经公会，建立一个全国性的组织成为大势所趋。1816 年 5 月 10 日，来自美国各地的代表聚首纽约，讨论通过了公会的章程，美国圣经公会就此成立。卫三畏的父亲作为纽约州的代表参加了这次成立大会。④

卫三畏在当选会长后，于 1881 年 11 月 2 日将一幅雕版画送给公会作为礼物，并写了如下的题词："这幅马礼逊正在翻译《圣经》的雕版画本来是他本人自藏的，在他 1834 年去世后他的儿子马儒翰将其送给了美部会广州传教站，当时传教站共有四人：裨治文、史第芬、伯驾和我。他们三位

---

① John K. Fairbank, China Perceived: Images and Policies in Chinese-American Relations, pp.214-215.

② "E. W. Gilman to S. W. Williams, 3 March 1881", Samuel Wells Williams Family Papers, Series 1, Box 6.

③ John K. Fairbank, China Perceived: Images and Policies in Chinese-American Relations, p.212.

④ Henry O. Dwight, The Centennial History of the American Bible Society, New York: Macmillan Company, 1916, pp.1-30.

后来或离开或去世,于是这幅画像就作为马氏父子的纪念品为我所珍藏。画像中站着的那个中国人曹先生,也曾经在一年多的时间里做过我的助手。我将此画像赠送给美国圣经公会,作为对马氏父子和我本人的纪念。"①这幅画像应该是出自旅居澳门的英国画家钱纳利(George Chinnery)之手,时间在19世纪20年代末。②

《圣经》虽然从唐代景教传入中国以来就不断有人尝试翻译成中文,但直到19世纪才出现完整的译本。马士曼译本出版于1822年,马礼逊译本出版于1823年,虽然马礼逊译本后出,但就影响而言,却大大超过前者。马礼逊之后的来华传教士不断对他的版本进行修订和新的翻译,直到1919年官话和合译本出版,才使这一大规模的翻译活动告一段落。③ 卫三畏在中国期间一直没有参与过《圣经》的汉译,但出于种种原因,他却成为《圣经》最早的日文译者。

1836年,7名日本水手因为海难辗转流落到澳门,为了将他们送回日本,并借此机会与当时还处于封闭状态的日本取得联系,1837年7月卫三畏与几位热心的商人和传教士组织了一次日本之行,但此行没有达到他们预期的效果。在1876年一篇发表于《教务杂志》的文章中,卫三畏总结了这次为期56天的航行:"从商业方面来说,这次航行花去了大约两千美元,毫无所获。从传教或科学研究方面来讲,直接的结果也是零。但这不是最终的结果。带回来的七个日本人都在做着这样或那样的事,大多数人很能干。其中两个多年以来一直跟着郭实猎博士,两个在我们位于澳门的印刷所工作,这四个人帮助我们学习日语,我们合作完成了《创世记》《马太福音》《约翰福音》《约翰》一、二、三书的日译。"④在这最初的几篇译作中,出自卫三畏之手的是《马太福音》和《创世记》。卫三畏首先是将《马太福音》

---

① "Portrait of Samuel Wells Williams",*American Bible Society Record*,7 Jan.1886.
② 详见苏精《中国,开门!》,香港:基督教中国宗教文化研究社2005年版,第76页。
③ 版本统计参见 Milton T. Stauffer, ed., *The Christian Occupation of China*, Shanghai: China Continuation Committee, 1922, reprint, San Francisco: Chinese Materials Center, 1979, pp.452-453; Marshall Broomhall, *The Bible in China*, reprint, San Francisco: Chinese Materials Center, 1977, pp.187-190.翻译过程的详细讨论参见 Jost Oliver Zetzsche, *The Bible in China: The History of the Union Version or the Culmination of Protestant Missionary Bible Translation in China*, Sankt Augustin: Monumenta Serica Institute, 1999.
④ S. W. Williams, "Voyages of the Himmaleh and Morrison in 1837", *The Chinese Recorder and Missionary Journal*, Vol.7(1876), p.396.

翻译成了日文,并把这个译文作为向这七个日本人宣讲基督教的教材,两年之后又将《创世记》翻译成了日文。两个能写字的水手抄写了这篇译文,但没有一份保存下来,卫三畏自己的一份也在1856年夷馆被毁时与其他一些材料一起丢失。通过这些努力,卫三畏不仅使至少两名水手皈依了基督教,还掌握了日语的日常对话,为他以后作为翻译参加佩里将军远征日本的行动提供了机会。在佩里打开日本大门之后,首批美国传教士于1859年来到日本,完整的《新约》日译本在美国圣经公会资助下于1879年完成,1880年出版;另外,由于许多日本人认识汉字,所以圣经公会还推出了加上了日文注音(训读)的中文全译本,该译本由裨治文、克陛存(Michael S. Culbertson,美国北长老会传教士)等人于1854—1864年完成,也被称为"裨治文、克陛存译本"。①

裨治文、克陛存译本的出现在很大程度上是"译名之争"的结果。1843年8—9月,在香港举行的新教传教士会议上做出了联合修订马礼逊译本的决定。1847年6月,由各地传教站点选派的5名代表在上海聚首,并于7月2日开始修订工作,但3天后就在如何翻译God和Spirit等重要概念的问题上出现了意见分歧。英国传教士麦都思、施敦力(John Stronach)主张用"上帝""神",而美国传教士文惠廉(William J. Boone)、娄理华(Walter M. Lowrie)、裨治文则主张用"神""灵",双方各持己见,互不相让。其实关于这一问题的争论早在明清之际就出现过,1845年这个老问题再次引发争论,英、美传教士以《中国丛报》为阵地展开笔战,到1847年这一问题远远没有得到解决,争论到《中国丛报》停刊仍在继续。随着争论的升级,英国传教士于1851年2月退出了修订委员会,不再与美国传教士合作,修订委员会原来以及后来增补的美国成员于是开始独立工作,其结果便是裨治文、克陛存译本的产生。②

卫三畏虽然没有卷入这场旷日持久、人数众多的争论,但一直非常关注译名问题。1847年,裨治文离开广州前往上海后,他成为《中国丛报》实际的主编,密集的译名讨论(30篇之多)占据了《中国丛报》后期的大量篇

---

① Henry O. Dwight, *The Centennial History of the American Bible Society*, pp.359-360, 411.

② 详细过程可参阅吴义雄《在宗教与世俗之间》,第370—391页;Michael C. Lazich, *E. C. Bridgman (1801-1861), America's First Missionary to China*, pp.253-292. 马士曼和马礼逊均用"神"翻译God,"圣风"翻译Spirit,关于两个版本的比较,参阅Marshall Broomhall, *The Bible in China*, pp.50-59.

幅。卫三畏一直没有参加《圣经》汉译可能是他不参与争论的原因之一，但更大的可能是当时的争论带有某些意气之争，影响了英、美传教士之间的团结与和谐，这当然是他不愿意看到的。但如果从汉学研究的角度来看，译名之争倒是有其积极的意义，它激发了传教士们研究汉语和中国人思想的热情，为了说服对方，他们往往引经据典，从《尚书》《论语》到《佩文韵府》，无不在他们的征引范围之内。

一直对这一争论冷眼旁观的卫三畏在回到美国后的第二年(1878)撰写了一篇名为《关于God和Spirit的中文译名之争》的文章，回顾了整个事件的历史，但强调他的这篇文章"不是为在中国的传教士而是为在美国的读者"而写的。1877年举行的上海传教大会虽然决定不再讨论译名问题，但却没有能够就此结束这场旷日持久、人数众多的争论。卫三畏在文章中介绍了译名之争的情况，他本人虽然和其他美国传教士一样，倾向于使用"神""灵"，但他对英国人偏爱"上帝""神"的理由也给予了心平气和的评述。在文章的一开头，卫三畏指出，争论的发生固然是因为"汉语的特殊性"，但问题的实质还在于"中国人的泛神论"使他们的心目中从来就没有一个明确的造物主概念。① 他的言下之意似乎是在说，要在汉语典籍中找到中国人所没有的概念的对应词实际上是非常困难的，如果不是完全不可能的话。这或许也是他在中国时没有置身于争论中的原因之一。

对于卫三畏晚年的三大荣誉，如果用一种公允的态度来看待，我们应该说，耶鲁教授是实至名归，而另外两个头衔则多少有一点论资排辈、名人效应的味道。当然，无论如何，一生的工作在晚年能够得到多方面的承认，总是一件令人高兴的事情。

---

① S. W. Williams, "The Controversy among the Protestant Missionaries on the Proper Translation of the Words God and Spirit into Chinese", *Bibliotheca Sacra*, October 1878, pp.732-778；这篇文章后来由Warren F. Draper出版社出版了单行本(1878)。

第六章
价值评估

一、动机与影响

卫三畏一生中的大部分时间是在中国度过的,中国不仅是他的研究对象,也是他的第二故乡。在中国生活和对中国进行研究的过程中,卫三畏对中国和中国人的感情日深,这可以从以下两件事情中看出来。第一件发生在1858年,这一年11月8日中美双方经过谈判签订《赔偿美商民损失专约》,规定由中方赔偿50万两白银,以结清历年在华美国侨民提出的各种赔偿要求,这笔赔款(折合735288美元)的处理工作由卫三畏负责。他经过进一步调查核实后,发现美国侨民的实际损失不足50万美元,在支出这笔款项后还剩余20多万美元。为此,卫三畏于1860年向美国政府建议在中国创办一所"美华学院"(American-Chinese College in China),教授中国学生西方语言和科学,同时也招收美国学生接受中文和中国知识的训练。这个建议在卫三畏的一再敦促下得到了美国政府的支持,但最终因未能得到国会的赞成而作罢。① 但卫三畏的建议无疑可以看作20世纪初美国退还庚子赔款余额兴办清华学校的先声。第二件事情发生在卫三畏回美国之后,1876—1878年中国北方由于干旱而发生大规模的饥荒,卫三畏得到消息后,立刻投入了募捐行动,上至美国参众两院,下至身边的普通民众,都在他的动员范围之内。他还写了大量的呼吁信,刊登在芝加哥、纽

---

① 1885年美国国会通过议案,将这笔钱连本带息归还中国政府,详见Tyler Dennett, *Americans in Eastern Asia*, pp.326-331;金卫婷《卫三畏与美国早期的对华退款兴学计划》,载《西昌学院学报》2007年第1期,第83—85页。

第六章 价值评估

约、哥伦布等地的报纸上,在给家乡的《尤蒂卡先驱报》主编的信中,卫三畏写道:"您可能已经听说了在中国发生的大饥荒以及可怕的苦难和死亡……我希望您能将我附上的有关这次饥荒的材料刊登在您的报纸上,希望慈善之士伸出援助之手,拯救这些中国饥民,对此我将不胜感激。"①不仅如此,他还与在中国的传教士保持密切的联系,及时了解信息,在整个救灾工作中可以说是竭尽全力。

正是出于同样的善意,卫三畏希望通过自己的努力来增进美国人对中国的了解,"剥离中国人和中国文明所被给予的那种奇特而无名的可笑的印象",②这是他写作《中国总论》的动机(参见第四章)。但必须看到的是,这只是他的动机之一,他的另一个动机是:"增加基督徒对于中国人民的关注,并且说明他们是多么值得用基督教的教义去教化,施行这样的教化可以使他们的政府免于混乱,使人民免于鸦片造成的堕落和对灵魂的永久伤害。"③显然,卫三畏希望这本书能够有助于基督教在华的传教事业。实际上,我们发现,激励他从事所有工作(包括汉学研究)的动力也都来自这同一个目标。1873年,被《汉英韵府》的编写和校对工作弄得筋疲力尽的卫三畏在一封信中写道:"如果仅是为了声名而编写这本字典,我想我早就气馁而放弃这个野心了,我在每一页中看到的是它对传播福音这一事业的帮助。"④一年后这部大字典出版时,卫三畏在"前言"的最后再次强调了这一点:"我从事这一工作并且相信它不会是白费气力,是因为我期望它有助于那些正在中国传播各种真理的人,特别是传播宗教和科学真理的人,只有掌握了这两类真理才能使中国成为基督教国家而得到提升。"⑤"传播宗教和科学真理的人"非传教士莫属,卫三畏编写这本字典主要也是为了给他们提供帮助,所以出版后他打算向他们赠送一部分。在发现传教士们

---

① "S. W. W to the Utica Herald, 9 May 1878", Samuel Wells Williams Family Papers, Series 2, Box 13. 李提摩太(Timothy Richard)对新教传教士在赈灾工作中的作用有详细的回忆,参见其所著《在华四十五年》(Forty-Five Years in China, New York: Frederick A. Stokes Co., 1916)一书第四章《1876—1877年山东赈灾》和第五章《1877—1881年山西赈灾》。

② S. W. Williams, The Middle Kingdom (1848), Vol.1, p.xiv.

③ "S. W. Williams to Sarah Walworth, 23 August 1847", Samuel Wells Williams Family Papers, addition, Box 2.

④ "S. W. Williams to Wife, 13 Jan.1873", Samuel Wells Williams Family Papers, Series 1, Box 4.

⑤ S. W. Williams, "Preface", A Syllabic Dictionary of the Chinese Language, p.x. 卫三畏同样将《英华分韵撮要》"献给汉语学习者,特别是那些正在用宗教和科学真理教化这个民族的人",参见 S. W. Williams, "Preface", A Tonic Dictionary of the Chinese Language, p.viii.

不愿意无偿接受的情况下，卫三畏决定"以每本9美元，自己也正好每本倒贴9美元"的价格向120人提供此书，以这种方式来支持传教事业。①1876年11月14日，在卫三畏离开中国前夕，17位传教士联名从上海写给他一封告别信，十分准确地总结了他在中国的工作：

> 您昂扬的热情、耐心的工作与不懈的传教努力已经赢得了我们衷心的敬佩，为我们树立起充满教益与鼓励的榜样。作为字典编撰者与校订者，您的工作让我们以及所有学习中国历史与语言的人长久受惠于您广博而准确的知识，受惠于您慷慨赠送过程中的努力与苦心。您长期担任美国使馆参赞、翻译，九次代理公使的职务，这些工作给了您许多重要的机遇，使您得以把知识、经验用于为中国人造福、为您自己的国家谋利，尤其是为基督教在中国的传播效力。对您工作中表现出的高度责任感，我们不胜钦佩。我们尤其愿意铭记的是，在史无前例的四十三年工作期间，您在与中国人以及在华外国人的所有文字、外事与社会交往中，忠诚而一贯地保持了作为一个基督徒与传教士的本色。②

卫三畏效力于美部会虽然只有20多年，但传教士作为"本色"却始终伴随着他。晚年他在身体不佳的情况下坚持修订《中国总论》，在说明这么做的动机时他说："一个念头刺激着我一生从事这一工作，它就是这样一种希望：传教事业能够发展。在这个事业的成功中蕴藏着中国作为一个民族的拯救，既在道德方面，也在政治方面。"③不需要再做更多的说明，我们已经不难看出在他身上传教与汉学之间的关系。

如果没有传教运动和传教士来华，美国汉学的产生、发展会推迟若干年，这是毋庸置疑的。但另一方面，传教士本身的特点和局限性也给早期的美国汉学带来了一些不可避免的问题。裨治文曾经希望以一种"不带任

---

① "S. W. Williams to R. S. Williams, 9 Dec.1874", Samuel Wells Williams Family Papers, Series 1, Box 5.

② "Letter to S. W. Williams, 14 Nov.1876", Samuel Wells Williams Family Papers, folio 26；1884年卫三畏去世的消息传到北京后，由基督新教不同教派组成的"北京传教协会"（Peking Missionary Association）也在发布的声明中对他为传教事业所做的贡献表示敬意，详见 Report of the American Board of Commissioners for Foreign Missions (Boston, 1884), pp.53-54.

③ S. W. Williams, "Preface", The Middle Kingdom (1883), Vol.1, p.xv.

第六章 价值评估

何偏见的"(unbiased)态度来报道和研究中国,另一位美部会传教士明恩溥(Arthur H. Smith)也表示自己要努力讲实话,而且只讲实话(tell nothing but the truth),①但实际上,传教士很难不受传教目的的支配,这本来是无可厚非的,然而这一目的常常使他们无法以一种平和与同情的观点来看待中国和中国文化。在他们看来,基督教代表着文明,而异教则代表着不文明或半文明。卫三畏给中国的定位是"现存异教国家中最文明的国家",②可以说是传教士能够给予中国的最高评价了。在上述观点背后隐藏着的是一种典型的西方中心主义和西方优越论,正如赖德烈所指出的那样:"卫三畏希望纠正19世纪以来西方人对于中国的轻蔑和无知,但他没有从一种居高临下的优越感中解放出来,他确信,虽然中国绝不是未开化的国家,但中国在文明程度上要落后于基督教国家……他生活在中国的年代,清王朝正在走向衰落,庞大的中华帝国已经被数量很少的英国军队所打败,并且处于内战中,当他将中国和工业革命后日益富强的西方世界进行比较时,他几乎不可能再有18世纪欧洲人看待康乾盛世时的那种敬畏和羡慕之情。"③特别是随着西方列强势力逐渐进入中国,传教士的文化殖民心态更是日益膨胀,汉学研究中不顾事实、夸大其词,甚至歪曲事实的情况不时出现。19世纪末美部会传教士明恩溥在名噪一时的《中国人的特性》(Chinese Characteristics)一书中,提出了26个范畴来定义中国的国民性,在说明中国人"麻木不仁"(absence of nerves)这一特性时举中国人的睡觉方式为例:

> 在睡觉方面,中国人和西方人同样存在差异,这在开头已强调过了,一般说来,中国人在任何地方都能入睡,那些使我们无法入睡的烦琐的干扰丝毫不能影响他们。有一块砖作为枕头,他就可以睡在木板床或泥砖床或藤条床上,如此这般地入睡,而且一睡就睡着了,一点儿也不考虑别的事情。他睡觉时不需要屋子里保持黑暗,也不需要别人保持安静。"夜里哭泣的婴儿"可能一直在哭喊着要他抱,但是哭喊

---

① E. C. Bridgman, "Introduction", *Chinese Repository*, Vol.1, p.4; Arthur H. Smith, "Introduction", *Chinese Characteristics*, second edition, London: K. Paul, Trench, Trubner & Co., 1895, p.9.
② S. W. Williams, "Preface", *The Middle Kingdom (1848)*, Vol.1, p.xv.
③ Kenneth S. Latourette, "Samuel Wells Williams", *Notes on Far Eastern Studies in America*, No. 12(Spring 1943), p.6.

声一直没有吵醒他。某些地区,有时似乎所有人都睡着了,好像狗熊冬眠一样。大家规律地在夏日午后的头两个小时,不拘地点,依本能睡着。因此,盛夏的午后,四处一片寂静,堪比午夜两点。对于劳工阶级和许多其他人而言,睡觉的姿势无关紧要。设想在中国找一百万、一千万人来做下列考试是毫无问题的:试验他们躺在三轮推车上,像蜘蛛一样头朝下,张大了嘴含着苍蝇,是否睡得着。①

睡觉本来是没有种族差异,也无所谓优劣的,但在这里却被明恩溥毫无根据地用来说明西方人的优越,仅此一例就足以暴露出他对中国人的种族歧视。卫三畏虽然没有明恩溥那么极端,但他对中国的一些不实之词同样是偏见的产物,卫三畏在《中国总论》中贬斥中国人"好色"时这样写道:"这个沉溺于感官享受的民族寻求的许多食物,都是因为它们具有刺激性欲的性质,而且大多数从国外买进的用作食物的产品也是为了这种性质。"②这纯属无稽之谈。一向关心中国国民性问题的鲁迅称自己"对于外国人的指摘本国的缺失,是不很发生反感的",③实际上他对明恩溥在《中国人的特性》中批评中国人死爱面子、缺乏时间观念、因循保守等观点是非常赞同的,但同时他对于无端的指摘也会给予毫不留情的反击。针对上述中国人"好色"的说法,他尖锐地嘲笑道:"筵席上的中国菜诚然大抵浓厚,然而并非国民的常食;中国的阔人诚然很多淫昏,但还不至于将肴馔和壮阳药并合。'纣虽不善,不如是之甚也。'研究中国的外国人,想得太深,感得太敏,便常常得到这样——比'支那人'更有性底敏感——的结果。"④鲁迅的做法很好地提示我们,在看待传教士汉学的时候应该采取一种一分为二的态度,一味肯定固然不对,一味否定,认为所有的传教士汉学都是"殖民话语",都是"文化帝国主义"的产物,也同样是简单和草率的做法。⑤

在西方文化处于强势的年代,不带国家和种族偏见来看待和研究中国是一件很难的事情。尽管如此,近代西方的传教士中还是出现了像英国的

---

① Arthur H. Smith, *Chinese Characteristics*, pp.93-94.
② S. W. Williams, *The Middle Kingdom* (1848), Vol.2, p.50.
③ 《鲁迅全集》第3卷,人民文学出版社1981年版,第330页。
④ 《鲁迅全集》第3卷,第330页。鲁迅阅读的是安冈秀夫的日文译本。
⑤ 关于鲁迅与西方人(特别是明恩溥)有关中国国民性的详细讨论,参阅 Lydia H. Liu, *Translingual Practice: Literature, National Culture, and Translated Modernity-China, 1900-1937*, Stanford University Press, 1995.第二章"Translating National Character: Lu Xun and Arthur Smith"。

第六章 价值评估

理雅各、德国的卫礼贤(Richard Wilhelm)这样比较纯粹的学者,美国早期传教士中没有出现这样的人物。[1] 从这个意义上来说,美国的传教士汉学不如上述两国。在卫三畏的身上,我们能够看到的只是一种意识,一种努力。卫三畏在《中国总论》中的一处写道:"我们不想将中国描写得比它实际的要糟,也不想大谈特谈它的优点而使人感觉它不需要福音。"[2]在另一处他写道:"很容易把中国早期的历史捧上了天,就像法国人所做的那样,但贬低它也同样是不正确的,而这是现在普遍流行的做法。"[3] 显然,卫三畏并非没有意识到自己应该以一种学者的眼光来观察和描述中国。作为传教士和作为学者的卫三畏在汉学研究中是时时处在斗争之中的。正是由于有这样的斗争,使他高出其他美国传教士汉学家一等。

另外值得注意的一点是,美国从建国伊始就实行政教分离,教会的经济来源是信徒的捐款和资助。美部会能够在1812年派出赴印度的首批传教士,是因为在1811—1812年得到了1.2万美元的捐助。[4] 同样,如果没有奥立芬的支持,美部会也无法在1829年派出裨治文前来中国。这种情况在一定程度上也影响了传教士的写作。将一个传教地点的情况写得比实际情况要坏显然更有利于说明传教工作的意义和价值,也更有利于赢得国内信徒的关注和支持。

美国学者伊萨克斯(Harold R. Isaacs)在20世纪50年代调查了美国的中国形象,发现这种形象的主要来源是传教士,"他们留在好几代人心目中的印记是最显著、最长久、最深刻的,从19世纪一直延续到现在"。[5] 这从本书前几章的论述中也可以看出来。但一个不容忽略的问题是,传教士汉学对于美国精英阶层的影响是怎样的?我们知道,17—18世纪来华耶稣会传教士的书信、著作曾经影响了一大批欧洲的思想家,特别是像伏尔

---

[1] 20世纪随着自由主义思潮的兴起,美国传教士中出现了对传教持怀疑、否定态度和对中国文化采取更为客观态度的传教士,以胡美(Edward H. Hume)、乐灵生(Frank J. Rawlinson)、赛珍珠(Pearl S. Buck)为代表,详见 Lian Xi, *The Conversion of Missionaries: Liberalism in American Protestant Missions in China 1907-1932*, Pennsylvania State University Press, 1997, pp.25-130.

[2] S. W. Williams, *The Middle Kingdom*(1848), Vol.2, p.99.

[3] S. W. Williams, *The Middle Kingdom*(1848), Vol.2, p.193.

[4] Oliver W. Elsbree, *The Rise of the Missionary Spirit in America 1790-1815*, Williamsport, PA: The Williamsport Printing and Binding Co., 1928, pp.112-113.

[5] Harold R. Isaacs, *Scratches on Our Minds: American Images of China and India*, New York: The John Day Company, 1958, p.68.

泰、莱布尼茨这样杰出的思想家。实际上,18世纪美国最杰出的思想家富兰克林的中国知识也来自于耶稣会士。19世纪对东方文化最早发生兴趣的一批美国精英通常被称为"超验主义者"(transcendentalist),主要人物包括爱默生、梭罗、奥尔科特,他们试图在印度、中国的文化中寻找一种资源来抗衡和摆脱弥漫于欧洲(特别是英国)的经验主义。在他们阅读的汉学书籍中,研究者们找到了法国人的著作、英国人的著作,却没有一本美国人的著作。他们最经常阅读的儒家经典全是英国人的译本:马士曼翻译的《论语》、柯大卫翻译的《四书》,以及理雅各的巨译《中国经典》。① 1863年,爱默生在阅读和摘抄了理雅各翻译的《论语》后发出这样的感想,孔子"早在耶稣之前就提出了'己所不欲勿施于人'的原则","比帕斯卡更启人深思",②他显然已经完全改变了早年(1824)由于无知而对于中国的偏见:

  中华帝国享有的纯粹是木乃伊的声名,将世界上最丑陋的特征小心翼翼地保留了三四千年之久。我没有这种天赋能在这个非凡民族的古老呆板的生活方式中看到任何意义,他们不是其他民族所能使用的工具。即便是悲惨的非洲还能说"我砍了木头,汲了水来促进其他地方的财富和文明",但在中国,可尊敬的乏味!古老的白痴!她在各民族的集会上只能说——"我出茶叶。"③

爱默生和其他超验主义者都没有来过中国,阅读成为他们了解中国和中国文化的唯一手段,他们中国观的形成与能读到什么样的书直接相关。从这个例子我们可以看到两点:一是拥有共同语言的英美两国在汉学研究上是一个学术共同体,在西方汉学的整个大体系中它们的联系最为紧密;二是英美汉学虽然在读者的接受方面有时会体现出难分彼此的状况,但在汉学家个人的研究方面却不难加以区分,与19世纪的英国同行相比,美国

---

 ① Arthur Christy, *The Orient in American Transcendentalism*, Columbia University Press, 1932, pp.317-321.

 ② Edward Waldo Emerson et al., eds., *Journals of Ralph Waldo Emerson*, Boston & New York: Houghton Mifflin Company, 1913, Vol.9, pp.533-535.

 ③ 在1824年的一则日记中爱默生还非常极端地说:"我要像驱逐魔鬼一样驱逐(exorcise)茶叶。"参见 William H. Gilman et al., eds., *The Journals and Miscellaneous Notebooks of Ralph Waldo Emerson*, Harvard University Press, 1961, Vol.2, pp.229,378-379.关于爱默生和儒家思想的详细讨论,可参阅钱满素《爱默生和中国》一书,生活·读书·新知三联书店1996年版,第58—86页。

传教士显然更关注近代中国的变化,而不是古代中国的传统。卫三畏虽然写过关于孔子生平的文章(《中国丛报》第 11 卷),翻译过古代的历史小说,但其注意力的焦点始终是中国的变革和近代化问题,以卫三畏为中心的传教士汉学预示了美国汉学的现代形态——以费正清为代表的"地区研究"框架下的"中国学"的出现和壮大。

二、业余与专业

在 1883 年版《中国总论》的前言中,卫三畏说:"我相信以后的学者不会再尝试写这样一部概论式的作品,而是会像李希霍芬、玉尔、理雅各等那样专注于一两个相关的领域。"①确实,学术的发展必然走向专业化和精密化。李希霍芬(Ferdinand P. W. Richthofen)是德国地质学家,19 世纪六七十年代曾在中国做过广泛的地质调查,遂成为这一领域的权威学者;英国学者玉尔(Henry Yule)则以研究西方早期的中国游记(特别是《马可·波罗游记》)而闻名;理雅各是《中国经典》的翻译者,这在前文已经多次提到。这三人虽然领域不同,但都学有专门,其研究成果处于各自领域的前沿。《中国总论》虽然对美国人了解中国起到了重要的促进作用,但从学术性的角度来看,其价值并不突出。衡量学术性的一个重要标准是创新,而《中国总论》主要的价值在于提供全面和准确的信息,虽然其中不乏作者的研究心得。它是一本很好的入门书和普及读物,而不是一部优秀的学术专著。

汉学研究的专门化从卫三畏的继承者身上就能明显地看出来。卫三畏去世后接替他在耶鲁职位的是卫斐列和赖德烈,前者的领域是中美关系史,而后者的专长则是中国基督教史。从著作的角度来看,《中国总论》之后明恩溥的《中国人的特性》一书应该说是 19 世纪末 20 世纪初影响广泛的一部作品,它"不仅是即将来中国的传教士的必备参考书,而且是关于中国人特性的一些广为接受的观念的来源"。② 但这本书讨论的范围——正

---

① S. W. Williams,"Preface",*The Middle Kingdom*(1883),Vol.1,p.xii.
② Harold R. Isaacs,*Scratches on Our Minds:American Images of China and India*,p.137.《中国人的特性》原来是以单篇文章的形式发表在上海的《字林西报》(*North-China Daily News*)上,引起了在中国以及美英的西方人的关注,1890 年在上海出第 1 版,很快销售一空并再版,参见 Arthur H. Smith,"Introduction",*Chinese Characteristics*,p.11.

如它的题目所显示的——只是中国人的国民性,比《中国总论》要狭窄得多。如果我们再将讨论延续下去,那么20世纪后半期美国汉学史上发行最广、影响最大的著作无疑是费正清的《美国与中国》(The United States and China),该书初版于1948年,①正好距《中国总论》初版100年。余英时先生在分析这部著作时指出:"在第二次世界大战之后,它差不多成了美国一般知识阶层认识中国的一本入门书。这本书主要是对于中国的社会、政治、文化和历史做出系统的观察和论断,但详近而略远,大多数的篇幅都集中在近百年的历史发展上。最后部分则是对美中关系的回顾和展望。"②可见,《美国与中国》虽然题目很大,但实际的论述是以近代中国的历史为焦点。从以上对《中国总论》之后两部影响深远的著作的简要分析,我们同样不难看出汉学研究精细化的趋势。《中国总论》作为一部百科全书式的作品,在美国汉学史上可谓"前无古人,后无来者"。

  19世纪以来,在法国的带领下,西方的汉学研究已经逐渐走上了专业化的道路,卫三畏本人也在晚年跻身于专业汉学家的行列。但和真正的专业汉学家不同的是,他一生的大部分时间不是在研究所或图书馆里做研究,而是在从事印刷、传教、外交等活动,汉学研究只能利用业余时间才能开展,这就不可避免地使他的研究带上了深深的"业余的"印记。当然,业余汉学家也能做出专业学者的业绩,比如理雅各,他的《中国经典》译本不仅在当时得到儒莲的高度评价,③而且直到今天还具有重要的参考价值。但这毕竟只是个别的例子。《中国总论》的影响力虽然一直延续到20世纪,但在费正清看来,它的价值主要在于可以作为"课程提纲"来使用,④也就是作为教材,而不是作为研究专著来使用。

---

  ① 其后于1958年、1971年、1979年出修订版。该书章节安排如下(据1971年第3版):(1)中国景观;(2)中国社会的性质;(3)儒家模式;(4)外族统治和改朝换代;(5)政治传统;(6)西方影响;(7)革命进程:反抗与复辟;(8)革命进程:改革与革命;(9)国民党的兴起;(10)国民党统治下国家发展的问题;(11)抗日战争时期的独裁主义和自由主义;(12)共产党的兴起;(13)我们所继承的中国政策;(14)美国政策与国民党的倒台;(15)人民共和国:建立新秩序;(16)人民共和国:社会主义改造;(17)革命的继续;(18)今天看中国和美国。

  ② 余英时《开辟美国研究中国史的新领域:费正清的中国研究》,载傅伟勋、周阳山主编《西方汉学家论中国》,台北:正中书局1993年版,第10页。

  ③ Helen Edith Legge, *James Legge: Missionary and Scholar*, London: The Religious Tract Society, 1905, pp.40,45.

  ④ John K. Fairbank, *China Perceived: Images and Policies in Chinese-American Relations*, pp.214-215.

第六章 价值评估

研究领域的宽窄是问题的一个方面，但只是次要的方面，更重要的是学术的精密性和前沿性。西方第一位专业汉学家雷慕沙既研究汉语语法，也研究佛教和文学，用今天的眼光来看，他的领域并不狭窄，但这并不妨碍他在每个领域都有所创新。19世纪传教士汉学家的普遍问题是，在涉猎范围很广的情况下，往往深度不够，有时甚至犯一些低级的错误。比如理雅各的老师吉德就曾将《三国演义》看作一本讲统计学的书，而郭实猎则弄不清贾宝玉到底是男是女。[①] 卫三畏的长处在于，虽然在很多问题上没有什么创见，但也没有什么明显的错误。对汉学研究者（特别是对其语言能力）来说，中国文学是一块最好的试金石。文学不是卫三畏的特长，但他的《东周列国志》的翻译还是可以让我们领略这个业余汉学家的专业水准，让我们看第二回"幽王烽火戏诸侯"中的一段翻译：

……遂不听郑伯之谏。大举烽火，复擂起大鼓。鼓声如雷，火光烛天。畿内诸侯，疑镐京有变，一个个即时领兵点将，连夜赶至骊山，但闻楼阁管籥之音。幽王与褒妃饮酒作乐，使人谢诸侯曰："幸无外寇，不劳跋涉。"诸侯面面相觑，卷旗而回。褒妃在楼上，凭栏望见诸侯忙去忙回，并无一事，不觉抚掌大笑。幽王曰："爱卿一笑，百媚俱生，此虢石父之力也！"遂以千金赏之。至今俗语相传"千金买笑"，盖本于此。髯翁有诗，单咏"烽火戏诸侯"之事。诗曰：良夜骊宫奏管簧，无端烽火烛穹苍。可怜列国奔驰苦，止博褒妃笑一场！

In this way he rejected the counsel of the Earl of Ching. The signal-fires were straightway lighted, and the great drums beaten with deafening clamor; it was as if the thunder and lightning were striking against the vault of heaven. Throughout all the royal domain, the princes concluded that a sudden revolution had happened at Hao-king, the capital, and each of them speedily called in his quota of men and their officers, and hastened to Mt. Li by forced marches. On arrival, they heard only the music of pipes and flutes proceeding from the balconies, and the king and his consort drinking

---

① Samuel Kidd, *Catalogue of the Chinese Library of the Royal Asiatic Society*, London, 1838, p.11; C. Gützlaff, "Review: *Dreams in the Red Chamber*", *Chinese Repository*, Vol.11, pp.270-271.

and making merry. He sent a messenger out to thank them all, saying, "Happily there is no banditti now abroad; I am sorry to have put you all to so much fatigue and travel." The princes looked into each other's faces in blank surprise, furled their standards and started back. Queen Pao leaned against the railing in the terrace, and when she saw them nonplussed, running here, there, and everywhere in complete perplexity, she rubbed her hands in ecstasy and burst out laughing. "How charming one hearty laugh makes you look, my dear," said the king, "this all comes from Duke Kwoh's wit." He then gave him the thousand taels. This incident furnishes the real explanation of the common proverb, "A thousand taels for a laugh." An old quatrain says, "In a pleasant night tabrets and pipes were heard at Li, And the witless pair blazed out the signal-fires on high. Not heeding that the state's decline was hastened on, Just for one end, that Pao might laugh one merry laugh."①

应该说,译文是非常流畅和准确的。相比于文学,卫三畏对汉语以及中国的博物(特别是植物)更有研究心得,关于前者在第二章中我们已经有所论述,这里不再重复。关于后者,我们可以用这样一个事实来说明:由于卫三畏在广州最早采集到了一种铁线莲,于是植物学界用他的名字来命名(Clematis Williamsii)。此外一位植物学家在1884年指出,卫三畏在1883年版《中国总论》中提到的两个橡树树种是一个新发现,此前研究东亚植物学的学者均未注意到。② 卫三畏晚年所写的《扶桑考》同样是一篇高质量的学术论文,这在前一章中也曾有所论述。总之,卫三畏并不缺少进行专业研究的素质,他缺少的只是条件和外部环境。《中国总论》这样"信息性"大于"学术性"的著作的出现,不仅是由于卫三畏个人的因素,也是时代的产物。卫三畏去世后,美国汉学界再也没有出现这一类大而全的著作。从这个意义上可以说,卫三畏是美国汉学从业余走向专业的一个最好的见证和过渡。

---

① S. W. Williams, "A Chinese Historical Novel", *New Englander*, Jan.1880, p.57;中文原文见冯梦龙编《东周列国志》,作家出版社1955年版,第16—17页。

② Francis Blackwell Forbes, "On Some Chinese Species of Oaks", *Journal of Botany*, March 1884, p.2.

第六章 价值评估

最后我们不妨提一下卫三畏与两位法国专业汉学家的一面之缘。1844年11月,卫三畏离开中国回国休假,途经巴黎时拜访了儒莲和巴赞。法国学者优越的学术条件让卫三畏非常羡慕,他在1845年8月25日给裨治文的信中写道:"法国皇家图书馆的藏书量巨大,其中文部分也极其丰富,有许多书是在中国也难以买到的。这里有中国每个省的地形图,有许多装帧精美的中文和满文书、百科全书、大量的中国经典和法律书,以及大批开本较小的书、小说,等等等等,它们大都用摩洛哥皮包着,这些藏书构成了当今世界上最好、最完善的中文图书馆——中国的中文藏书量虽然更大,但不可能有这里的完善管理。儒莲是中文书籍的管理员,他的收入一半来自管理这些图书,一半来自教授其中的内容。巴赞只当教授,月收入1000美元。"法国之所以长期执西方汉学之牛耳,是和优厚的条件分不开的。法国政府对于汉学的资助是19世纪的美国人可望而不可即的。美国人必须为稻粱谋,汉学研究的"业余性"和"业余水平"也就成为不可避免的事实。卫三畏在同一封信中所写的另外一段话或许更有助于目前的讨论:"一方面,这些法国学者们热情百倍地钻研图书馆里的各国珍贵材料,一辈子在人类知识的书本中耙梳,而另一方面他们几乎没有一个人愿意去努力寻找一种宗教来安慰自己的灵魂,当然我说这句话是针对巴赞和他的几个朋友,因为此外我不认识其他人。但是如果这里的每一位学者同时也是一个虔诚敬奉上帝的人,那么这一事实一定会传到海外,传到我的耳朵里。"①卫三畏的传教士本色在这里显露无遗,他和裨治文以及其他早期美国汉学家一样,都不是纯粹的学者,在他们与同时代的法国学者之间不仅存在着业余与专业的差异,也存在着为学术而学术和为宗教(传教)而学术的差异。

---

① "S. W. Williams to E. C. Bridgman, 25 Aug.1845", Samuel Wells Williams Family Papers, Series 1, Box 1.

附 录

一、美国传教士与中国文学的最初接触

1830年年初,美国最早的两位来华传教士裨治文(Elijah C. Bridgman)和雅裨理(David Abeel)抵达广州,美国在华传教事业从此开始。鸦片战争前在广州、澳门长期居住的美国传教士只有三四个人。鸦片战争后,美国来华传教士的人数迅速增加,截止到1847年,来华新教传教士总共是112人,其中英国35人,而美国是73人。① 考察这批早期美国传教士与中国文学的关系,我们发现,他们对这一古老的文学表现出了一些兴趣,在译介上也取得了一些成绩。其中两项成就最值得关注:一是娄理华(Walter M. Lowrie)的《诗经》译介,二是卫三畏(Samuel W. Williams)的《聊斋》译介。

(一)

娄理华是美国北长老会第一位派往中国的传教士,1842年来华,1847年在从上海前往宁波的途中遇海盗落水溺死。就在他去世的这一年,他在裨治文创办的《中国丛报》(Chinese Repository, 1832—1851)第16卷第9期(1847年9月)上发表了一篇题为"Readings in Chinese Poetry; translations of two odes from the Shi King"的文章。在这篇文章中,他全文翻译了《诗经·周南》中的《关雎》《卷耳》,并对两首诗做了简要的说明。查阅目前国内出版的有关中国典籍外译史和《诗经》英译史论著,如马祖毅、任荣珍《汉籍外译史》(修订版,湖北教育出版社2003年版)和吴结评《英语世界

---

① S. W. Williams, *The Middle Kingdom*, Vol.2, New York: Wiley & Putnam, 1848, p.374.

里的〈诗经〉研究》(四川大学出版社 2008 年版)等,发现均未提及这篇译文。据笔者初步判断,此本应该是美国人最早的《诗经》英译,也是英语世界最早从中文直接翻译的《关雎》《卷耳》文本。篇幅所限,这里只以《关雎》为例进行分析。

为了便于分析,现将原文和译文对照抄录如下:

关关雎鸠,在河之洲。窈窕淑女,君子好逑。
The harmonious voices of the sacred water-birds,
Are heard from their river island home.
This excellent damsel, retiring and mild,
Is a lovely mate for our virtuous prince.

参差荇菜,左右流之。窈窕淑女,寤寐求之。
求之不得,寤寐思服。悠哉悠哉,辗转反侧。
On the waves of the river's running stream,
The Hang plant's stalks uneven stems,
Are swaying to and fro.
This excellent damsel retiring and mild,
When waking and sleeping, our prince was seeking.
While seeking, but not having found,
His troubled thoughts waking and sleeping exclaimed,
How long! Oh how long!
He turns him around on his bed, and turns back,
He turns him all around, and returns.

参差荇菜,左右采之。窈窕淑女,琴瑟友之。
参差荇菜,左右芼之。窈窕淑女,钟鼓乐之。
The Hang plant's stalks uneven stems,
Are swaying to and fro, he gathers them now.
This excellent damsel retiring and mild,
With lutes and guitars he welcomes her home.
The Hang plant's stalks uneven stems,

Are swaying to and fro, they are fit for offering now.
This excellent damsel retiring and mild,
With music of bells and of drums come welcome her home.①

总体来说,译文传达了原文的意思。但由于是初次尝试,误解也在所难免。先看两个名词。在第一章中,娄理华将"雎鸠"翻译成 water-bird(水鸟)是不够精确的。在译文后的解说中,他说第一句如果直译是这样的:"Mandarin ducks quack-quack。"可见他将雎鸠理解成了鸳鸯(mandarin duck),所以在 water-bird 前加了一个形容词 sacred(神圣的、受崇敬的),说明不是一般的水鸟,而是鸳鸯。其实雎鸠是一种鱼鹰,《尔雅·释鸟》:"雎鸠,王鴡。"郭璞注:"雕类,今江东呼之为鹗,好在江渚山边食鱼。"相传这种鸟雌雄情意专一,非常鸟可比。当然鸳鸯也是著名的"匹鸟",但和雎鸠不是一回事,《诗经》中也写到鸳鸯,如"鸳鸯于飞,毕之罗之"(《小雅·鸳鸯》)。令人高兴的是,后来的译者避免了这个错误,理雅各(James Legge)和魏理(Arthur Waley)均将雎鸠翻译成 osprey,庞德(Ezra Pound)则译成 fish hawk。②

除了水鸟之外,诗中还提到了一种水中的植物——荇菜,它可以食用,很像莼菜,"叶径一二寸,有一缺口而形圆如马蹄者,莼也;叶似莼而稍锐长者,荇也"(李时珍《本草纲目》)。娄理华将之译成 Hang plant,显然是采用了音译,但荇的正确读音是 xìng,不是 háng。这种植物最准确的英译名应该是 nymphoides peltatum,但对于诗歌来说显然太过于技术性了。诗歌不是科学论文,后来的译者一般都选取一个意思靠近且通俗易懂的词来翻译荇菜,如 duckweed(水萍)、water mallow(水锦葵)、cress(水田芥)等。③

与词语相比,句子是更为重要的。原诗中"参差荇菜"之后,是三个结构相同的句子——左右流之,左右采之,左右芼之。这三句的意思也大致相近,流、芼都有采摘、选择的意思。但我们发现译者只翻译了后两句,没

---

① Walter M. Lowrie, "Readings in Chinese Poetry:Translations of Two Odes from the Shi King", *Chinese Repository*, Vol.16(1847), pp.454-455.

② James Legge, *The She-king*, Hongkong, 1871, p.1; Arthur Waley, *The Book of Songs*, New York: Grove Press, 1996, p.5; Ezra Pound, *Shih-ching*, *The Classic Anthology Defined by Confucius*, Harvard University Press, 1954, p.2.

③ James Legge, *The She-king*, p.1; Arthur Waley, *The Book of Songs*, p.5; Clement Francis Romilly Allen, *The Book of Chinese Poetry*, London, 1891, p.6.

有翻译第一句"左右流之",而后两句的翻译——"he gathers them now"和"they are fit for offering now"——从结构上看又完全不同。这当然就不是个别字句的问题了,而是牵涉到对整首诗的理解。根据译文后的解说,我们知道娄理华认为"参差荇菜,左右流之"属于起兴(suggestive),以荇菜在水中的上下浮动来预示后面君子的辗转反侧。所以"swaying to and fro"就已经表达出"左右流之"的意思了。如果事情是这样的话,那么后面的"参差荇菜,左右采之""参差荇菜,左右芼之"是否也是起兴呢?娄理华没有给予说明,但从译文看显然不是。这时的荇菜已经成为采集和食用的对象。换句话说,这后两句是描写,是"赋",而不再是"兴"。这样的理解虽然很有新意,也不能说完全没有道理,但相当牵强。传统的看法是认为《关雎》中起兴的是头两句,后面的内容都是"赋"。

尤其值得注意的是,娄理华把"左右采之"翻译成"he gathers them now",那么这个he(他)是谁呢?根据译文的上下文,显然是诗中的男主人公"君子"。从娄氏的解说,我们知道他对全诗理解的根据是朱熹的《诗集传》:"周之文王,生有圣德,又得圣女姒氏以为之配,宫中之人于其始至,见其有幽闲贞静之德,故作是诗。"所以他把第一章中的"君子"翻译成virtuous prince(有德之君)。此后译文中的he均指文王,这倒也说得过去,但到了"左右采之"这句就有问题了。以文王之尊,去到水面采摘荇菜,虽然并非绝不可能,但毕竟有失体统。而且就整个《诗经》来看,其中无论是采蘩、采蘋,还是采卷耳的,都是妇女,没有男子干这件事,更不用说君王了。

朱熹的《诗集传》自宋代以来一直是权威的解释,影响实在太大。娄理华以后的翻译家都没有能够走出这一解释框架。所以他们在翻译"左右流之""左右采之""左右芼之"这三句时都有些含糊,要么干脆省略主语,如果有主语,那主语要么是one(某人),要么是we(我们),[①]让人弄不清采摘的人到底是文王、太姒,还是宫人(或多位宫人)。

朱熹的解释比毛传、郑笺无疑前进了一大步,但偏颇乃至荒唐的地方还是不少。就《关雎》一首而言,清人方玉润就大胆否定了前人的权威解释:"《小序》以为'后妃之德',《集传》又谓'宫人之咏大(太)姒、文王',皆无确证。诗中亦无一语及宫闱,况文王、(太)姒耶?窃谓风者,皆采自民间者也,若君妃,则以颂体为宜。"(《诗经原始》)近人关于这首诗的解读,

---

[①] James Legge, *The She-king*, p.4; Arthur Waley, *The Book of Songs*, p.6.

我以为余冠英先生的最为合情合理:"这诗写男恋女之情。大意是:河边一个采荇菜的姑娘引起一个男子的思慕。那'左右采之'的窈窕形象使他寤寐不忘,而'琴瑟友之''钟鼓乐之'便成为他寤寐求其实现的愿望。"①根据余先生的解读,采荇菜的人就完全不用再模糊其词了,这位姑娘不仅面容姣好,而且还勤于劳作,这更增加了小伙子梦寐以求的动因。更重要的是,就诗歌的章法来看,这样的描写动静结合,比光写姑娘的娴静漂亮(窈窕)要有味道得多。只写美貌并不足以动人,必须化静为动,动静结合。"手如柔荑,肤如凝脂,领如蝤蛴,齿如瓠犀,螓首蛾眉"是《诗经》中描写美人的名句,但在这些静态描写之后,作者极其高明地加上了关键性的两句——"巧笑倩兮,美目盼兮"(《卫风·硕人》),遂能成为千古绝唱。

《关雎》被置于《诗经》之首,除了它最好地体现了"乐而不淫,哀而不伤"(《论语·八佾》)的儒家精神,其高超的艺术技巧或许也是原因之一吧。可惜的是,娄理华对这首诗的意蕴和技巧理解尚不够到位。但是他的首译之功是应予肯定的。

(二)

关于《聊斋志异》在国外的传播,长期以来,国内学界普遍采用王丽娜女士的研究成果。② 关于《聊斋志异》在西方语言中的最早译介,王丽娜认为:"最早发表《聊斋志异》单篇译文的译者是卫三畏。他的两篇英译文《种梨》和《骂鸭》,收在他 1848 年编著的两卷本《中国总论》第一卷中(693—694 页)。"③这一结论在 2008 年受到了挑战,王燕女士在该年《明清小说研究》第 2 期上发表了《试论〈聊斋志异〉在西方的最早译介》一文,认为德国传教士郭实猎才是最早的译介者,因为他 1842 年就在《中国丛报》第 11 卷第 4 期上"简介了《聊斋志异》的 9 篇小说,比卫三畏翻译的两篇作品早 6 年,当为目前所知《聊斋志异》西传第一文"。④ 这 9 篇故事是《祝翁》《张诚》《曾友于》《续黄粱》《瞳人语》《宫梦弼》《章阿端》《云萝公

---

① 余冠英《诗经选》,中华书局 2012 年版,第 3 页。
② 如许多高校使用的袁行霈先生主编的"面向 21 世纪课程教材"《中国文学史》有关《聊斋志异》的章节就是如此,详见该书第四卷,高等教育出版社 1999 年版,第 333 页。
③ 王丽娜《中国古典小说戏曲名著在国外》,学林出版社 1988 年版,第 214 页。
④ 王燕《试论〈聊斋志异〉在西方的最早译介》,载《明清小说研究》2008 年第 2 期,第 215 页。

主》《武孝廉》。王燕的论文无疑很有价值,但根据笔者看到的材料,卫三畏与《聊斋》的关系并不局限于《中国总论》,他在更早的时候已经翻译过《聊斋志异》中的作品。到底谁是西方世界《聊斋志异》的最早译者,还值得继续探讨。

《聊斋志异》是中国古代文言短篇小说的代表作。19世纪以后,它逐渐进入了西方人的视野。美国来华传教士卫三畏(Samuel W. Williams, 1812—1884)是最早接触这部著作的西方人士之一。卫三畏于1833年来华,在广州、澳门、北京工作43年后于1876年回到美国,是19世纪美国最资深的中国通。

1842年,卫三畏编写的《拾级大成》(*Easy Lessons in Chinese*)一书在澳门出版,这是一部汉语教材,"是为刚刚开始学习汉语的人编写的,读者对象不仅包括已经在中国的外国人,也包括还在本国或正在来中国途中的外国人"。① 全书的内容如下:(1)部首;(2)字根;(3)汉语的读写方式介绍;(4)阅读练习;(5)对话练习(与老师、买办、侍者);(6)阅读文选;(7)量词;(8)汉译英练习;(9)英译汉练习;(10)阅读和翻译练习。在这10个章节当中,有3个章节采用了《聊斋志异》中的17个故事,具体情况如下:第4章阅读练习选用了《种梨》《曹操冢》《骂鸭》;第8章汉译英练习选用了《鸟语》《红毛毡》《妾击贼》《义犬》《地震》;第10章阅读和翻译练习选用了《鸲鹆》《黑兽》《牛飞》《橘树》《义鼠》《象》《赵城虎》《鸿》《牧竖》。由于这17个故事分布在不同的章节,服务于不同的教学目的,所以为它们做注解和翻译的情况也就相应地各有不同。

对于第4章中的3个故事,作者的编排是先给出中文,然后是拼音,然后是逐字的英译,最后是符合英语习惯的翻译,如《种梨》的第一句话:

有乡人货梨于市颇甘芳价腾贵
yau heung yan fo li u shi po kom fong ka tang kwai
was village man peddled plums in market rather sweet fragrant price rise dear
Once there was a villager selling plums in the market which were

---

① S. W. Williams, *Easy Lessons in Chinese*, Macao, 1842, p.i.

rather sweet and fragrant, and the price was high.①

到了第 8 章中的 5 个故事,情况发生了一些变化:卫三畏在给出中文后,只提供了拼音和逐字的英译,不再提供符合英语习惯的翻译,显然他是将这一工作留给读者去做练习。而到了最后的第 10 章,则连拼音和逐字的英译也不再提供,卫三畏只列出了中文原文让读者进行阅读和翻译。

这样的安排显示了此书由易而难、循序渐进、逐级提升的编写宗旨。从一开始提供示范译文到最后不再提供任何译文,卫三畏显然希望通过这些练习能够使学习者比较快地掌握汉语。如果像卫三畏所设想的那样,一个学习者通过前面的操练最终能够完成书末成段的中译英练习,那么他就算已经"大成"了。

《拾级大成》虽然选取了 17 个《聊斋志异》故事,但真正翻译成英文且符合英语习惯的,只有《种梨》《曹操冢》《骂鸭》3 篇。这其中的《种梨》《骂鸭》2 篇后来又被他收入了《中国总论》一书之中。

《中国总论》(The Middle Kingdom)出版于 1848 年,全书凡 23 章,全面地介绍了中国的政治、经济、文化和社会状况。在第 12 章《雅文学》中卫三畏比较全面地介绍了中国的诗歌、戏剧和小说的发展历史。在讲到短篇小说时,他这样写道:"许多小说都是用纯粹的风格来写作的,特别是 16 卷的《聊斋志异》,其内容的多样性和语言的表现力都是很突出的,值得那些想研究博大精深的汉语的人仔细研读。"②接着他摘抄了《种梨》《骂鸭》两个故事,以此来说明作者蒲松龄的奇思妙想和道德劝诫。

除了《种梨》《曹操冢》《骂鸭》之外,卫三畏完整翻译的第四个故事是《商三官》,译文刊登在《中国丛报》第 18 卷第 8 期(1849 年 8 月)。在《译后小记》中卫三畏写道:"商三官的这种复仇行为在中国的道德家看来是值得称赞的,否则由于官员的疏漏或不公正就会使罪犯逍遥法外而不受应有的惩罚。不管这件事是真是假,这个故事说明中国人普遍认为父母之仇是必须要报的,在这一点上完全可以和希伯来人以血还血的观点相比较。"③

---

① S. W. Williams, *Easy Lessons in Chinese*, p.117.
② S. W. Williams, *The Middle Kingdom*, Vol.1, New York: Wiley & Putnam, 1848, p.561.
③ *The Chinese Repository*, Vol.18, pp.400-401.

从上文可以看出，卫三畏曾经在三种书刊上译介过《聊斋志异》中的故事，其中最早也最多的是1842年出版的《拾级大成》；由此可以修正王丽娜的结论，而且除了《种梨》和《骂鸭》外，最早被卫三畏完整翻译成英文的还有《曹操冢》。另外，王丽娜所记《种梨》和《骂鸭》之译文在1848年版《中国总论》中的页码（693—694页）颇可存疑，据笔者看到的版本是在561—562页。

《中国总论》是19世纪美国传教士汉学的代表作，所以比较容易受到关注。2003年，程章灿教授在《也说〈聊斋志异〉"被洋人盗用"》一文中提到的第一部著作也是《中国总论》（其依据也是王丽娜），他在考察了《聊斋志异》在西方的多种翻译后发现："《种梨》在欧美译文中出现的频率几乎可以与最有名的《崂山道士》等篇相媲美。从这一点来看，说《种梨》是在欧美国家（这里主要指英美法德）中最为流行的《聊斋志异》篇目之一，应该是不过分的。"①《种梨》构思奇妙、语言生动，确实是《聊斋志异》中的精品；《骂鸭》《曹操冢》《商三官》也都是《聊斋志异》中文学性比较高的篇章，卫三畏选择这几篇进行全文翻译颇足以表明他的文学眼光。

《拾级大成》出版于1842年，郭实猎的文章也发表在1842年，要确定谁是西文中最早的《聊斋志异》译介者有相当的难度。从王燕的论述中我们知道，郭实猎的文章"没有标题，每段介绍一篇，大致粗陈梗概，可谓错漏百出。我们只能从其叙述中大致猜测译介的究竟是哪一篇"。② 由此可知郭实猎的重点在"介"，而不在"译"。所以如果说最早的"译"者，应该还是非卫三畏莫属。另外王燕认为，卫三畏之所以关注《聊斋志异》是受到了郭实猎的影响，卫三畏"对于《聊斋志异》，乃至中国小说的看法，也在很大程度上继承了郭实猎的观点"。③ 这显然是把卫三畏最早翻译《聊斋志异》的时间误系于1848年而得出的结论。现在我们知道，卫三畏翻译《聊斋志异》的时间并不晚于郭实猎，两者之间有无影响，以及谁影响谁，就很难确定了。更值得指出的是，卫三畏对《聊斋志异》的文学价值有比较深入的体认，而根据王燕的看法，郭实猎"对于《聊斋志异》的文学成就视而不见、闭口不谈"。④ 所以这种影响即使存在，也不可能是卫三畏"在很大程度上

---

① 程章灿《也说〈聊斋志异〉"被洋人盗用"》，载《中华读书报》2003年9月24日。
② 王燕《试论〈聊斋志异〉在西方的最早译介》，第220页。
③ 王燕《试论〈聊斋志异〉在西方的最早译介》，第225页。
④ 王燕《试论〈聊斋志异〉在西方的最早译介》，第222页。

继承了"郭实猎。

《拾级大成》是卫三畏编写的第一部著作,虽然是一部汉语教材,书中的很多例句,特别是阅读和翻译部分的例句有不少都采自《三国演义》《子不语》等文学著作,很值得引起关注。

《聊斋志异》的版本情况非常复杂,卫三畏在《中国总论》中提到的是16卷本,在更早的《拾级大成》中介绍蒲松龄的一段文字中也提到了该书的版本:"《聊斋志异》是短篇小说集,常见的是16卷本,作者蒲松龄是一位山东的杰出学者,他生活于康熙年间,他的序言系于1679年。这是一部具有完美风格的高超的作品,用纯正的汉语写成。"①据此我们推测,卫三畏使用的翻译底本应该是青柯亭本或其翻刻本,即清乾隆三十一年(1766)赵起杲刻本,或称赵本,该本此后有过许多翻刻本和重印本,在传播《聊斋志异》的过程中起过很大的作用。后来发现了更近于原本的铸雪斋抄本是12卷,蒲松龄的稿本存世者已有残缺,大约也是12卷,所以近人整理的会校会注会评本《聊斋志异》(张友鹤辑校,上海古籍出版社1962年第1版,1978年新1版,凡四册,简称三会本)仍作12卷。青柯亭16卷本与现在通行的12卷本之间篇目对应的关系很混乱,但就卫三畏翻译的几篇的内容来看,它们之间在文字上并没有什么差异。

尽管美国早期传教士在中国文学的译介上做了一些工作,但工作量有限,特别是与他们在其他领域的中国研究工作相比更是如此。裨治文编《中国丛报》最后一卷附有内容索引,共分30类,列各类文章标题近1400篇。其中在第9类索引《语言、文学及其他》(Language, Literature, &c.)中列出的有关中国文学的文章才十几篇,而其中好几篇还是书评。除了上文提到的娄理华的《诗经》译文和卫三畏的《商三官》译文外,另外一篇可以算是纯文学译介的是一位美国商人 F. A. King 完成的《子不语》摘译("Extracts from a Story-book Called *Not the Sayings of Confucius*",载《中国丛报》第6卷)。另外,和同时代的英、法两国的中国文学译介相比,美国人的工作也显得逊色。卫三畏在《中国丛报》第18卷上发表过一份以英语、法语出版物为主的中国研究书目("List of Works unpon China, Principally in the English and French Languages"),其中在中国文学类中列出的《赵氏孤儿》《灰阑记》《琵琶记》《玉娇梨》《好逑传》等大部头的译作都是由法国的儒

---

① S. W. Williams, *Easy Lessons in Chinese*, p.157.

莲(Stanislas Julien)、巴赞(Antoine Bazin)、雷慕沙(Abel Rémusat)和英国的德庇时(John F. Davis)完成的,在整个这一类中看不到一个美国人的名字。

就中国研究来说,美国早期传教士关注的重点是中国语言,他们出版的最早的著作都是汉语教材,如1841年裨治文主编的《广东方言读本》(*Chinese Chrestomathy in the Canton Dialect*)、1842年卫三畏的《拾级大成》,此后帮助汉语学习的各类字典、词典、教材等大量涌现,成为19世纪美国汉学研究数量最多的作品。① 值得注意的是,有些教材含有对中国文学的译介内容,尚待我们做出进一步的研究,这一研究必将使美国传教士与中国文学的关系更加清晰地展现出来。

(原载《比较文学与跨文化研究》第二辑,华东师范大学出版社2016年版)

二、从书信看卫三畏在澳门的活动(1835—1844)

卫三畏(Samuel Wells Williams,1812—1884)是19世纪最早来华的美国传教士之一,曾在澳门长期居留(1835—1844)。他是第一次鸦片战争前后在澳门生活时间最长的美国人,有一段时间几乎是在澳门唯一的美国人。其间他写有大量书信,从中不仅足以考见他在澳门的工作与生活,且可进而窥见早期中美关系以及东亚的国际关系。

(一)

卫三畏于1833年被美部会(American Board of Commissioners for Foreign Missions)派往广州,协助美国最早来华的传教士裨治文(Elijah C. Bridgman,1830年到中国)做印刷工作。由于中外关系紧张,1835年12月15日卫三畏离开广州前往澳门,一路风力不足,不长的距离足足走了三天。②

---

① 参见 Laurence G. Thompson, "American Sinology 1830-1920: A Bibliographical Survey", *Tsing Hua Journal of Chinese Studies*, Vol.2, No.2(1961).

② 参见顾钧、宫泽真一主编《美国耶鲁大学图书馆藏卫三畏未刊往来书信集》,广西师范大学出版社2012年版,第19卷,第127页。以下,该书简称《书信集》。

到澳门后的第一年,卫三畏印刷的主要作品是英国伦敦会传教士麦都思(W. H. Medhurst)的《福建土话字典》(*A Dictionary of the Hok-keen Dialect of the Chinese Language*),这本最早的福建方言字典收录汉字1.2万个。这样一部大型的工具书不可能一蹴而就,而是多年积累的结果。麦都思在编写这本字典时还没有来过中国,但他在东南亚生活了14年,和当地的福建移民多有接触。1823年,他完成字典初稿,曾送到新加坡、马六甲等地去谋求刊印,均未获成功。1829年,英国东印度公司表示同意资助这本字典的出版,于是麦都思又做了大量的增补。印刷工作于1831年开始,到1834年4月由于东印度公司特许经营权的解除,这一工作被迫中断,当时已经印成了三分之一。1835年,麦都思来到中国寻求印刷资助,得到美国商人奥立芬(D. W. C. Olyphant)的帮助,印刷工作遂得以重新开始。

在1836年1月2日致父亲的信中,卫三畏说他将把1836年整个一年的时间用于字典的印刷。当时麦都思正好也在澳门逗留,二人于1836年1月9日曾有一次长谈。① 卫三畏本来预期一年完成印刷任务,但实际花费的时间超出了预期。在1836年11月29日致美部会秘书安德森(Rufus Anderson)的信中,他写道:"麦都思字典我已经印刷到了700页,我希望在明年2月初完成。它在我接手之前就已经完成了一部分,但此后需要的时间超过了我们的想象,费用也超出了我们的预期,奥立芬先生提供了需要的资金,他的投资将以书的销售额作为回报。目前已经有约100人预订,此外加上销售的册数,我们希望能够使奥立芬先生收支相抵。"② 字典最终于1837年6月印刷完成,③ 奥立芬的总投资是2000美元。

卫三畏在完成字典三分之二的印刷工作之后,写了一个简短的广告来做宣传。④ 在书信中他也对这部字典的意义加以了论述:"该字典出版后将大大有利于对福建方言的学习。福建人比中国其他省份的人更勤勉、更有闯劲,在东南亚的各个岛屿上都能看到他们的身影。所以这种方言的使用很普遍,了解这种方言对于传教工作非常重要。在印刷过程中,我也增

---

① 《书信集》第19卷,第132—133页。
② 《书信集》第19卷,第163页。
③ 但封面上仍写1832年由东印度公司印行,参见 Medhurst, W. H.,"Preface",*A Dictionary of the Hok-keen Dialect of the Chinese Language*, pp.2-5.
④ 广告后来刊登在《中国丛报》上,参见 *Chinese Repository*, Vol.6, p.142.

长了不少关于汉语的知识。"①可见,印刷字典对于卫三畏来说也是一个学习汉语的过程。

卫三畏到中国后便开始了汉语学习,从广州移居澳门后学习继续进行。他在书信中多次谈到汉语学习,有一次他把汉语和葡语的学习做了这样的对比:"从清早到下午四点我们一直在印刷麦都思字典,我不断向一名中国和一名葡萄牙排字工发出指令,不说一句英文,葡语好学,我已经可以使用,希望汉语能够只有十分之一的难度,我越学越觉得要学的东西多。"②汉语对于西方人来说确实有难度,学得慢的另一个原因是工具书的匮乏。

19 世纪早期用于学习汉语的工具书仅有《汉法拉丁字典》(*Dictionnaire chinois*, *français et latin*, 1813)、《通用汉言之法》(*A Grammar of the Chinese Language*, 1815)、《汉文启蒙》(*Éléments de la grammaire chinoise*, 1822)、《汉葡字典》(*Diccionario China-Portuguez*, 1833)等寥寥几种,而且均出自欧洲人之手。③ 一个美国人如果不懂法文、葡萄牙文、拉丁文,他能够选择的范围就非常有限了。在麦都思字典印刷完毕后,卫三畏在澳门又连续印刷了由裨治文以及他本人编写的几部教材和工具书,不仅增加了汉语学习者的选择范围,而且也打破了欧洲人的作品一统天下的局面。

裨治文主持编写的《广东方言读本》(*Chinese Chrestomathy in the Canton Dialect*)首先于 1841 年出版,④这是美国人编写的第一部学习汉语的教材,也是最早的专门用于练习广东方言的实用手册,具有重要的历史意义。

卫三畏参与了《读本》的编写,同时也是《读本》的印刷者。从书信中我们知道,印刷工作开始于 1839 年年初,卫三畏希望在一年内完成,但进展缓慢,到 1840 年 3 月才印刷到 392 页,整个印刷工作直到 1841 年 6 月才

---

① 《书信集》第 19 卷,第 172 页。
② 《书信集》第 19 卷,第 150 页。
③ 马礼逊对 19 世纪早期出版的西方汉语工具书按照年代顺序进行了初步的整理,参见 Robert Morrison, *The Chinese Miscellany*, London, 1825, pp.44-51.
④ 该书没有固定的中文译名,日本学者曾使用《广东语模范文章注释》《广东语句选》等译名,详见 Shen Guowei, "The Creation of Technical Terms in English-Chinese Dictionaries from the Nineteenth Century", Michael Lackner, et al. eds., *New Terms for New Ideas: Western Knowledge and Lexical Change in Late Imperial China*, Leiden: Brill, 2001, p.289.

全部完成。① 在 1841 年 5 月 15 日致父亲的信中,卫三畏写道:"过去两三年的时间我们一直在印刷《读本》,现在快要完成了。目前这里致力于学习汉语的大约在 50 人左右,自从英国远征军到来之后,汉语的重要性与日俱增,懂汉语的人越来越受到重用。"② 显然,《读本》的印刷出版相当及时地满足了学习者的需要。

在《读本》之后,卫三畏又印刷了自己编写的一本教材——《拾级大成》(*Easy Lessons in Chinese*, 1842) 和一本字典——《英华韵府历阶》(*An English and Chinese Vocabulary*, 1844),它们与《读本》鼎足为三。

鸦片战争后,美国各宗教团体纷纷派遣传教士来华,这些新来的传教士和当年的裨治文、卫三畏一样,必须首先学习汉语,在学习的过程中,他们编写了大量的字典、指南以及各种帮助学习汉语方言的小册子。③ 汉语工具书的大量出现成为 19 世纪美国汉学的一大特点,而其源头无疑是在澳门编写和印刷的这几部工具书。这几部工具书也成为美国汉学最早的著作。从这个意义上来说,澳门见证了美国汉学的兴起。

印刷中文工具书首先要解决的是中文活字问题。如果是纯粹的中文印刷,可以采用中国传统的雕版或西方新近发明的石印技术,而印刷中英文夹杂的作品则以活字印刷最为理想和可行。在搬家到澳门之前,广州印刷所还没有中文活字。要印刷中文作品,只有请中国刻工帮忙进行雕版印刷。到澳门后,卫三畏开始使用属于东印度公司的一套活字——这是西方人制作的最早的一套中文活字,它是应东印度公司的要求于 1814 年开始制作的,目的是为了印刷英国传教士马礼逊 (Robert Morrison) 的《华英字典》(*A Dictionary of the Chinese Language*, 1815—1823)——卫三畏在书信中多次提到这套活字。他到澳门之后第一件事就是整理这套活字,结果发现:"自从马礼逊字典完成后,因为无人过问,这套活字中已经有几百个汉字丢失了。"④ 于是不得不在锡块上重新雕刻。但这还是小事,最让他担心的是东印度公司会随时收回这套活字,这样他的工作就会陷入停顿。因此,卫三畏一直希望拥有自己的一套活字,此事美部会无法提供资金,他只

---

① 《书信集》第 19 卷,第 219、261、329 页。
② 《书信集》第 19 卷,第 317 页。
③ 详细书目参见 Laurence G. Thompson, "American Sinology 1830-1920: A Bibliographical Survey", *Tsing Hua Journal of Chinese Studies*, Vol.2, No.2 (1961).
④ 《书信集》第 19 卷,第 128—129 页。

有发动自己的亲朋好友来支持。他在书信中多次呼吁他们捐款,后来募集到了 1000 美元。同时他还一直和新加坡、德国、法国的研制者保持联系,他们都不约而同地尝试用机器来制作中文活字。1843 年 4 月,当他收到从新加坡寄来的活字样本时,他立刻高兴地写信告诉了母亲。① 但新加坡的研制工作很快由于主持人的去世停顿下来,后来,卫三畏用 1000 美元购买了德国人研制的中文活字冲压设备。

(二)

卫三畏 1833 年 10 月到达广州后,主要的任务是印刷英文月刊《中国丛报》(Chinese Repository),该刊由裨治文于 1832 年 5 月创办,目的是向西方读者全面介绍中国各方面的情况(后停办于 1851 年 12 月,共 20 卷,232 期)。卫三畏移居澳门后该刊继续留在广州编辑和印刷,1839 年年初裨治文也搬到澳门后,卫三畏再次接手了《丛报》的印刷工作,直到 1844 年年底回美国为止。这段时期的《丛报》刊登了大量有关第一次鸦片战争的报告,具有很高的史料价值。

第一次鸦片战争以《南京条约》的签订结束,此后中外贸易交往更加频繁。为此卫三畏编写了一本《中国商务指商》(A Chinese Commercial Guide),它为外国商人提供了条约签订后有关贸易和航行的种种实用信息;考虑到马儒翰(John R. Morrison,马礼逊之子)在十年前编印过一本类似的指南,所以虽然这本指南的内容是全新的,却以马著第二版的形式出现,并且没有把卫三畏自己的名字放在封面上。这应当是卫三畏纪念马儒翰的一种表示(马对卫三畏的汉语学习提供过帮助,于 1843 年 8 月去世)。《中国商务指商》第二版也是在澳门印刷的,于 1844 年面世。

在澳门 8 年多的时间中,卫三畏既要帮助裨治文编辑《中国丛报》,又要编写自己的著作,同时更有大量的印刷工作需要完成,他一个人应付不了这么多的事情,为了完成印刷工作,他经常需要雇佣各类帮工。在 1839 年 1 月 26 日给父亲的信中他这样描述自己手下的印刷工人:"我的印刷所……最奇特的部分还得说我的三位工人。一位葡语排字工,他对英语一无所知,也几乎不认识一个汉字,但却为有这两种文字的书排字,我和他用

---

① 《书信集》第 19 卷,第 372 页。

葡语能够勉强交流；另一位中国小伙子既不懂葡语也不懂英语，他负责排汉字，活儿干得很好；最后是一位日本人，他不懂英文、葡文、中文（几乎不懂），所以从架子上取铅字时常犯错误。当他们三个人干活时，我必须用他们各自的语言与他们交流，并且指导他们去印一本本他们丝毫不知道其内容的书。尽管如此，我想印刷错误仍然可以控制在能够忍受的范围之内。我们彼此之间努力进行交流的情形常常使我忍俊不禁。"①这种"忍俊不禁"的经历在卫三畏前后20多年的印刷生涯中应该是独一无二的，也只有在澳门印刷所时才能体验到。

上文中提到印刷所中有一位日本人，这也和卫三畏在澳门时的一段经历有关。鸦片战争前中国虽然还没有开放，美国人已经可以在广州、澳门居住和活动，但却无法涉足中国的东邻日本。美国人一直想找机会和日本人接触，试图打开日本的大门。1835年12月，三名日本水手（岩吉、久吉、音吉）因为船难几经漂泊后到达澳门；1837年3月又有类似情况的四名日本水手（庄藏、寿三郎、熊太郎、力松）被送到了澳门，并被安排和早先来到澳门的三位同胞住在一起。于是在当地美国商人金（C. W. King）的提议下，一个将他们送回日本、并借此大好机会与日本建立贸易关系的方案被确定了下来。卫三畏全程参与了这次行动（1837年7月4日至8月29日），载着这七名漂流民的"马礼逊"号试图在江户湾口的浦贺登陆，结果遭到炮击。回程中又试图在鹿儿岛登陆，结果再一次遭到炮击。这次历时2个月、耗资2000美元的行动最终以完全的失败告终。关于这七位漂流民的情况，卫三畏在书信中多次提及，最早的公开记录见于他的《"马礼逊"号的琉球与日本之行》（"Voyage of the Ship Morrison to Lewchew and Japan"）一文，这是他回到澳门后立刻完成的，该文刊载于《中国丛报》第6卷第5期（1837年9月）。

将日本的漂流民遣送回国，这在美国人看来是一种人道主义的行为，却遭到日本幕府政权如此野蛮的对待，不能不使他们义愤填膺，也更加坚定了他们用武力打开日本大门的信念。同时他们也意识到有关日本信息的贫乏，卫三畏回到澳门后立刻开始学习日语，并着手搜集各种有关日本的信息。这也为他在19世纪50年代作为翻译参加佩里（M. C. Perry）将军远征日本的行动打下了基础。特别值得关注的是，卫三畏在学习过程中

---

① 《书信集》第19卷，第219—220页。

曾尝试将《新约》翻译成日文,根据他1838年4月10日的书信可以知道,他曾将《约翰福音》第二、第三、第六章的日译文寄给自己的父亲。①

翻译《圣经》凸显了卫三畏的传教士身份。虽然卫三畏来华后的主要工作是在印刷出版方面,但他始终没有忘记自己是一名传教士。在澳门期间,他曾多次分发圣经和宗教小册子。1836年11月29日,他在写给美部会秘书安德森的信中详细描述了自己的几次行动,有一次是这样的:

> 我们打开包拿出一本福音书,让我们这群人中的一个积极的小青年高声朗读。他读了几行之后,一个站在他后面看他读书的人拿走了这本书。这时候路上许多挑担经过的人都停下来看我们这些外国人,我们很快被一堆堆的柴草所包围。每个人都向我们要书,那个原先朗读的青年现在也忙着替妇女们要书。但是看到我们的书迅速减少时,妇女们也就不再羞涩,她们主动过来拿起小册子,告诉我们说,即使她们自己不能读这些书,她们家里有丈夫和孩子可以读。她们的请求无法拒绝,我们的书包很快空了,这使她们当中的一些人发出了失望的叫声。"这么少的书,这么多的人,"她们说,"为什么你们不多带点!"接着她们和我们又愉快地谈了一会儿话,然后挑上柴草离开,分别时我们彼此都很满意——我们为始料不及的成功,而她们则为得到了书。

另一次则是这样:

> 有一次我们遇到十八九个男人正在埋葬一个男人,一个地主模样的人在旁边指挥着。说他是地主,因为他的外形、举止、说话的声音都典型地代表了那个阶级。这一群人中的每个人都得到了一本他们要的书,结果我们所有的书都发完了。他们当中领头的人看到我们的书包空了,就拿起一个装满花生和桔子的脸盆将这些东西强行倒入我们的包里,看到我不愿意接受,他说:"你把所有的书都发了,而我们什么都不回赠,这怎么可以呢?"②

---

① 《书信集》第19卷,第209页。
② 《书信集》第19卷,第163—165页。

此外，卫三畏在澳门的住所接待过不少来自英美的传教士，如叔未士（J. L. Shuck，美国浸礼会第一位来华传教士）、娄理华（Walter M. Lowrie，美国北长老会第一位来华传教士）、勃朗（S. R. Brown，马礼逊教育会学校校长）、李太郭（G. Tradescant Lay，英国圣书公会代表）等——他们初到澳门时都曾和卫三畏一起居住。卫三畏的书信中多次提及这些人在澳门的活动，是很珍贵的史料。

卫三畏在澳门期间还接待了一些美国官员并为他们提供语言等方面的服务。1844年，顾盛（Caleb Cushing）受美国政府派遣和清政府谈判签订条约，于该年2月抵达澳门，卫三畏曾协助做了一些翻译工作，如广东巡抚程矞采1844年4月19日给顾盛的照会（译文详见《中国丛报》第14卷）等。顾盛能够较快地和清政府签约，正是利用了第一次鸦片战争后中英签订《南京条约》的有利局势。在这次战争中，澳门也受到了一定的影响。其中最大的战事在关闸附近展开，1840年8月19日，英军击退清军，占领了关闸，这是自澳门开埠以来，中国政府第一次失去对澳门的军事控制权。卫三畏在书信中简要记录了战争的情况：

大约三周以前，我们的一位朋友斯丹顿先生清晨一个人去城外洗澡时被中国人抓住了。他被用一种粗鲁的方式押到了广州，但经过巡抚和其他高级官员审理之后，却得到了善待，包括一套换洗衣服和一个伺候的仆人，他没有受到严厉对待是因为官员们将他视作战犯。与此同时，英国的高级官员史密斯上校向澳门的葡萄牙总督要人，因为澳门一直被各方看作是一个中立的地方，所以没有英军驻扎在那里保护英国居民。总督则要求他交出中国人，同时派一位行政长官去广州要回斯丹顿先生。但是这位官员不但没有使斯丹顿获释，据说反而使巡抚因英国人被允许继续留在澳门（在审问斯丹顿先生的过程中获知）而大为生气。巡抚训斥了他一番后让他立即回澳门向葡萄牙总督转达驱逐英国人的命令，并告诉总督，林钦差将带领上千人的军队来帮助他。史密斯上校听到这个答复后等了一两天，但是中国方面没有什么举动表明要交出斯丹顿先生，于是昨天他命令两艘海岸炮舰和一条全副武装的汽船开往分开澳门和中国大陆的屏障处，并向驻扎在那里的中国军队开火。这屏障是一道建筑在地峡上的坚固石墙，在陆地一边有几处房舍，而在港口一边则只有一个很大的寺庙，那里驻扎有好几百中国士兵，而在屏障对面的泥沼中则停泊着九艘中方的军用船只。当英军船只开火时，陆地上和军用船只上的中国士兵立即予以还击，他们之间零星的交火持续了1个小时。由于离得太远，英军船只的射击几乎没有什么效果，开火两小时后英军士兵在屏障一边的中国领土登陆。中国军队几乎没有做什么反抗——几百人没有排成一行用步枪进行连续的射击。英国军队登陆后很快占领了屏障，并开始向寺院里的中国部队开火，同时英军的船只也把目标对准了这座寺院，山上一块凸出的部分和建筑物本身保护了中国士兵，炮弹只是从他们头上飞过。零星的射击仿佛在警告中国士兵让开道路，而英军的炮火则让中国的军用船只毫无还手之力。中国士兵很快撤离了那里，而英国人在点燃了屏障附近的建筑后又回到了他们的船上。据说中国士兵的死亡人数是5个，但很可能更多，因为许多发炮弹打中了军用船只，而英军士兵们的步枪也不断地向中国人射击。

这次战事的第二天，卫三畏和裨治文一起查看了中英交战的地点，并记录了所见所闻：

  今天早晨裨治文先生和我去查看寺院。那里已经围了很多当地人，他们一边查看损坏的地方——不是很多——一边谈着这件意想不到的事情。几千个当地人在山上目睹了这次冲突，他们当中许多人并不为自吹自擂的中国部队的失败感到难过。他们走过倒塌的屏障，那里现在已经没有随意侮辱人的士兵了。人们的这一情绪不难理解，因为村民们最容忍不了的就是士兵的骚扰。许多士兵逃进了城里，所以今天我们没有看见一个士兵。在冲突过程中当地老百姓既没有表现出兴奋，也没有表现出不安，他们只是静静地观望，冲突结束后他们回家告诉家里人他们的见闻。一个旁观者不幸腿部受了伤，今天来到医院治疗，弹片被取了出来，他可能很快就会康复回家。①

关闸之战造成了澳门社会的骚乱，盗贼蜂起，卫三畏在1841年4月26

---

① 《书信集》第19卷，第282—283页。

日给父亲的信中说"晚上一个人出去是很不安全的",他还说澳门美国医院院长雒魏林(William Lockhart)有一天在路上遭到袭击,被抢走了手表。①

在顾盛之前,美国政府就已展开了在亚洲的外交和商务谈判,并于1833年和暹罗(今泰国)签订了相关条约,1835年,罗伯茨(Edmund Roberts)代表美国政府前来换约后在澳门停靠,并准备前往日本,但罗伯茨在当地感染疾病,不久在澳门去世,卫三畏陪同澳门官员参加了他的葬礼。② 由于罗伯茨的去世,美国政府打开日本大门的行动胎死腹中。除了文职官员外,卫三畏在澳门期间还接待过文森号(1836年1月到访)、星座号和波士顿号(1842年5月到访)等美国战舰的官兵。③

卫三畏在澳门的日常生活也在书信中留下了一些记录。我们知道,当时在澳门的新教传教士每周三和周日会在德国传教士郭实猎处聚会,他们每月会举行一次音乐会。1841年5月13日,卫三畏参加了英国传教士雒魏林的婚礼,这是他在澳门期间参加的唯一一次婚礼,当时大部分传教士都是单身。④

澳门总的来说气候怡人,但夏天有时会有台风,卫三畏经历了多次,其中两次(1836年7月、1841年7月)让他印象深刻,写在书信中。关于第一次他有这样的记录:"台风之强前所未见,所到之处桅杆被截成数段,每段只剩1英尺左右,并立刻被狂风卷走,杆上的帆布早已无影无踪。"台风造成了巨大的损失:"三艘船连同货物沉入海底,其中两艘是800吨级的柚木大船,每船大约至少120名水手,另一艘是英国贸易船,船上约25名水手。"⑤

(三)

1877年,也就是卫三畏从中国退休回美国后的次年,他被耶鲁大学聘为该校首任汉学教授,也成为美国历史上第一位汉学教授。他最早的汉学

---

① 《书信集》第19卷,第314页。
② 《书信集》第19卷,第154页。
③ 《书信集》第19卷,第134、346页。
④ 《书信集》第19卷,第133、144、317页。
⑤ 《书信集》第19卷,第159页。

著作《拾级大成》《英华韵府历阶》都是在澳门完成的,这两本著作也是他本人印刷的。

《拾级大成》是卫三畏编写的第一部汉语教材,全书凡10章:(1)部首;(2)字根;(3)汉语的读写方式介绍;(4)阅读练习;(5)对话练习(与老师、买办、侍者);(6)阅读文选;(7)量词;(8)汉译英练习;(9)英译汉练习;(10)阅读和翻译练习。相对于《广东方言读本》偏重于说的练习,《拾级大成》更侧重读、译的练习,显然是为了和《读本》互补。阅读练习遵循由易而难、逐级提升的编写原则,先是单句练习,然后逐渐过渡到成段的文字。翻译练习的安排也是如此,从字句的翻译到成段的翻译,从提供参考译文到最后不再提供参考译文,卫三畏显然希望通过这些练习能够使学习者比较快地掌握汉语。

值得注意的是,《拾级大成》虽然是一本学汉语的教材,其中却有不少中国文学译介的内容,特别是《聊斋志异》故事的翻译。在第四章的阅读练习中卫三畏选用了《种梨》《曹操冢》《骂鸭》三个故事,先给出一句中文,然后是拼音,再然后是逐字的英译,最后是符合英语习惯的翻译,用这样的方式三个故事被完整地翻译成了英文。

关于《聊斋志异》在国外的传播,长期以来国内学界普遍采用的是王丽娜的研究,她认为:"最早发表《聊斋志异》单篇译文的译者是卫三畏。他的两篇英译文《种梨》和《骂鸭》,收在他1848年编著的两卷本《中国总论》第一卷中。"①可是从上文我们可以看到,这一最早发表有关译文的时间可以往前提到1842年的《拾级大成》,除了《种梨》和《骂鸭》外,最早被完整翻译成英文的还有《曹操冢》。《种梨》构思奇妙、语言生动,确实是《聊斋志异》中的精品,《骂鸭》《曹操冢》也都是《聊斋志异》中文学性比较高的篇章,卫三畏选择这几篇进行全文翻译颇足以表明他的文学眼光。

在《拾级大成》出版两年后,卫三畏又推出了另一部工具书《英华韵府历阶》,这是一部英汉词汇手册,按照英语字母顺序依次列出单词和词组,并给出中文的解释和官话注音。之所以用官话注音,是为了适应中国内地已经逐渐开放的形势,由于广东、福建仍然是当时传教士和其他外国人活动的主要区域,所以在书后的索引中,除了官话注音,卫三畏还给出了该词汇表中出现的所有汉字(按照214个部首排列)的广州话和厦门话注音。

---

① 王丽娜《中国古典小说戏曲名著在国外》,学林出版社1988年版,第214页。

除了著作之外,卫三畏在澳门期间还写了不少文章刊登在《中国丛报》上,主要集中在三个方面:(1)中国博物(Notices of Natural History);(2)中国风土人情(Illustrations of Men and Things in China);(3)中国行政区(Provinces, Departments and Districts in China)。博物系列开始于1838年第7卷,先后介绍了中国的各种动物资源:蝙蝠、松鼠、犀牛、鸬鹚、狮、虎、豹、象、龟、马、驴、骡。另外,卫三畏还专门写了一篇名为《汉语中与动物有关的成语和谚语》(第7卷第6期)的文章,讨论汉语表达中的动物形象。中国风土人情系列从1840年第9卷开始连载,其内容不像博物系列那么单一,而是包罗万象,从烧石灰的方法到如何请人捎带书信,从刻印章到吸鸦片,从寺院的佛教传单到广东流行的打油诗,从军队的奖章到儿童的教育……不一而足,无所不谈。关于中国行政区——各省、道、府、县的介绍连载于第13卷,后来这部分内容以《中国地志》(*A Chinese Topography*,1844)为名单独出版,该书也是在澳门由卫三畏本人印刷的。

卫三畏从小喜欢博物学,1841年5月15日他在给弟弟的信中说:"如果我不来中国当传教士,我能够也应该成为一名像詹姆斯·丹纳(James D. Dana)那样的博物学家。"①丹纳是卫三畏早年最好的朋友,后来成为耶鲁大学的矿物学教授。1837—1838年卫三畏参与由裨治文主持编写的《广东方言读本》时,负责的正是其中"有关博物的章节"。②

写作于澳门的这些论文后来都成为《中国总论》(*The Middle Kingdom*, 1848)相关章节中的内容。《中国总论》是美国第一部全面研究中国的著作,也是19世纪美国汉学的奠基之作。这些文章为卫三畏后来在短时间内完成这部上下两卷1200页的巨著打下了良好的基础。

最后值得一提的是卫三畏在澳门见到的一种洋泾浜葡语教材,他在《中国丛报》第6卷第6期(1837年10月)上做了简要介绍,由于他只给出了书名的拼音 Gaoumun fan yu tsa tsbze tesuen taou,我们推测其中文名或为《澳门番语杂字全套》。该教材共34页,收录常用的葡语词汇1200个,按食物、社会关系、自然现象、买卖、家具等16类排列,每个词汇下用中文注音。显然这是一部帮助在澳门的中国人学习葡语、用于日常生活交流的字典。该字典刊印于广州附近的佛山,这说明虽然自18世纪以来由于英国

---

① 《书信集》第19卷,第320页。
② E. C. Bridgman, "Introduction", *Chinese Chrestomathy in the Canton Dialect*, Macau, 1841, p.i.

主导东方贸易而使洋泾浜英语大行其道,但洋泾浜葡语并没有销声匿迹。卫三畏的文章虽然不长,却是最早记录洋泾浜葡语教材的文献,具有很高的史料价值。

1844年年底卫三畏回美国休假,结束了在澳门近九年的居留。他在这年年初给父亲的信中说,多年的澳门生活已经让他"有一种宾至如归的感觉"(feel myself almost at home),① 由此推想,他离开时应该是恋恋不舍的吧。

(原载《澳门研究》2015年第2期)

三、《中国丛报》中有关日本的论述

《中国丛报》(Chinese Repository)是由最早来华的美国传教士裨治文(E. C. Bridgman)在广州创办、向西方读者介绍中国的第一份英文刊物。它创办于1832年5月,停办于1851年12月,共20卷,232期。《中国丛报》在长达20年的时间里详细地记录了第一次鸦片战争前后中国的政治、经济、文化、宗教和社会生活等方方面面的内容,对于研究近代的中国史和中外关系史提供了丰富的材料。赖德烈(K. S. Latourette)曾称《丛报》是"有关中国知识的矿藏""极其宝贵的史料"。② 值得注意的是,《中国丛报》虽然绝大部分内容都与中国有关,但也有一部分内容涉及中国周边的国家,其中专门论述日本(包括琉球)的文章有18篇(详见下文),这些文章一部分是目击实录,另一部分则是转抄、汇编、翻译前人的成果。在1853年佩里(M. C. Perry)将军率领美国舰队打开日本国门之前,以《中国丛报》为阵地的来华西方人士一直试图尽可能多地获得有关日本的信息并建立起与日本沟通的渠道,这18篇文章正是这种努力最清晰的体现,它们为我们理解日本打开国门前的日中关系、日美关系以及日本和其他西方国家的关系提供了一个很好的观察角度。下文将按照发表的时间顺序,对这18篇文章的内容、作者、背景等进行分析,并尝试得出一些结论。

---

① 《书信集》第19卷,第390页。
② K. S. Latourette, *A History of Christian Missions in China*, London, 1929, p. 265; K. S. Latourette, *The History of Early Relations between the United States and China 1784-1844*, Yale University Press, 1917, p.9.

(1)"Religious Worship of the Japanese"(第 2 卷第 7 期,1833 年 11 月)。这篇文章出自一个名为 G. H. Burger 的人之手。他在这篇文章中简要介绍了日本两种主要的宗教——本土的神道教和外来的佛教。根据文前裨治文的"编者按",Burger 博士几年前曾到中国访问,此前曾在日本住过一段时间,这篇介绍性的文字不是为了发表,而是为了给裨治文提供一些有关日本的信息,所以裨治文因为自己没有经过作者同意就发表这篇文章而感到有些歉意。但裨治文希望传播有关日本信息的愿望显然克服了他的歉意,他不仅发表了这篇文章,而且还在"编者按"中做了一些补充。比如 Burger 在文中指出古代日本高级官员去世后,有用活人或者泥人做陪葬的做法,裨治文于是补充说,在中国也有同样的做法,并且引用孔子"始作俑者,其无后乎"来支持自己的看法。又如讲到日本天皇时,裨治文特别引用了德国学者克拉普罗特(H. J. Klaproth)刊载于法国亚洲学会《学报》(*Journal Asiatique*)1833 年 2 月号上的一篇文章,指出当时人们对于幕府将军和天皇的关系存在误解,天皇不仅是精神领袖,也是世俗的帝王,只是由于历史原因,原本只是军事首领的幕府将军篡夺了天皇的世俗权力。G. H. Burger 这个人物的来历待考,根据裨治文的"编者按",在 1833 年 11 月这篇文章刊出的时候,Burger 正在日本做研究,可见他是一个对日本有研究兴趣的学者。裨治文是 1830 年 2 月到达广州的,所以他和 Burger 见面并从他那里获得有关日本的信息应该是在 1830 年年初到 1833 年年底这段时间的某个时候。

(2)"Geography,People,Government,Intercourse with,and Productions of Japan"(第 3 卷第 7 期,1833 年 11 月)。这篇文章出自裨治文,从上文(1)我们可以看出,裨治文很注意收集有关日本的信息,不仅通过与 G. H. Burger 的交谈,也通过阅读克拉普罗特的文章。这篇关于日本的文章是他在综述前人有关日本信息的基础上编写成的。根据他在文中所承认的(在后来的一篇文章中他承认了同样的事实),这些前人包括 Engelbert Kaempfer(德国博物学家,著有《日本史》)、Vasily Golovnin(俄国航海家,著有《日本囚禁三年记》)、Philipp Franz von Siebold(德国医生,著有《日本》)等有名有姓的作者以及没有列出名字的几个耶稣会士和中国作者。在这篇文章中,裨治文比较详细地介绍了日本的位置、区划、山川、物产、人种、政治、法律、宗教、风俗以及早期的历史等情况。

(3)"Notice of a Corean and Japanese Vocabulary"(第 4 卷第 4 期,1835

年8月)。这篇文章是裨治文为郭实猎新出的一本译作所写的一个简单的介绍。这部译作的原作是一个帮助朝鲜人学习日语的词汇表,由于当时汉语在东亚通行,所以这个词汇表的编排方式是先汉字,然后是对应的韩文和日文。郭实猎的工作是将这个词汇表中的每个汉字翻译成英文,并根据有关的工具书给出每个韩文的发音。他翻译并出版(1835年在巴达维亚出版)这个词汇表的目的是帮助人们学习一直很少有人问津的韩文。郭实猎是个对各种语言都很有兴趣的人,他不仅是近代来华传教士中较早学习日语的人,也是韩语的较早学习者。在发表有关论日语的文章之前,他关于韩语的文章已经刊载在《中国丛报》第1卷上了。郭实猎翻译的这个小册子作为近代东亚语言和文化交流的一个有趣的例子,值得做更为深入的研究。

(4)"Remarks on the Japanese Language"(第6卷第3期,1837年7月)。郭实猎是近代来华西方传教士当中较早学习日语的人士之一,在他之前可能只有麦都思(Medhurst)。郭实猎是德国人,1824年受荷兰布道会派遣到暹罗和中国传教,1831—1833年他不顾清政府的禁令曾三次乘船沿中国海岸航行,其中第二次曾到过琉球。郭实猎是1835年年底在澳门开始学习日语的,其老师是3名因为船难而流落到澳门的日本人。关于这3名水手如何来到澳门,根据下文(6)《"马礼逊"号的琉球和日本之行》一文中的描述是这样的:1831年11月,一艘运粮船在从爱知县小野浦驶往江户(今东京)的途中遭遇风暴,17名水手中14人遇难,只有3人幸运地躲过了这一劫,他们的名字是岩吉、久吉、音吉,均来自爱知县的尾张。这3个水手虽然保住了性命,却严重地偏离了航向,于是他们只好驾驶着这艘运输船随风漂流,在太平洋上熬过了14个月(一说17个月)后在美国西部上岸,地点是俄勒冈的哥伦比亚河口,但上岸后立刻被当地印第安人抓获,从此开始了一年的奴役生活。1834年5月,一位好心的美国商人解救了他们,并让自己的一位合伙人将他们经由英国送往中国,目的是希望能够找机会送他们回日本。岩吉、久吉、音吉于1835年12月到达澳门后,被安排在郭实猎的住所,这就为郭实猎学习日语提供了机会。1837年3月,又有4名因为船难而从马尼拉辗转流落到澳门的日本水手(庄藏、寿三郎、熊太郎、力松)被安排在郭实猎的住所,这不仅为郭实猎提供了更多学习口语的机会,也为 1837 年 7—8 月"马礼逊"号的琉球和日本之行提供了契机。① 郭实猎是《丛报》的主要作者之一。但他关于日本的文章却只有这唯一的一篇《谈日语》。在进入正文谈论日语之前,先发表了一大通感慨。他指出,日本目前的锁国状态主要是因为西方的漠然视之,如果采取更为积极的态度,则可以建立起和日本的更为自由和开放的交往。他指出,日本人虽然在很多方面和中国人很相似,但从目前与西方有限的交往却能看出,日本人更容易摆脱传统的束缚,更愿意接受西方先进的事物,对西方人也更友好。在进入正文后,郭实猎对于日语的语音、词汇的基本情况进行了简要的介绍,并对名词、动词、形容词、数量词的构成和用法进行了一一的说明。郭实猎认为,日语是东亚最精致完美的语言,比汉语更容易吸收西方的知识。郭实猎一方面承认日语受到汉语很大的影响,同时又反复强调,汉语对于一般的日本人来说是个障碍,那种认为只有掌握了汉语才是有文化有教养的想法是错误的,因为要学好汉语必须花费很多年的精力,这样就没有时间去学习各种有用的知识了。日本只有放弃普遍的汉语教育(只保留给少数专家)后才能获得新的生机,而且他相信拥有日语这样语言的民族一定会拥有高度的文明。郭实猎的观点虽然不免偏激,但应该承认其中有不少合理的因素,甚至可以说他在 19 世纪 30 年代的预言后来果然实现了。但必须看到,日本在明治维新以后能够迅速地走上西化的道路,固然有其民族性格的内在原因,也和它 200 多年的兰学传统有不小的关系。而中国虽然比日本开放要早,但发展缓慢的原因是多重的,语言(特别是书面语)的复杂难学不能不说是个原因,1917 年的新文化运动首先打出白话文的旗帜,也正是因为中国的进步人士意识到古奥的语言已经构成了现代化的巨大障碍。

(5) "Brief History of Lewchew"(第 6 卷第 3 期,1837 年 7 月)。神治文在这篇文章中简要介绍了《琉球国志略》一书 16 卷的主要内容。《琉球国志略》为清朝人周煌所著,主要记载琉球国的历史和地理概况。清乾隆二十一年(1756)五月,周煌同翰林院侍讲全魁受命前往琉球,册封尚穆为琉球国中山王,于次年正月回国。在出使途中,周煌留意当地掌故,随手记

---

① 关于这 7 名日本漂流民和"马礼逊"号的日本之行,日本学者有详细的考证,其中一些细节与卫三畏的描述稍有出入,详见相原良一《天保八年米船モリソン号渡来の研究》一书,东京:野人社 1954 年版,第 132 页。

录。回国后又参阅大量史籍,整理编辑,手写成书后进呈皇帝御览,以便把握琉球国的历史、地理、风俗和人情等方面的情况,从而确定相应的国策,具有很高的文献价值。裨治文在1837年7月号上连续刊出(4)、(5)这两篇有关日本和琉球的文章,是因为7月4日"马礼逊"号离开澳门开始了送7名日本水手回国的航程,所以他希望将"马礼逊"号即将经过的这两个地区的信息提供给读者。

(6)"Voyage of the Ship Morrison to Lewchew and Japan"(第6卷第5期,1837年9月;第6卷第8期,1837年12月)。作为这次日本和琉球之行的参加者,卫三畏在文章开头便交代了"马礼逊"号这次行动的目的:送7名流落到澳门的日本水手回国,借此大好机会访问日本,并建立起与日本的关系。"马礼逊"号于7月30日到达了江户湾口的浦贺,在靠近陆地的过程中突然遭到了来自平根山炮台的炮火袭击,于是驶离岸边,停在自以为安全的水域,没想到夜里有四门重炮被拖上了炮台,它们在第二天发挥了威力,将一发炮弹打在了"马礼逊"号的甲板上,好在没有造成太大的伤害,但也足以让"马礼逊"号放弃了前往江户的计划。在打道回府的路程中,"马礼逊"号又尝试在鹿儿岛登陆,结果又一次遭到炮击。"马礼逊"号不得不彻底放弃希望,于8月29日返回澳门。这次历时两个月、耗资2000美元的行动最终以完全的失败告终。这次不成功的日本之行,从西方的人权观念看来,充分暴露了德川幕府的不合情理和非人道,这为日后美国政府以人权为理由展开对日外交提供了依据。对于卫三畏个人来说,这次失败的行动也促使他开始学习日语和收集有关日本的信息,这也为他日后于1853—1854年作为翻译参加佩里远征日本的行动提供了契机。此次日本和琉球之行的翻译是当时唯一懂一点日语的郭实猎,"马礼逊"号出发时,他正在英国战船"拉雷"号上执行任务,在"马礼逊"号到达琉球首府那霸的第三天(7月15日),他被"拉雷"号送到了那里,加入了此次日本之行的行列。

(7)"Sketch of Portuguese and Spanish Intercourse with Japan"(第6卷第10期,1838年2月)。

(8)"Brief Sketch of the Dutch Intercourse with Japan"(第6卷第12期,1838年4月)。

(9)"English Intercourse with Japan"(第7卷第4期,1838年8月)。

这三篇文章的作者都是C. W. King,他在文中回顾了有史以来西方国家与日本的交往,所使用的材料也都是取自前人,如 Charlevoix、Kaempfer 等。King 参加了 1837 年 7—8 月的"马礼逊"号行动,回来后写了一个小册子,叙述这次行动的过程,在进入正题之前,他回顾了 4 个主要的欧洲国家与日本交往的历史。虽然是整合前人的成果,但因为内容比较重要,且《中国丛报》以前关于日本的文章还少有这方面的论述,所以 King 的这部分文字虽然不是专门为《丛报》所写,但还是被编者拿来分三次刊登在《丛报》上。King 的书在 1839 年出版,出版后裨治文为该书写了一个书评,参看下文(12)。

(10) Visits of English Ships to Japan(第 7 卷第 11 期,1839 年 3 月)。在这篇文章中,卫三畏摘抄有关资料叙述了两艘英国船只在日本截然不同的遭遇。"兄弟"(Brothers)号于 1818 年 6 月 17 日到达江户湾,船长 Peter Gordon 提出与日本通商的要求,虽然被拒绝,但还是和平地离开了日本。而另一艘英国船"塞浦路斯"(Cyprus)号则和"马礼逊"号一样遭到了炮击。卫三畏认为,"马礼逊"号之所以被炮击,一个没有得到完全确证的原因是,两三年前一艘船的船员曾在鹿儿岛湾附近上岸并抢夺了一些牲口,而"马礼逊"号则被认为是这艘船的再次光临。虽然有关资料没有提供"塞浦路斯"号被炮击的原因,卫三畏怀疑很可能也是由于某种不当行动或误会所致。虽然已经两年过去了,但"马礼逊"号被炮击这件事显然还一直让卫三畏耿耿于怀。根据其他的资料来看,"马礼逊"号被炮击的最大原因是德川幕府早在 1825 年就发布过"驱逐令",驱逐所有靠近日本海岸的非中国和荷兰船只。这也是 1829 年"塞浦路斯"号被炮击的原因。而德川幕府 1825 年发布"驱逐令"的原因,则确实是因为此前一些商船在日本海岸的不法抢掠。正是由于这个"驱逐令",致使浦贺和鹿儿岛的地方官员在不问青红皂白的情况下就对"马礼逊"号进行了炮击。至于"马礼逊"号来日本的真正目的,德川幕府直到一年后才从荷兰驻长崎的贸易官员那里得知。有趣的是,荷兰人的报告中将"马礼逊"号误说成是一艘英国船,造成这一误解的原因可能是因为马礼逊(Robert Morrison)是英国人,作为最早来华的新教传教士,他不仅得到了英国商人的尊敬,也同样受到了美国商人的欢迎。幕府高层最终知道"马礼逊"号是一艘美国船是在 1842 年,这一年荷兰驻长崎的贸易官员将两位漂流民——庄藏、寿三郎——给家人的书信带到了江户。在信中,二人描述了他们漂流和被"马礼逊"号送回国的经历。他们的书信对 1842 年德川幕府取消"驱逐令"起

(11)"Japanese Embassy to Rome in 1582"(第 8 卷第 6 期,1839 年 10 月)。卫三畏摘译有关资料论述了 1582 年位于九州的 3 个藩主送 4 个年轻人出使罗马的过程。使团在耶稣会神父的带领下,于 1582 年 2 月 22 日从长崎出发,于 1584 年 8 月 10 日到达里斯本,1585 年 3 月 23 日拜见了罗马教皇 Gregory XIII。他们于 1586 年 4 月 30 日从里斯本返航,在印度果阿停留一段时间后,最终于 1590 年 7 月 27 日返回长崎。自从耶稣会士沙勿略(Xavier)1549 年到达日本后,天主教在日本逐渐传播开来,1571—1582 年发展尤其迅速,但就在这四个年轻人离开日本期间,形势向不利于天主教的方向发展,所以这次对罗马的访问作为日本早期天主教史上的一件大事,就显得尤其有意义了。

(12)"Voyages of the Ship Morrison and Himmaleh"(第 8 卷第 7 期,1839 年 11 月)。在这篇文章中,裨治文介绍了新近出版的一本书,名为 *The Claims of Japan and Malaysia upon Christendom*, *Exhibited in Notes of Voyages made in 1837 from Canton in the Ship Morrison and Brig Himmaleh*(New York,1839)。这本书由两个部分组成,前一部分讲"马礼逊"号的琉球和日本之行(作者是 C. W. King),后一部分讲"希马来"号在南婆罗洲地区传播福音的情况[作者是 G. T. Lay(李太郭)]。之所以把这两部分放在一起出版,笔者认为一个重要的原因是这两艘船都属于美国商人奥立芬的同孚洋行(Olyphant & Co.)。金是奥立芬的合伙人,他组织并亲自参加了 1837 年 7—8 月送 7 名日本人回国的行动,而且为了向德川幕府显示诚意,金卸下了"马礼逊"号上的武器装备,还特别带上了自己的夫人,并要求同行的美国传教士卫三畏和伯驾(Peter Parker)不要带《圣经》和任何传教的小册子,但这些善意的行为没有使他们避免被炮击的命运。金在书中认为,"马礼逊"号被炮击是对美国的侮辱,并要求美国政府采取行动和日本展开交涉。他在对幕府政权表示不满的同时,对日本民众并无恶感,对 7 名有家不能回的日本漂流民则表示了极大的同情。值得注意的是,裨治文在这篇评介性的文字中,提供了这 7 名日本水手的最新动向:两人去了美国,一人和郭实猎在一起,一人在马尼拉和郭实猎夫人在一起,另外三人在澳门和卫三畏在一起。

(13)"Translation of a Memoir on Smelting Copper"(第 9 卷第 2 期,1840 年 6 月)。这是一篇讲如何炼铜的文章,由卫三畏从日文翻译成英文。前

文已经提到,卫三畏从"马礼逊"号日本之行回来后开始学习日语,到现在可以翻译日文小册子(虽然只有短短 20 页),说明他的日文水平已经有很大的提高。在翻译之前,卫三畏有一段简短的说明文字,其中提供了不少重要的信息。他说,自从《中国丛报》创办以来,日本就一直使他们深感兴趣,一直希望在该刊物上提供尽可能多和高质量的信息。关于这个日文小册子的来历,卫三畏说是辗转得自一个名叫 M. Bruger 的人,此人是长崎荷兰夷馆的医生,1828 年曾经访问过广州,并带来一些日文书,其中就有这本关于如何炼铜的小册子。笔者怀疑此 M. Bruger 就是(1)中的那个 G. H. Burger,虽然姓名拼写有出入。卫三畏接着把从 M. Bruger 那里以及其他渠道得到的 9 本日文书的简单内容做了一番介绍,由于书名完全是用英文拼写,一时难以还原出日文的题目,有兴趣的学者可以进一步研究。

(14)"Notices of Japan"(分 10 次连载于第 9 卷和第 10 卷,1840 年 9 月至 1841 年 6 月)。这 10 次的主要内容分别是:①与荷兰人的交往;②长崎及其周边地区;③荷兰人在江户;④日本人的家庭生活习俗;⑤日本的政治、阶级、法律;⑥日本人的性格;⑦近年来西方人打开日本大门的努力;⑧日语;⑨日本的工艺;⑩日本的宗教。根据文前卫三畏的"编者按",这篇长文是从英国皇家亚洲学会学报 1839 年的几期上摘抄来的。之所以选登这篇长文,是因为随着中英鸦片战争的爆发,西方人感觉打开日本大门的日子也越来越近了,所以很需要有关日本的信息。卫三畏希望通过这篇长文以及《丛报》上之前刊载的有关日本的文章,人们能够对日本形成一个基本完整的认识。卫三畏对这篇长文做了一些注释,并说很多注释中的信息来自那几个日本漂流民。在第一条注释中,卫三畏对这篇长文的资料来源进行了考证。他指出,西方最初有关日本的信息来自耶稣会士,特别是 Charlevoix 和 Crasset 两位神父,他们的著作记录了天主教在日本传播和被迫害的情况,在耶稣会士之后,信息的主要来源是一批荷兰、德国和俄国人,他列举了 Engelbert Kaempfer、Thunberg、Vasily Golovnin、Meylan、Heer Overmeer Fischer、Philipp Franz von Siebold 等人的著作和其他一些材料,并指出,目前刊载的这篇长文的作者主要参考的是 Meylan、Heer Overmeer Fischer、Philipp Franz von Siebold 这 3 个人的著作。

(15)"Captain Mercator Cooper's visit to Japan"(第 15 卷第 4 期,1846 年 4 月)。这篇文章记录了美国捕鲸船"曼哈顿"号的江户之行。1845 年 4 月,"曼哈顿"号在日本东南方向的海面作业时,解救了一批遭遇海难的日本水手,并决定送他们回国。"曼哈顿"号于1845年4月17日到达江户湾,并将这批水手交给了日本政府,"曼哈顿"号这次行动的目的与八年前的"马礼逊"号是一样的,但没有像"马礼逊"号那样被炮击,而是受到了礼貌的对待。这应该和1842年德川幕府取消"驱逐令"有关。但日本的锁国政策并没有改变,"曼哈顿"号在江户湾停留了四天后,便被要求离开和此后"不许再来"。"编者后记"警告日本打开大门,不要像中国一样,否则就会难免一战。编者同时认为,日本一旦开放发展,会成为东方的英国。

(16) "Visit of the U. S. S. Preble to Japan"(第18卷第6期,1849年6月)。该文叙述了美国船只Preble被派往长崎运回美国水手的经过。1848年6月,美国捕鲸船Lagoda号在日本海作业时船只破损,15名船员弃船后在北海道西岸登陆,很快被抓获并被送往长崎。这一消息经过荷兰驻长崎的贸易官员传到了美国东印度舰队司令David Geisinger那里,于是他决定派遣Preble去解救这批被日本扣留的美国水手。当Preble号于1849年4月17日到长崎时,15名水手中已经有2人死亡,剩下的13人于4月26日被释放,同日释放的还有另外一位美国人Ranald MacDonald,他于1848年6月离开在日本作业的捕鲸船Plymouth号,独自来到日本,目的是为了学习日语,被抓获后也被解送到长崎。这14个美国水手在被扣押近一年后于1849年4月27日乘Preble号离开了日本。他们事后在叙述被扣押情况时强调了日本当局的虐待,于是这次解救美国水手的事件在美国人看来,暴露了日本的残暴,体现了美国的人道主义,这一事件和此前的"马礼逊"号事件以及其他类似事件为1853年后美国以人权为借口开展对日外交提供了理由。但Lagoda号事件的实际情况并不完全如此。美国水手在关押期间多次企图逃跑,于是被严加看管,但并没有被虐待。美国水手事后的叙述有夸大之嫌疑。而且当这批美国水手1848年9月被解送到长崎时,长崎的地方官曾请示东京是否可以让即将出发的荷兰船只将他们带走,可是东京的指示来得太晚,错过了时机。

(17) "Letter from Doctor Bettelheim at Lewchew"(第19卷第1期,1850年1月;第19卷第2期,1850年2月)。在这封长信中,英国传教士医生B. J. Bettelheim讲述了他在琉球工作的情况。1843年,鉴于日本的封闭状态,几个英国海军军官在伦敦成立了一个目的在于向琉球传播基督教的团体,并于1845年派出了Bettelheim。Bettelheim于1846年5月1日到达那霸,并开始了传教工作。Bettelheim前往琉球前曾在广州停留过一段时间,和美国传教士有一些接触。1849 年，Preble 号去日本解救美国水手时经过那霸，卫三畏捎去一封短信给 Bettelheim，请他介绍一下在琉球的情况，于是 Bettelheim 写了这封信，时间是 1849 年 9 月，收信人是伯驾。Bettelheim 在广州期间和伯驾住在一起，而两个人又都是医生，所以关系最为密切。这封长信后来以单行小册子的形式出版，伯驾写了序言。Bettelheim 在琉球一直待到 1854 年，他后来又给伯驾写过一封信，但其时《丛报》已经停办。另外值得一提的是，1853 年佩里将军远征日本过程中，曾在那霸停留，Bettelheim 曾帮助卫三畏起草有关文件。

（18）"Translation of an account of Japan from the Hai-kwoh Tu Chi"（第 19 卷第 3 期，1850 年 3 月）。这篇文章是将 60 卷本《海国图志》的第 12 卷中关于日本的部分翻译成了英文，译者是威妥玛（T. Wade）。威妥玛之所以选择翻译这一卷，是因为此前郭实猎在为《海国图志》写的一篇书评（第 16 卷第 9 期，1847 年 9 月）中赞扬这一卷的材料都是原始的中文材料，而这对西方人来说是新鲜的。但威妥玛在翻译的过程中发现自己的工作有些吃力不讨好，因为他觉得其中的新信息并不多，而且作者魏源除了摘抄历史上已有的材料（如《明史》）外，并没有给出评论和新的信息。

从以上《中国丛报》中 18 篇有关日本的文章我们可以看到，在当时日本奉行锁国的情况下，早期在华的西方人士还是在努力试图获得有关日本的信息。他们除了因参加不成功的"马礼逊"号行动而对日本有一些直观的了解外，其他信息主要来自前人的著作。但就是在这样信息渠道不通畅的情况下，他们还是在《中国丛报》上努力呈现出了日本方方面面的大致情况。从他们的努力中，我们不难看出他们对早日打开日本大门、将日本纳入贸易和基督教传播的世界体系的迫切愿望。

［原载《东アジア文化交涉研究》第 3 号（2010 年 3 月）］

索 引

A

艾约瑟（Joseph Edkins） 64,107
奥立芬（D. W. C. Olyphant） 20,21,35,
  38,48,55,69,77,78,137,154,171

B

保灵（Stephen L. Baldwin） 79
裨治文（Elijah C. Bridgman） 4,5,13,
  17,20,25—27,34,35,38—41,49—51,
  58,60,66—69,72,73,76—78,80,81,
  95,122,123,128,130,134,137,143,
  144,152,153,155—157,161,164—171,178
伯驾（Peter Parker） 5,17,27,31,78,
  89,96,113,128,171,174
伯希和（Paul Pelliot） 4,114
勃朗（S. R. Brown） 113,123,124,160
卜德（Derk Bodde） 4,125

D

德庇时（John F. Davis） 38,73,74,76,
  80,93,97,99—101,105,153
狄考文（Calvin W. Mateer） 5,65
地区研究（regional studies） 3,
  126—128,139

丁韪良（William A. P. Martin） 5,28,
  30,31,34,39,40,96,107,124,175
杜彭寿（Peter S. Du Ponceau） 93

F

范罢览（Andrew E. van Braam） 98
费正清（John K. Fairbank） 3,4,6,9,10,
  40,102,127,139,140,178
《福建土话字典》（A Dictionary of the Hok-
  keen Dialect of the Chinese Language）
  26,47,49,58—60,62,63,154
傅兰雅（John Fryer） 114—116

G

高第（Henri Cordier） 100
戈鲲化 114—118,177,179
顾立雅（Herrlee G. Creel） 4,125
顾盛（Caleb Cushing） 39,116,160,162
国防教育法案（National Defense Education
  Act） 2
郭实猎（Karl Gützlaff） 30,39,69,72,73,
  99,129,141,148,151,152,162,
  167—169,171,174
《广东方言读本》（Chinese Chrestomathy in
  the Canton Dialect） 26,50,58,60,66,
  153,155,163,164

《广东省土话字汇》(Vocabulary of the Canton Dialect) 46,47,51,52,56

H

哈佛燕京学社 4,5,178
《汉英韵府》(A Syllabic Dictionary of the Chinese Language in the Court Dialect) 32,57,59—61,63—66,106,118,133
亨德(William C. Hunter) 35—38,55
《华英字典》(A Dictionary of the Chinese Language) 33,41,47—49,58—60,87,156

J

姜别利(William Gamble) 80
《教务杂志》(The Chinese Recorder and Missionary Journal) 78—81,129

K

柯大卫(David Collie) 37,44,56,107,138
柯文(Paul A. Cohen) 6,7,175
克陛存(Michael S. Culbertson) 130

L

拉铁摩尔(Owen Lattimore) 10
赖德烈(Kenneth S. Latourette) 5,10,19,115,135,139,165
雷慕沙(Abel Rémusat) 41,74,93,94,97,110,122,123,141,153
理雅各(James Legge) 107,111,136,138—141,146
列卫廉(William B. Reed) 28,29,31,39
林乐知(Young J. Allen) 5
娄理华(Walter M. Lowrie) 130,144,146—148,152,160
罗伯茨(Edmund Roberts) 102,103,162
罗森伯格(W. S. W. Ruschenberger) 102,103
卢公明(Justus Doolittle) 5,34,104,105,178

M

马礼逊(Robert Morrison) 5,20—22,24,25,30,33,35—41,44—49,51,52,56,58—62,68—70,73,77,87,88,94,95,97,113—115,128—130,155—158,160,167—176
马儒翰(John R. Morrison) 30,39,50,56,57,61,73,128,157
马士(Hosea B. Morse) 3,10
马士曼(Joshua Marshman) 36,41—44,49,107,129,130,138
麦都思(Walter H. Medhurst) 26,40,47—49,58—62,97,99,130,154,155,167
美部会(American Board of Commissioners for Foreign Missions) 12,13,16,18—21,25,27,30,31,33,40,55,59,65,68,77—79,87,88,95,105,123,128,134,135,137,153,154,156,159
美国东方学会(American Oriental Society) 1,6,114,115,120—122,124—128,178
美国历史学会(American Historical Society) 1
美国圣经公会(American Bible Society) 128—130
美国学术团体理事会(American Council of Learned Societies) 5,127
《美国与中国》(The United States and Chi-

索 引

na) 140
美华学院(American-Chinese College in China) 132
米怜(William Milne) 21,24,25,37,40,68,97
明恩溥(Arthur H. Smith) 5,34,135,136,139

P

佩里(M. C. Perry) 28,130,158,165,169,174
蒲安臣(Anson Burlingame) 31

R

容闳 113—115
柔克义(William W. Rockhill) 34,116,124
儒莲(Stanislas Julien) 93,97,110,122,123,140,143,152

S

山茂召(Samuel Shaw) 2,39,99,102
《山茂召日记》(The Journals of Major Samuel Shaw, the First American Consul at Canton) 99
上海文理学会(Shanghai Literary and Scientific Society) 80
史第芬(Edwin Stevens) 5,128
《拾级大成》(Easy Lessons in Chinese) 26,52—56,67,149,150—153,156,163
苏慧廉(William E. Soothill) 10

T

谭维理(Laurence G. Thompson) 8,72,77

特雷西(Ira Tracy) 21,22
太平洋关系学会(Institute of Pacific Relations) 126,127
《太平洋事务》(Pacific Affairs) 126
《通用汉言之法》(A Grammar of the Chinese Language) 41,44,155

W

韦伯斯特(Charles K. Webster) 10
卫斐列(Frederick W. Williams) 9,81,109,115,139,177
卫三畏(Samuel Wells Williams) 5,7—10,12—28,30—35,38,40—42,46,48—50,52—67,69,72—82,87—89,91—97,100,101,103,105—109,111—120,122—125,127—137,139—144,148—165,168—172,174,177—179
伟烈亚力(Alexander Wylie) 13,25,44,61,124
文惠廉(William J. Boone) 130

X

西克曼(Laurence C. S. Sickman) 4
《西人论中国书目》(Bibliotheca Sinica) 100
夏德(Friedrich Hirth) 113,114,125

Y

雅裨理(David Abeel) 17,20,38,85,95,96,144
亚洲学会(Association for Asian Studies) 6,78,122,124,127,166,172
叶理绥(Serge Elisséeff) 4
《英华分韵撮要》(A Tonic Dictionary of the Chinese Language) 26,57—59,79,

123,133

《英华韵府历阶》(An English and Chinese Vocabulary) 26,56—58,156,163

英华书院(Anglo-Chinese College) 35—37,40,56,111

《远东观察》(Far Eastern Survey) 126

《远东季刊》(Far Eastern Quarterly) 127

远东学会(Far Eastern Association) 127

Z

《在中国发现历史》(Discovering History in China) 6,7,175

《中国丛报》(Chinese Repository) 9, 24—26,48,53,58,67,69,72,77,82, 88,97,99,107,130,139,144,148,150, 152,154,157,158,160,164,165,167, 170,172,174

《中国地志》(A Chinese Topography) 26, 72,164

《中国人的特性》(Chinese Characteristics) 135,136,139

《中国商务指南》(A Chinese Commercial Guide) 24,26,27

《中国言法》(Elements of Chinese Grammar) 41,42—44

《中国总论》(The Middle Kingdom) 8, 9,33,38,67,74,76,79,87,89—92, 95—97,100,101,103—107,109,124, 125,128,133,134,136,137,139,140, 142,148—152,163,164,177

《中华帝国对外关系史》(The International Relations of the Chinese Empire) 3

参考文献

一、中文专著

1. 陈翰笙(主编)《华工出国史料汇编》,北京:中华书局,1984年。
2. 陈君静《大洋彼岸的回声:美国中国史研究历史考察》,北京:中国社会科学出版社,2003年。
3. 丁韪良《花甲忆记——一位美国传教士眼中的晚清帝国》,桂林:广西师范大学出版社,2004年。
4. 樊腾凤《五方元音》,咸丰八年刻本。
5. 冯梦龙(编)《东周列国志》,北京:作家出版社,1955年。
6. 傅伟勋、周阳山(主编)《西方汉学家论中国》,台北:正中书局,1993年。
7. 戈公振《中国报学史》(插图整理本),上海:上海古籍出版社,2003年。
8. 顾长声《从马礼逊到司徒雷登——来华新教传教士评传》,上海:上海人民出版社,1985年。
9. 故宫博物院明清档案部(编)《清季中外使领年表》,北京:中华书局,1985年。
10. 侯且岸《当代美国的"显学":美国现代中国学研究》,北京:人民出版社,1995年。
11. 胡大泽《美国的中国近现代史研究》,北京:中国社会科学出版社,2004年。
12. 黄长著、孙越生、王祖望(主编)《欧洲中国学》,北京:社会科学文献出版社,2005年。
13. 计翔翔《十七世纪中期汉学著作研究——以曾德昭〈大中国志〉和安文思〈中国新志〉为中心》,上海:上海古籍出版社,2002年。
14. 柯文《在中国发现历史》,北京:中华书局,1989年。

15. 李雪涛《日耳曼学术谱系中的汉学——德国汉学之研究》,北京:外语教学与研究出版社,2008 年。

16. 李泽厚《中国思想史论》,合肥:安徽文艺出版社,1991 年。

17. 李志刚《基督教与近代中国文化论文集(二)》,台北:宇宙光出版社,1993 年。

18. 梁嘉彬《广东十三行考》,台中:东海大学出版社,1960 年。

19. 梁启超《梁启超全集》第二册,北京:北京出版社,1999 年。

20. 梁为楫、郑则民(主编)《中国近代不平等条约选编与介绍》,北京:中国广播电视出版社,1993 年。

21. 林治平(主编)《近代中国与基督教论文集》,台北:宇宙光出版社,1981 年。

22. 鲁迅《鲁迅全集》第 3 卷,北京:人民文学出版社,1981 年。

23. 罗常培《耶稣会士在音韵学上的贡献》,《中央研究院历史语言研究所集刊》第一本第三分册,1930 年。

24. 罗常培《国语字母演进史》,上海:商务印书馆,1934 年。

25. 罗森等《早期日本游记五种》,长沙:湖南人民出版社,1983 年。

26. 孟华《伏尔泰与孔子》,北京:新华出版社,1993 年。

27. 莫东寅《汉学发达史》,北京:北平文化出版社,1949 年。

28. 钱满素《爱默生和中国》,北京:生活·读书·新知三联书店,1996 年。

29. 苏精《马礼逊与中文印刷出版》,台北:学生书局,2000 年。

30. 苏精《中国,开门!——马礼逊及相关人物研究》,香港:基督教中国宗教文化研究社,2005 年。

31. 苏精《上帝的人马:十九世纪在华传教士的作为》,香港:基督教中国宗教文化研究社,2006 年。

32. 王建平、曾华《美国战后中国学》,长春:东北大学出版社,2003 年。

33. 王景伦《走进东方的梦——美国的中国观》,北京:时事出版社,1994 年。

34. 王力《中国语言学史》,太原:山西人民出版社,1981 年。

35. 王树槐《基督教与清季中国的教育与社会》,台北:宇宙光出版社,2006 年。

36. 王毅《皇家亚洲文会北中国支会研究》,上海:上海书店出版社,

2005年。

37. 卫斐列《卫三畏生平及书信》,桂林:广西师范大学出版社,2004年。

38. 卫青心《法国对华传教政策》,北京:中国社会科学出版社,1991年。

39. 卫三畏《中国总论》,上海:上海古籍出版社,2005年。

40. 文庆等(纂)《筹办夷务始末(道光朝)》,台北:文海出版社,1970年。

41. 吴义雄《在宗教与世俗之间:基督教新教传教士在华南沿海的早期活动研究》,广州:广东教育出版社,2000年。

42. 徐继畬(著),宋大川(校注)《瀛寰志略校注》,北京:文物出版社,2007年。

43. 阎国栋《俄国汉学史》,北京:人民出版社,2006年。

44. 永瑢等(撰)《四库全书总目》,北京:中华书局,1965年。

45. 余英时《论戴震与章学诚:清代中期学术思想史研究》,北京:生活·读书·新知三联书店,2000年。

46. 张宏生(编著)《戈鲲化集》,南京:江苏古籍出版社,2000年。

47. 张世禄《中国音韵学史》,上海:商务印书馆,1936年。

48. 张西平《传教士汉学研究》,郑州:大象出版社,2005年。

49. 张西平(编)《欧美汉学研究的历史与现状》,郑州:大象出版社,2006年。

50. 张秀民(著),韩琦(增订)《中国印刷史》,杭州:浙江古籍出版社,2006年。

51. 中国社会科学院情报研究所(编)《美国中国学手册》,北京:中国社会科学出版社,1981年。

52. 朱政惠《美国中国学史研究》,上海:上海古籍出版社,2004年。

53. 卓南生《中国近代报业发展史,1815—1874》(增订版),北京:中国社会科学出版社,2002年。

二、中文文章

1. 程章灿《也说〈聊斋志异〉"被洋人盗用"》,载《中华读书报》2003年9月24日。

2. 顾钧《卫三畏与〈中国总论〉》,载台湾《汉学研究通讯》2002 年第 3 期。

3. 顾钧《巴斯蒂教授访谈录》,载《国际汉学》2005 年第十二辑,郑州:大象出版社。

4. 顾钧《明清之际传教士的"格义儒学"》,载《中华读书报》2007 年 1 月 3 日。

5. 顾钧《裨治文:美国最早的汉学家》,载《中国图书商报》2008 年 12 月 2 日。

6. 黄育馥《20 世纪 80 年代以来美国中国学的几点变化》,载《国外社会科学》2004 年第 5 期。

7. 李珍华《"胡天汉月方诸":简介美国东方学会》,载《国际汉学》1995 年第一辑,北京:商务印书馆。

8. 林立强《美国传教士卢公明眼中的清末科举》,载《国际汉学》2004 年第十辑,郑州:大象出版社。

9. 金卫婷《卫三畏与美国早期的对华退款兴学计划》,载《西昌学院学报》2007 年第 1 期。

10. 孔陈焱《卫三畏与美国早期汉学的发端》;浙江大学博士学位论文,2006 年。

11. 钱金保《中国史大师费正清》,载《世界汉学》1998 年第 1 期。

12. 仇华飞《论美国早期汉学研究》,载《史学月刊》2000 年第 1 期。

13. 苏炜《有感于美国的中国学研究》,载《读书》1987 年第 2 期。

14. 谭树林《卫三畏与中美文化交流》,载《齐鲁学刊》1998 年第 6 期。

15. 陶德民《从卫三畏档案看 1858 年中美之间的基督教弛禁交涉》,载《或问》2005 年第 9 号,日本近代东西言语文化接触研究会。

16. 陶文钊《费正清与美国的中国学》,载《历史研究》1999 年第 1 期。

17. 王晴佳《美国的中国学研究评述》,载《历史研究》1993 年第 6 期。

18. 徐国琦《略论费正清》,载《美国研究》1994 年第 2 期。

19. 杨福绵《罗明坚、利玛窦的〈葡汉辞典〉所记录的明代官话》,载《中国语文学报》1995 年第 5 期。

20. 杨念群《美国中国学研究的范式转变与中国史研究的现实处境》,载《清史研究》2000 年第 4 期。

21. 张凤《哈佛燕京学社 75 年的汉学贡献》,载《文史哲》2004 年第

3 期。

22.张宏生《卫三畏与美国汉学的起源》,载《中华文史论丛》2005 年第八十辑,上海:上海古籍出版社。

23.张铠《从"西方中心论"到"中国中心观"——当代美国中国史研究的发展趋势》,载《中国史研究动态》1994 年第 11 期。

24.张铠《美中贸易与美国中国史研究的奠基——殖民时期至第一次世界大战》,载《中国史研究动态》1995 年第 5 期。

25.周法高《谈美国数大学有关中国的课程》,载(台湾)《新天地》1964 年 1 月第 2 卷第 11 期。

26.周振鹤《戈鲲化的生年月日及其他》,载《中华读书报》2001 年 3 月 21 日。

三、西文专著

1. Abeel, David.

—Journal of a Residence in China and the Neighboring Countries. Second edition. New York: J. Abeel Williamson, 1836.

2. Aldridge, A. Owen.

—The Dragon and the Eagle: The Presence of China in the American Enlightenment. Detroit: Wayne State University Press, 1993.

3. American Board of Commissioners for Foreign Missions.

—Report of the American Board of Commissioners for Foreign Missions. Boston, 1829-1856.

4. Bachman, R. L.

—In Memoriam, A Sermon Delivered in the First Presbyterian Church, Utica, NY, upon the Life and Labors of Samuel Wells Williams, L. L. D. , April 20, 1884. Utica, N. Y. : Press of Curtis & Childs, 1884.

5. Barnett, Suzanne W. & Fairbank, John K. eds.

—Christianity in China: Early Protestant Missionary Writings. Harvard University Press, 1985.

6. Barrett, T. H.

— Singular Listlessness: a Short History of Chinese Books and British Scholars. London: Wellsweep Press, 1989.

7. Bolton, Kingsley.

−*Chinese Englishes: A Sociolinguistic History.* Cambridge University Press, 2003.

8. Bridgman, E. C. & Williams, S. W. eds.

−*The Chinese Repository.* Canton & Macao, 1832-1851.

9. Bridgman, E. C.

−*Chinese Chrestomathy in the Canton Dialect.* Macao, 1841.

10. Bridgman, Eliza J. Gillett, ed.

−*The Pioneer of American Missions in China: The Life and Labors of Elijah Coleman Bridgman.* New York: Anson D. F. Randolph, 1864.

11. Britton, Roswell S.

−*The Chinese Periodical Press, 1800-1912.* Taipei: Ch'eng-wen Publishing Company, 1966.

12. Broomhall, Marshall.

−*The Bible in China.* Reprint. San Francisco: Chinese Materials Center, 1977.

13. Carpenter, Frederic I.

−*Emerson and Asia.* Harvard University Press, 1930.

14. Ch'en, Yao-sheng & Hsiao, Paul S. Y.

−*Sinology in the United Kingdom and Germany.* Honolulu: East-West Center, 1967.

−*Sinology in the United States and Japan.* Honolulu: East-West Center, 1967.

15. Christy, Arthur.

−*The Orient in American Transcendentalism.* Columbia University Press, 1932.

16. Cohen, Paul A. & Goldman, Merle, eds.

−*Fairbank Remembered.* Harvard University Press, 1992.

17. Cohen, Paul A.

−*Discovering History in China: American Historical Writing on the Recent Chinese Past.* Columbia University Press, 1996.

18. Cordier, Henri.

−*Catalogue of the Library of the North China Branch of the Royal Asiatic Society.* Shanghai, 1872.

−*Bibliotheca Sinica.* Paris, 1904.

19. Davis, John F.

—*Chinese Novels*. London, 1822.

—*The Chinese*. London: Charles Knight & Co., 1836.

20. Dennett, Tyler.

—*Americans in Eastern Asia*. New York: Barnes & Noble, Inc., 1941.

21. Doolittle, Justus.

—*Social Life of the Chinese, with some account of their religious, governmental, educational, and business customs and opinions*. New York: Harper & Brothers, 1867.

22. Dwight, Henry O.

—*The Centennial History of the American Bible Society*. New York: Macmillan Company, 1916.

23. Elman, Benjamin A.

—*From Philosophy to Philology: Intellectual and Social Aspects of Change in Late Imperial China*. Harvard University Press, 1984.

24. Elsbree, Oliver W.

—*The Rise of the Missionary Spirit in America 1790-1815*. Williamsport, PA: The Williamsport Printing and Binding Co., 1928.

25. Emerson, Edward Waldo, et al, eds.

—*Journals of Ralph Waldo Emerson*. Boston & New York: Houghton Mifflin Company, 1913.

26. Evans, Paul M.

—*John Fairbank and the American Understanding of Modern China*. New York: Basil Blackwell, 1988.

27. Fairbank, John K.

—*Trade and Diplomacy on the China Coast: The Opening of the Treaty Ports 1842-1854*. Harvard University Press, 1953.

—*China Perceived: Images and Policies in Chinese-American Relations*. New York: Alfred A. Knopf, 1974.

—*The United States and China*. Fourth edition. Harvard University Press, 1979.

—*Chinabound: A Fifty-Year Memoir*. New York: Harper & Row, 1982.

28. Fogal, Joshua A.

—*Politics and Sinology: The Case of Naito Konan(1866-1934)*. Harvard University Press, 1984.

29. Foucault, Michel.

—*The Order of Things*. Vintage Books, 1971.

30. Gilman, William H., et al., eds.

—*The Journals and Miscellaneous Notebooks of Ralph Waldo Emerson*. Harvard University Press, 1961.

31. Gulick, Edward V.

—*Peter Parker and the Opening of China*. Harvard University Press, 1973.

32. Gutzlaff, Karl.

—*Journal of Three Voyages along the Coast of China in 1831, 1832 & 1833*. London: Frederick Westley and A. H. Davis, 1834.

33. Hanan, Patrick.

—*Chinese Fiction of the Nineteenth and Early Twentieth Centuries*. Columbia University Press, 2004.

34. Harrison, Brian.

—*Waiting for China: The Anglo-Chinese College at Malacca 1818-1843 and Early Nineteenth-century Missions*. Hong Kong University Press, 1979.

35. Honey, David B.

—*Incense at the Altar: Pioneering Sinologists and the Development of Classical Chinese Philology*. New Haven, Conn.: American Oriental Society, 2001.

36. Hsia, Adrian, ed.

—*The Vision of China in the English Literature of the Seventeenth and Eighteenth Centuries*. Hong Kong: The Chinese University Press, 1998.

37. Hunter, William C.

—*Bits of Old China*. Shanghai: Kelly and Walsh, 1911.

—*The "Fan Kwae" at Canton before Treaty Days 1825-1844*. Shanghai: Mercury Press, 1938.

38. Isaacs, Harold R.

—*Scratches on Our Minds: American Images of China and India*. New York: The John Day Company, 1958.

39. Kidd, Samuel.

−*Catalogue of the Chinese Library of the Royal Asiatic Society.* London, 1838.

40. King, Frank H. H, ed.

−*A Research Guide to China-Coast Newspapers, 1822-1911.* Harvard University Press, 1965.

41. Latourette, Kenneth S.

−*The History of Early Relations between the United States and China 1784-1844.* Yale University Press, 1917.

−*A History of the Expansion of Christianity.* New York and London: Harper & Brothers, 1937-1945.

42. Lazich, Michael C.

−*E. C. Bridgman 1801-1861, America's First Missionary to China.* The Edwin Mellen Press, 2000.

43. Legge, Helen Edith.

−*James Legge: Missionary and Scholar.* London: The Religious Tract Society, 1905.

44. Lian, Xi.

−*The Conversion of Missionaries: Liberalism in American Protestant Missions in China 1907-1932.* Pennsylvania State University Press, 1997.

45. Lindbeck, John M. H.

−*Understanding China: An Assessment of American Scholarly Resources.* Praeger Publishers, 1971.

46. Liu, Kwang-Ching, ed.

−*American Missionaries in China: Papers from Harvard Seminars.* Harvard University Press, 1966.

47. Liu, Lydia H.

−*Translingual Practice: Literature, National Culture, and Translated Modernity-China, 1900-1937.* Stanford University Press, 1995.

48. Marshman, Joshua.

−*Elements of Chinese Grammar.* Serampore, 1814.

49. Matthews, Harold S.

−*Seventy-Five Years of the North China Mission.* Yenching University, 1942.

50. Medhurst, W. H.

  −A Dictionary of the Hok-keen Dialect of the Chinese Language. Macao, 1832.

  −Chinese and English Dictionary. Batavia, 1843.

51. Miller, S. C.

  −The Unwelcome Immigrant. University of California Press, 1969.

52. Milne, William.

  −A Retrospect of the First Ten Years of the Protestant Mission to China. Malacca: The Anglo-Chinese Press, 1820.

53. Morrison, Robert

  −A Grammar of the Chinese Language. Serampore, 1815.

  −A Dictionary of Chinese Language. Macao, 1815-1823.

  −The Chinese Miscellany. London, 1825.

  −Vocabulary of the Canton Dialect, Macao, 1828.

54. Morrison, E. A.

  −A Memoir of the Life and Labours of Robert Morrison. London, 1839.

55. Mungello, David E.

  − Curious Land: Jesuit Accommodation and the Origins of Sinology. Stuttgart: Steiner Verlag Wiesbaden Gmbh, 1985.

56. Nason, Henry B., ed.

  −Biographical Record of the Officers and Graduates of the Rensselaer Polytechnic Institute, 1824-1886. Troy, N. Y. : William H. Young, 1887.

57. Nye, Gideon.

  −The Morning of My Life in China 1833-1939. Canton, 1873.

58. Pierson, George W.

  −Yale College: An Educational History. Yale University Press, 1952.

59. Phillips, Clifton Jackson.

  −Protestant America and the Pagan World: The First Half Century of the American Board of Commissioners for Foreign Missions, 1810-1860. Harvard University Press, 1969.

60. Quincy, Joseph, ed.

  − The Journals of Major Samuel Shaw. Boston: W. Crosby & H. P. Nichols, 1847.

61.Richard, Timothy.

-*Forty-Five Years in China*.New York:Frederick A. Stokes Co.,1916.

62.Roberts, Edmund.

-*Embassy to the Eastern Courts of Cochin-China, Siam, and Muscat*.New York:Harper & Brothers,1837.

63.Rubinstein, Murray A.

-*The Origins of the Anglo-American Missionary Enterprise in China 1807-1840*.Lanham,Md.,& London:The Scarecrow Press,Inc.,1996.

64.Ruschenberger,W. S. W.

-*A Voyage round the World*.Philadelphia:Carey,Lea & Blanchard,1838.

65.Shambaugh, David,ed.

-*American Studies of Contemporary China*.M. E. Sharpe,1993.

66.Si, Jane Jia.

-*The Genealogy of Dictionaries:Producers, Literary Audience, and the Circulation of English Texts in the Treaty Port of Shanghai*.Sino-Platonic Papers, No.151(June 2005).

67.Simmonds, Stuart & Digby, Simon, eds.

-*The Royal Asiatic Society:Its History and Treasures*.E. J. Brill,1979.

68.Smith, Arthur H.

-*Chinese Characteristics*.Second edition.London:K. Paul, Trench, Trubner & Co.,1895.

69.Speer, William.

-*The Oldest and the Newest Empire:China and the United States*. Pittsburgh,PA:Robert S. Davids & Co.,1877.

70.Spence, Jonathan D.

-*God's Chinese Son:The Taiping Heavenly Kingdom of Hong Xiuquan*.W. W. Norton & Company,1996.

71.Stauffer, Milton T.,ed.

-*The Christian Occupation of China*.Shanghai:China Continuation Committee,1922.

72.Strout, Elizabeth.

-*Catalogue of the Library of the American Oriental Society*.Yale University

Library,1930.

73.Thomas,John N.

-*The Institute of Pacific Relations:Asian Scholars and American Politics.*University of Washington Press,1974.

74.Walker,Williston.

-*A History of the Christian Church.* Fourth edition. New York: Charles Scribner's Sons,1985.

75.Walls,Andrew F.

-*The Missionary Movement in Christian History.* Maryknoll, New York: Orbis Books,1996.

76.Williams,Frederick Wells.

-*The Life and Letters of Samuel Wells Williams.*New York:G. P. Putnam's Sons,1888.

77.Williams,S. W.

-*Samuel Wells Williams Family Papers.*Yale University Library Manuscript Group 547.

-*Easy Lessons in Chinese.*Macao,1842.

-*An English and Chinese Vocabulary.*Macao,1844.

-*The Middle Kingdom.*New York:Wiley & Putnam,1848.

-*A Chinese Commercial Guide.*Forth edition.Canton,1856.

-*A Tonic Dictionary of the Chinese Language.*Canton,1856.

-*A Syllabic Dictionary of the Chinese Language.*Shanghai:American Presbyterian Mission Press,1874.

-*Chinese Immigration.*New York:Charles Scribner's Sons,1879.

-*The Middle Kingdom.*New York:Charles Scribner's Sons,1883.

-*A Journal of the Perry Expedition to Japan 1853-1854.*Tokyo:Asiatic Society of Japan,1910.

-*The Chinese Commercial Guide.* Fifth edition, reprint. Taipei: Ch'eng-wen Publishing Company,1966.

78.Williamson,G. R.

-*Memoir of the Rev.David Abeel.*New York:Robert Carter,1848.

79.Wilson, Amy A. et al., eds.

—*Methodological Issues in Chinese Studies*.New York：Praeger, 1983.

80.Wilson, Ming & Cayley, John, eds.

—*Europe Studies China*：*Papers from an International Conference on the History of European Sinology*.London：Han Shan Tang Books, 1995.

81.Wylie, Alexander.

—*Memorials of Protestant Missionaries to the Chinese*.Shanghai：American Presbyterian Mission Press, 1867.

—*Notes on Chinese Literature*：*with Introductory Remarks on the Progressive Advancement of the Art and a List of Translations from the Chinese into Various European Languages*.Shanghai：American Presbyterian Mission Press, 1867.

82.Yuan, Tung-li, ed.

—*A Guide to Doctoral Dissertations by Chinese Students in America 1905-1960*.Washington, D. C. ：Sino-American Cultural Society, Inc., 1961.

83.Yung, Wing.

—*Yung Wing Papers*.Yale University Manuscript Group 602.

—*My Life in China and America*.New York：Henry Holt & Company, 1909.

84.Zetzsche, Jost Oliver.

—*The Bible in China*：*The History of the Union Version or the Culmination of Protestant Missionary Bible Translation in China*.Sankt Augustin：Monumenta Serica Institute, 1999.

四、西文论文

1.Bagg, M. M.

—"The Utica High School."*Utica Herald*, 21 February 1880.

2.Bodde, Derk.

—"The Far East at the Meeting of the American Oriental Society in Baltimore, 1939."*Notes on Far Eastern Studies in America*, No.5(June 1939).

—"Sinological Literature in the United States 1940-1946." *Quarterly Bulletin of Chinese Bibliography*, New Series, Vol.6(1946).

3.Cameron, Meribeth E.

—"Far Eastern Studies in the United States."*Far Eastern Quarterly*, Vol.7,

No.2(1948).

4.Demieville,Paul.

—"Organization of East Asian Studies in France." *The Journal of Asian Studies*,Vol.18,No.1(1958).

5.Du Ponceau,Peter S.

—"Letter from Peter S. Du Ponceau to John Vaughan, Esq. on the Nature and Character of the Chinese System of Writing." *Transactions of the Historical and Literary Committee of the American Philosophical Society*,Vol.2(1838).

6.Forbes,Francis Blackwell.

—"On Some Chinese Species of Oaks." *Journal of Botany*,March 1884.

7.Groeneveldt,W. P.

—"Dr.Williams' Dictionary." *China Review*,Vol.3(July 1874-June 1875).

8.Howard,Richard C.

—"The Development of American China Studies:A Chronological Outline." *International Association of Orientalist Libraries Bulletin*,Nos.32-33(1988).

9.Hucker,Charles O.

—"The Association for Asian Studies Inc.,at the Age of Twenty." *Journal of Asian Studies*,Vol.28(November 1968).

10.Hummel,Arthur W.

—"Some American Pioneers in Chinese Studies." *Notes on Far Eastern Studies in America*,No.9(June 1941).

11.Latourette,Kenneth S.

—"American Scholarship and Chinese History." *Journal of the American Oriental Society*,Vol.38(1918).

—"The Progress of Sinology in the United States." *Nankai Social and Economic Quarterly*,Vol.8,No.2(July 1935).

—"Samuel Wells Williams." *Notes on Far Eastern Studies in America*,No.12(Spring 1943).

12.Malcolm,Elizabeth L.

—"The Chinese Repository and Western Literature on China 1800-1850." *Modern Asian Studies*,Vol.7,No.2(1973).

13. Mayers, William F.

—"Dr. Williams' Syllabic Dictionary." *China Review*, Vol.3 (July 1874-June 1875).

14. Pickering, John.

—"Address." *Journal of the American Oriental Society*, Vol.1 (1843).

—"Peter S. Du Ponceau L. L. D." *Journal of the American Oriental Society*, Vol.1 (1843).

15. Prichard, Earl H.

—"The Association for Asian Studies, Inc.: A Brief History." *Journal of Asian Studies*, Vol.16 (August 1957).

16. Reischauer, Edwin O.

—"The Far East at the Meeting of the American Oriental Society, New York, 1940." *Notes on Far Eastern Studies in America*, No.7 (June 1940).

17. Schmidt, Nathaniel.

—"Early Oriental Studies in Europe and the Work of the American Oriental Society, 1842-1922." *Journal of the American Oriental Society*, Vol.43 (1923).

18. Shen, Guowei (沈国威).

—"The Creation of Technical Terms in English-Chinese Dictionaries from the Nineteenth Century", Michael Lackner, et al., eds., *New Terms for New Ideas: Western Knowledge and Lexical Change in Late Imperial China* (Leiden: Brill, 2001).

19. Stifler, Susan Reed.

—"Elijah Coleman Bridgman: The First American Sinologist." *Notes on Far Eastern Studies in America*, No.10 (January 1942).

20. Sung, See.

—"Sinological Studies in the United States." *Chinese Culture*, No.8 (1967).

21. Swisher, Earl.

—"The Harvard-Yenching Institute." *Notes on Far Eastern Studies in America*, No.11 (June 1942).

22. Taintor, E. C.

—"Review of Syllabic Dictionary." *North China Herald*, 15 October 1874.

23. Thompson, Laurence G.

  –"American Sinology 1830-1920: A Bibliographical Survey." *Tsing Hua Journal of Chinese Studies*, Vol.2, No.2(1961).

24. Wentworth, E.

  –"Williams's Middle Kingdom." *Methodist Quarterly Review*, Vol. 66 (1884).

25. Williams, F. W, ed.

  –"The Journal of S. Wells Williams, L. L. D." *Journal of the North China Branch of the Royal Asiatic Society*, Vol.42(1911).

26. Williams, S. W.

  –"Recollections of China Prior to 1840." *Journal of the North China Branch of the Royal Asiatic Society*, New Series, No.8(1874).

  –"The Controversy among the Protestant Missionaries on the Proper Translation of the Words God and Spirit into Chinese." *Bibliotheca Sacra*, October 1878.

  –"A Chinese Historical Novel." *New Englander*, January 1880.

27. Wylie, Alexander.

  –"Review of Syllabic Dictionary." *Missionary Recorder and Journal*, August 1874.

后 记

感谢阎纯德先生的厚爱,同意将小书收入他主编的"列国汉学史书系"。这套运营了10余年的书系已经产生了深广的学术和社会影响。但一路走来并不容易,其中的甘苦,我曾多次听阎先生谈起,对于他的壮心不已始终怀着深深的敬意。阎先生的大名(特别是诗名)其实我很早就知道。20世纪60年代家父顾农先生在北大中文系读书时,曾在这位组长、高班学长的直接领导下一起编辑学校报纸的副刊,对这位老大哥非常佩服。后来我有机会见到阎先生,也一再体会到他不仅有诗人的浪漫气质和古道热肠,更有学者的严谨态度和精益求精。这一切构成了他独特的人格魅力,我想也许这就是这套书系能够越做越大、越做越好的一个重要原因。

感谢杨雷编辑和张敏娜编辑细致的编校工作。希望这本小书能对研究美国汉学史、中国近代史的学者提供一点有益的参考。对于其中的疏漏之处,也期盼着专家和读者的批评与指正。

顾 钧

2018年1月18日